KB114994

투자의 본질

투자의 본질

초판 1쇄 발행   2021년 8월 20일
초판 23쇄 발행   2021년 10월 1일

지은이 | 박세익
발행인 | 홍경숙
발행처 | 위너스북

경영총괄 | 안경찬
기획편집 | 안미성, 박혜민
마케팅 | 박미애

출판등록 | 2008년 5월 2일 제2008-000221호
주소 | 서울 마포구 토정로 222, 201호(한국출판콘텐츠센터)
주문전화 | 02-325-8901
팩스 | 02-325-8902

표지디자인 | [★] 규
본문디자인 | 김수미
지업사 | 한서지업사
인쇄 | 영신문화사

ISBN   979-11-89352-42-4   (13320)

투자의 본질

THE ESSENTIALS OF INVESTMENT

박세익 지음

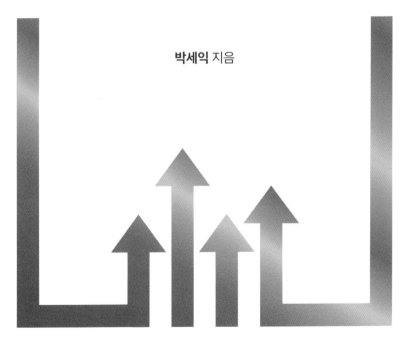

WINNER'S BOOK

시장경제에서 모든 가격은 수요와 공급의 균형점이다. 즉, 사고자 하는 욕구와 팔고자 하는 욕구가 만나는 점이다. 주가 역시 마찬가지다. 결괏값은 디지털 숫자로 표현되고 있지만, 그 이면에는 '욕구'라는 사람의 마음이 함축되어 있다. 주식투자의 본질에는 인문학적 가치가 점철되어 있다는 의미다. 이 책은 저자의 오랜 투자 경험을 바탕으로 이러한 '주식투자의 본질'을 통렬하게 꿰뚫어 보고 있다. 저자는 자본시장의 수많은 굴곡을 함께 겪어온 나의 오랜 업계 선배이자 존경하는 형이다. 이 책을 통해 그의 경험을 독자들이 공유할 수 있게 되어 한국 증시 전략가의 한 사람으로서 말로 표현할 수 없는 감동을 느낀다. 모든 투자자가 경제적 자유를 누릴 수 있기를 바라는 저자의 진심이 부디 잘 전달되길 바란다. 그리고 꼭 경제적 자유를 누릴 수 있기를 간절히 기도한다.

이경수 메리츠증권 센터장

'단 한 번의 절체절명의 순간에 고객과 승무원들의 생명을 안전하게 구조한 체슬리와 같은 펀드매니저가 되기를 원한다'는 저자 박세익 전무는 최고의 투자 경험을 보유한 전문가이고, 냉철한 이성과 강인한 책임감의 소유자다. 그러나 동시에 경제 유튜브 고민 상담 채널에서 안타까운 사연을 접하고 답변하는 모습을 볼 때면, 정신과 의사보다 더, 사람에 대한 공감과 애정이 가득함을 느낀다. 이런 박세익 전무의 탁월한 통찰, 풍부한 경험, 그리고 독자를 향한 따뜻한 감성이 『투자의 본질』에 그대로 녹아있다. 투자에 어려움을 겪고 있는 사람 모두에게 필요한 필수 교재라 강력하게 일독을 권유 드리고 싶다.

윤대현 서울대 정신건강의학과 교수, 『윤대현의 마음 성공』 저자

성공투자를 꿈꾸는 사람들은 많다. 하지만 투자의 본질을 모르고 의욕만 앞세운다면 성공은 멀어져 갈 뿐이다. 변덕이 심한 주식시장의 본질을 정확히 분석하는 저자의 내공을 바탕으로, 과감한 결단과 타이밍 포착 기법을 쉽게 소개해 주는 책이라 생각된다. 투자 실패로 낙심하거나 반대로 자만해질 때면 반복해서 읽어 보기를 추천하며, 이 책을 통해 주식 생태계의 본질과 속성을 깨달아 현명한 부자가 되기를 기원한다.

박학주 NH아문디자산운용 대표

주린이들의 멘토, 박세익 전무님다운 인문학적인 은유와 해학이 담긴 이 책은 전문가들조차 다시금 투자에 대한 마음가짐을 다 잡게 만든다. 꼭 전문 투자자가 아니더라도 이 책을 통해 주식시장의 메커니즘을 이해함으로써 한 문장 한 문장의 의미를 되새기며 투자의 질을 높여보자. 제대로 된 투자자라면 단 한 페이지만 읽어보더라도 이 책의 진가를 느낄 것이다.

이한영 DS자산운용 본부장, 『미스터 마켓 2021』 저자

주식투자자는 시장이라는 거대하고 험난한 자연 속에서 위험한 사냥을 주저하지 않아야 한다. 그러나 대자연의 무한 변동성이라는 본질을 무시하고 막무가내 용기로만 덤벼서는 살아남을 가능성조차도 희박해진다. 대한민국 개미들의 야전사령관인 박세익 전무님의 『투자의 본질』은 백만 달러 값어치 그 이상을 함으로써, 그의 사냥 철학과 병법을 직접 전해 듣는 것과 마찬가지임이 분명하다.

양대천 중앙대 경영학과 교수, 『재무제표를 알면 오르는 주식이 보인다』 저자

많은 사람들이 주식 공부를 열심히 하면 주식투자에 성공할 수 있다고 이야기한다. 그런데 공부에 앞서 갖춰야 할 것이 투자심리고, 이를 갖추기 위해 투자의 본질을 알아야 한다는 저자의 주장에 많은 공감이 간다. 이 책을 통해 불안정한 주식시장의 위협과 도전에도 무너지지 않을 투자심리를 갖추어 참 사람됨과 풍성한 삶을 위해 신앙의 틀 안에서 투자의 결실을 보기 바란다.

이형재 CBS 본부장

미국 드라마 〈빌리언스〉에서 펀드매니저들이 심리상담사 겸 퍼포먼스 코치와 상담을 하듯이, 나도 펀드를 운용하며 지치고 힘든 날에는 친구인 박세익 전무를 찾아 심리적 안정을 찾곤 했다.『투자의 본질』은 투자의 성패를 가르는 '투자심리'에 대해 박세익만의 오랜 경험과 깊은 통찰로 많은 가르침을 주고 있다. 이 책을 통해 투자의 본질을 꿰뚫어 보는 혜안을 얻고, 주식투자라는 냉엄한 전쟁터에서 모두가 승리하기를 바란다.

신진호 마이다스에셋자산운용 대표이사

현명한 투자자
행복한 투자자

동의보감東醫寶鑑을 저술한 조선의 명의 '허준'은 세 가지 원칙으로 책을 적었다고 한다. 첫 번째, 병을 고치기에 앞서 병에 걸리지 않고 오래 사는 방법, 즉 병을 예방하는 법을 중요시했다. 두 번째, 수많은 질병과 그에 대한 치료법을 이용하기 쉽게 체계적으로 정리했다. 그리고 세 번째, 치료와 예방에 필요한 약초를 백성들이 쉽게 구할 수 있도록 약초의 이름을 한글로 써서 적었다고 한다.

임진왜란 이후 피폐해진 백성들의 삶을 개선시키기 위해 선조의 명으로 집필이 시작되어 1610년 광해군 시절에 완성된 이 동의보감은 당시 한의학의 종주국이었던 중국에서 넘어온 중국 의서醫書와는 달리 우리의 체질과 풍토에 맞게 저술했고, 특히 우리 땅에서 나는 약재를 이용해서 질병을 예방하고 치료하는 방법을 기술했다는 점 때문에 출간 후 400년 동안 한의학 분야에서는 최고의 의서로 평가

받고 있다.

허준이 살았던 조선시대 백성의 삶을 괴롭혔던 것은 아마도 '전쟁', 홍수와 가뭄과 같은 '자연재해' '역병' '탐관오리' '신분제도' 등이었을 것이다. 그렇다면, 풍요로운 21세기를 살아가고 있는 지금, 우리의 삶을 고달프게 만들고 핍박하는 것은 무엇일까? 평균수명은 조선시대보다 30년이 더 늘어났고, 과학의 발전으로 자연재해로 인한 인명 또는 재산상 피해도 많이 감소했다. 자유민주주의 도입으로 신분상의 불이익이 없어졌고, 백성들의 등골을 빼먹던 탐관오리도 부정부패를 방지하는 정치사회시스템이 발전하면서 현대사회에서는 많이 근절되었다.

그런데, 왜 우리는 자유민주주의국가에서 이렇게 풍요로운 물질문명의 혜택을 누리고 살아가는데, 삶이 갈수록 고달프다고 느끼는 것일까? 필자는 최근 20년 동안 소상공인과 자영업자들로부터 가장 많이 듣는 얘기가 "IMF 때보다 더 힘들다." "갈수록 먹고 살기가 힘들다." "빚으로 버틴다." "생계유지도 힘들다." 등이다. 1998년 외환위기 당시 $5,000까지 떨어졌던 1인당 국민소득이 지금은 $30,000을 넘어가고 있고, 한국기업들의 경쟁력이 세계 최고의 경쟁력을 가진 일본, 독일, 이스라엘 기업들과 어깨를 겨누는 수준이 되었는데, 도대체 왜 우리는 갈수록 먹고 살기 힘들어진다고 느끼는 것일까?

필자는 그 이유가 다음 세 가지에 있다고 본다.

> **1. 우리 노동의 가치를 갉아먹는 인플레이션**
> **2. 초격차 경쟁력을 가진 다국적 기업에 의한 시장 잠식**
> **3. 금융의 무지로 인해 빼앗기는 국가와 개인의 부**

필자는 작년 코로나19 위기 직후 여러 방송에 나가서 '우리는 열심히 일해서 돈을 벌어도 왜 계속 가난해지는가?'에 대한 위 세 가지 이유에 대해 설명을 하고, 그것을 극복하기 위해 무엇을 어떻게 해야 하는지에 대한 방법론을 많이 얘기해 왔다.

코로나19 위기로 폭락한 주식시장이 왜 우리에게는 잃어버린 경제 주권을 회복할 수 있는 절호의 기회인지, 왜 빚내서라도 주식과 부동산과 같은 자산에 투자를 해야 하는지, 왜 주식으로 번 돈은 부동산에 묻어야 한다고 생각하는지, 왜 한 방을 노리는 투자를 피하고 유동성이 좋은 우량 대기업에 투자를 해야 하는지, 왜 경제 위기 상황에서 성장주의 급등이 비이성인 상승이 아닌 이유 등에 대해 많은 설명을 했다.

그동안 방송에서는 우리가 살아가는 현대 자본주의 사회의 본질과 구조를 설명하고, 경제적 자유를 얻기 위한 투자의 방법론에 대해 설명을 많이 했다면, 이 책에서는 주식투자의 본질과 속성, 그리고 구체적 대응전략과 원칙에 대해 좀 더 깊이 있는 얘기를 다루었다. 우리가 종종 "너는 그 사건에 대한 본질도 모르면서 그런 얘기를 하냐?"는 말을 하는 것처럼, 이 책에서는 투자자가 반드시 알아야 할

'투자의 본질'에 대한 설명을 담았다.

동의보감의 첫 번째 저술 원칙이 '병을 사후적으로 치료하기 전에 미리 예방하는 방법'이었듯이 이 책에서는 투자를 망치게 만드는 잘못된 투자철학과 엉터리 투자원칙의 문제점이 무엇인지 지적하고, 투자에 있어 큰 실수를 예방하려면 어떤 마음가짐과 투자원칙이 중요한지에 대해 적어 놓았다.

그리고 동의보감의 두 번째 원칙, '질병을 유형별로 분류하고 그 치료법과 예방법을 체계적으로 정리하여 이용하기 쉽도록 만든 점'을 본받아 우리가 투자하는 기업을 성장기업/경기싸이클기업/쇠퇴기업으로 분류하고 그 유형에 따른 적절한 투자법에 대해 기술해 놓았다.

마지막으로 허준은 동의보감에 나오는 약초의 이름을 백성들이 이해하기 쉽게 한글로 적었듯이 이 책에서도 투자에 관한 전문용어와 원리를 초보투자자들도 이해하기 쉽게 적었다. 성공하는 투자의 원칙과 방법은 절대 난해한 수학공식 같은 것이 아니다. 피터 린치가 『피터 린치의 이기는 투자』 저서에서 언급한 '성 아그네스 학교' 아이들의 포트폴리오처럼 성공투자의 원칙은 쉽고 명료하다.

동의보감은 출간되고 난 뒤 중국에서도 여러 차례 출간을 했을 정도로 인기를 끌었다고 한다. 400년이 넘도록 한의학의 바이블이 되어 우리의 수명을 연장시키고 또 수많은 생명을 구하고 치료했다. 필자는 3천억이 넘는 고객자산 운용을 총괄하면서 고객 미팅 및 세미나, 동학개미들을 위한 각종 경제방송 출연, 거기다 올해 신규 회사 설립 준비 등 눈코 뜰 새 없는 시간을 보내면서 책을 집필하다 보니 동의보감 같은 위대한 의서와는 비교도 안 되는 졸작으로 이 책을 출간하게 되었다.

하지만, 이 책은 27년 동안 국내외 주식시장에서 주식, 선물, 옵션, 채권, 메자닌 등 소위 말해 산전, 수전, 공중전 다 겪으면서 배우고 느낀 바를 적어 놓았다. 사마의나 제갈량과 같은 뛰어난 책략가로서 적은 책이 아니라 실전 전투 경험이 많은 '야전사령관'의 경험으로 적은 책이고, 주식투자에서 실패를 경험한 사람들에게는 '투자실패의 원인에 대한 진단과 처방전'이 적혀 있는 책이다. 주식투자로 경제적 자유를 꿈꾸는 초보투자자에게 '올바른 투자의 원칙과 자세'가 무엇인지를 알려주고, 잘못된 투자원칙과 나쁜 매매습관으로 인해 장기적으로 계속 돈을 까먹는 투자자들에게는 '내가 투자에 있어 어떤 문제점을 갖고 있었는지'에 대한 뼈 때리는 해답을 찾을 수 있을 것이다.

필자는 세계 최빈국에서 눈부신 산업화를 이루어 준 우리 부모님 세대에 항상 감사한 마음으로 산다. 그리고 군부정권에서 데모를 하며 우리나라를 세계 최고의 자유민주주의 국가로 만들어준 우리 형님들 세대에 늘 빚진 마음으로 살아왔다. 그래서 필자는 서로 대립하는 두 진영에 모두 감사한 마음으로 살아간다. 그리고 나 자신에게 늘 물었다. "나는 우리 동생들 세대, 우리 자식들 세대에 무엇을 기여할 것인가?"

부디 이 책을 통해 독자들이 투자의 본질을 깨닫고, 갈수록 양극화가 심화되는 냉혹한 현대 자본주의 사회에서 내 삶의 경제적 자유를 이룰 뿐만 아니라, 내 주변 삶에 대해서도 따뜻한 관심과 사랑을 나눌 수 있는 진정 행복한 투자자가 되기를 바란다.

2021년 8월 금융강국을 꿈꾸며

PART 1

◆ ◆ ◆

코로나19 위기와
대응전략 수립

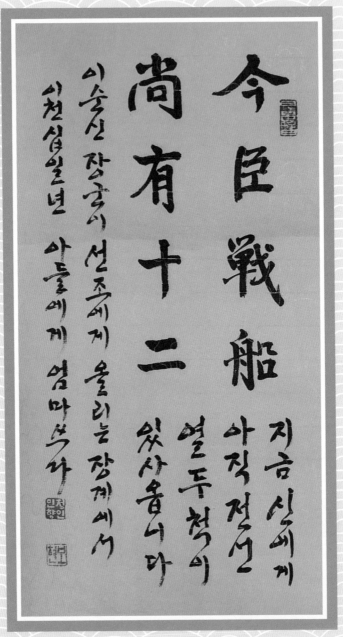

今臣戰船 尚有十二

지금 신에게 아직 전선 열두 척이 있사옵니다

이순신 장군이 선조에게 올리는 장계에서

시천실일년 아들에게 엄마쓰다

2011년 초 대표매니저 이직으로 수탁고가 급감했을 때 어머니께 부탁해서 '족자'로 만든 작품이다. 위기가 닥칠 때마다 필자에게 큰 용기를 주는 글귀다.

1장

코로나19 팬데믹과
주식시장 폭락

2019년 12월 주식시장은 FED(연방준비제도)의 금리 인하와 미중 무역분쟁 해소에 대한 기대감에 힘입어, 배당락에도 불구하고 코스피(KOSPI)가 +5.25%, 코스닥(KOSDAQ)이 +5.8% 상승하면서 마감했다. 2020년 희망찬 한 해를 꿈꾸던 주식시장은 연초 삼성전자와 하이닉스를 필두로 한 반도체 섹터가 신고가 행진을 이어갔고, 재선을 노리는 트럼프가 중국과 1차 무역 협상을 타결시키면서 중국 관련 주식도 강하게 상승하고 있었다.

　그러나 2020년 1월 말 중국 우한에서 코로나19가 발발하면서 모든 기대감이 무너지기 시작했다. 2월 중순 반등을 보이던 코스피는 미국과 유럽으로도 상륙한 코로나19에 의해 글로벌 증시가 수직 급락하면서 정확히 한 달 만에 2,250 포인트에서 1,439 포인트까지 폭락했다. 코로나19를 차단하기 위한 각국 정부의 유례없는 락다운 조

출처: 대신증권 CYBOS

치로 인해 전세계 실물경제가 급속히 얼어붙으면서 S&P500 역시 한 달 만에 35%가 폭락하는 급락장을 시연했다.

연일 언론에서는 실업률 급증, 기업의 연쇄도산 가능성, 이로 인한 금융시스템 붕괴 등이 거론되었다. 그에 따라 세계 금융시장은 요동을 쳤고, 위험자산을 팔고 안전자산으로 몰려가는 급격한 쏠림 현상으로 인해 하이일드 스프레드High Yield Spread*가 급등했다. 그리고 주식시장의 안정을 위해 사이드

* 신용도가 상대적으로 낮은 기업의 대출금리(BBB급 회사의 회사채금리)에서 국가의 대출금리(국채금리)를 뺀 차이.

** 현물시장을 안정적으로 운용하기 위해 도입한 프로그램 매매 호가 관리제도.

*** 주식시장에서 주가가 급등 또는 급락하는 경우 주식매매를 일시 정지하는 제도.

2020년 3월 16일 세계 증시 종가	
다우존스 06:26:40 | 뉴욕	**20,188,52** ↓2997.10 (-12.93%)
S&P500 04:59:59 | 뉴욕	**2,386.16** ↓324.86 (-11.98%)
나스닥종합지수 06:15:00 | 나스닥	**6,904.59** ↓970.28 (-12.32%)
Russell 2000 04:59:59 | 뉴욕	**999.50** ↓170.55 (-14.58%)
DAX 01:34:58 | 런던	**8,746.25** ↓485.83 (-5.26%)
영국 FTSE 01:34:58 | 런던	**5,151.08** ↓215.03 (-4.01%)
EU Stoxx 50 01:34:55 | Xetra	**2,434.84** ↓151.18 (-5.85%)
프랑스 CAC 01:35:30 | 파리	**3,881.46** ↓236.89 (-575%)
이탈리아 FTSE MIB 01:34:58 | 밀라노	**14,972.50** ↓976.50 (-6.12%)

출처: 인베스팅

카Side Car ＊＊, 서킷 브레이커Circuit Break ＊＊＊ 발동, '공포지수'라 불리는 VIX 인덱스 폭등 등 한마디로 글로벌 금융시장은 패닉 장세를 연출했다.

　국내외 주식시장은 주요 지지선을 모두 깨뜨리면서 폭락했고, S&P500 지수 역시 고점 대비 -35% 하락을 기록하며 트럼프가 당선 되었던 2016년 지수로 회귀했다. 트럼프 당선 이후 법인세 인하 효과 와 함께 차곡차곡 쌓아왔던 3년 동안의 미국 대표기업들의 시가총액

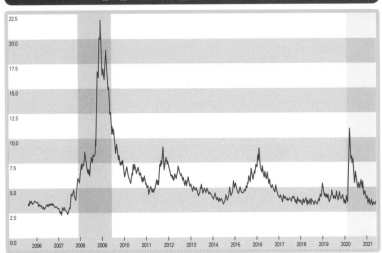

2006년 1월 ~ 2021년 4월 US 하이일드 스프레드 추이

출처: Ice Date Indices, LLC

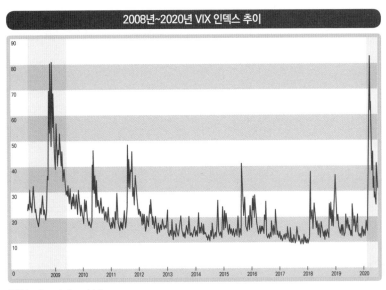

2008년~2020년 VIX 인덱스 추이

출처: Ice Date Indices, LLC

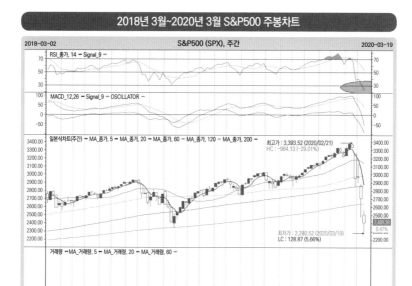

2018년 3월~2020년 3월 S&P500 주봉차트

| 2018-03-02 | S&P500 (SPX), 주간 | 2020-03-19 |

출처: 대신증권 CYBOS

이 불과 5주 만에 다 사라진 것이었다.

정확히 10년 전인 2011년 3월, 동일본 대지진이 발생하면서 거대한 쓰나미가 후쿠시마 해안을 초토화한 것처럼 2020년 3월 글로벌 주식시장도 코로나19에 의해 완전히 박살 나버린 것이었다.

＂

영리한 투자자의 고전적 정의는 모두가 팔고 있는 약세장에서 매수해서, 모두가 사고 있는 강세장에서 매도하는 사람이다. — 벤저민 그레이엄Benjamin Graham

＂＂

2장

코로나19
폭락장에 대한 진단

2020년 3월 발간된 골드만삭스의 자료, 'Bear Essentials(약세장의 본질, Goldman Sachs Global Investment Research)'를 보면 약세장에는 세 가지 종류가 있다.

1. 구조적 약세장 Structural Bear Market	2. 순환적 약세장 Cyclical Bear Market	3. 특정 이벤트에 의한 약세장 Event Driven Bear Market

첫 번째, '구조적 약세장'은 통상 오랫동안 지속된 거품이 붕괴되면서 구조적 불균형을 동반하거나 또는 금융기관이 부실화되면서 나타나는 약세장을 말한다. 자산 가격의 디플레이션을 동반하며 평균 42개월 동안 57% 하락한다. 회복까지는 약 10년 정도 걸린다. 닷컴

버블 직후 2000년~2002년 약세장(당시 S&P500 지수는 고점 대비 -49% 하락 기록), 그리고 서브프라임 모기지 사태로 촉발된 2008년 금융위기 당시 폭락장(2007년 10월~2009년 3월까지 -57% 하락 기록)이 모두 구조적 약세장이었다.

두 번째, '순환적 약세장'은 금리상승, 경기침체, 이익둔화 등과 같은 경기싸이클에 의해 발생한다. 평균 27개월 동안 31% 정도 하락하고, 통상적으로 회복까지 50개월 정도 소요된다. 2차 오일쇼크로 극심한 경기 침체를 겪었던 1980년 1월부터 1982년 8월까지의 조정장(지수 -27% 하락)과 1990년 7월~1992년 10월까지 기록했던 조정장(-20% 지수 하락 기록)이 바로 경기순환적 약세장이었다.

세 번째, '특정 이벤트에 의한 약세장'은 일반적으로 테러나 전쟁, 바이러스, 갑작스런 통화정책 변화와 같은 외부적인 충격으로 발생한다. 이런 경우 평균 7개월간 26% 하락하고 회복까지 11개월이 걸린다. 우리가 잘 알고 있는 1987년 10월 블랙먼데이가 바로 프로그램 트레이딩이 촉발한 '이벤트에 의한 약세장'이었다.

골드만삭스 리포트에서 나열한 세 가지 약세장의 형태 중에서 필자는 이번 코로나19 위기로 인한 급락장이 1987년 블랙먼데이 때와 같은 '특정 이벤트에 의한 약세장'으로 판단했다(골드만삭스 리포트에서도 필자와 동일한 결론을 내리고 있었다). 1987년 블랙먼데이 당시 미국 S&P500 지수는 고점 대비 -35% 급락 후 반등하였는데, 코로나19가 미국으로 상륙한 2020년 3월 S&P500 지수 역시 -35% 급락

후 하락이 진정되는 모습을 보이고 있었다. 그리고, 이번 코로나19 위기에 의한 급락장은 구조적 약세장과 순환적 약세장과의 차이가 있는데, 급락 전에 실물경기나 주식시장에 거품이 없었다는 점이고, 또 하나 금융기관이 부실화되면서 야기되는 '시스템 리스크System Risk' 조짐이 없다는 점이다. 이것은 아주 긍정적인 면이다. 1990년대 후반 '닷컴버블' 때와 2000년대 중반 '중국 인프라 싸이클' 시기에는 실물경기에 지나친 과잉투자가 진행되면서 심각한 후유증을 초래했었다. 그리고, '서브프라임 모기지 사태'로 촉발된 2008년 금융위기 때는 월가의 탐욕에 의해 부풀려졌던 주택담보관련 파생상품시장의 거품이 터지면서 미국의 대형 금융기관들이 연쇄 도산하는 무시무시한 시스템 리스크가 발생했었다. 이런 구조적 약세장이 오기 전에 반드시 보이는 여러 전조현상이 이번 코로나 사태에는 없었기 때문에 필자는 일부 비관론자들이 주장한 '금융위기를 동반하는 구조적 약세장'은 아니라고 보고 코스피가 1,100 포인트까지는 하락하지 않을 것이라고 결론을 내렸다.

사람들은 실물경기 붕괴 가능성에 대한 지나친 공포감이 있다. 대공황 이후 케인즈 경제학이 탄생하면서 실물경기의 변동성이 크게 줄어들었다. 즉, 어느 정도 정부의 개입을 주장한 케인지안 정책에 따라 정부가 경기의 지나친 과열과 냉각을 적절히 컨트롤하게 되면서 대공황 이후 실물경기의 변동성은 크게 줄어들고 있다. 하지만 금융자산의 규모가 계속 커지고 국가 간 자본의 이동이 자유로워지면

2016년 11월 ~ 2020년 3월 S&P500 주봉 차트

출처: 대신증권 CYBOS

서 자산의 가격 변동성은 갈수록 커지고 있다. 중요한 건 변동성이 커졌을 뿐, 급락 후 반등 패턴은 몇십 년 동안 변함없이 반복되고 있다는 점이다.

코로나19 위기 발발 후 미국 S&P500 지수는 3,400 포인트 수준에서 2,200 포인트까지 급락했다. 5주만에 -35% 하락을 기록한 것이다. 이후 주가 과열과 침체를 잘 나타내 주는 RSI 주간 지표(최상단)가 30 이하를 기록하면서 과매도 신호가 발생했다. 이는 강력한 매수 신호로 볼 수 있다.

이번에는 1987년 블랙먼데이 당시를 보자. 이때 미국 S&P500 지수는 337 포인트에서 217 포인트까지 급락했다. 9주만에 -35% 하락

1984년 5월~1987년 10월 S&P500 주봉 차트

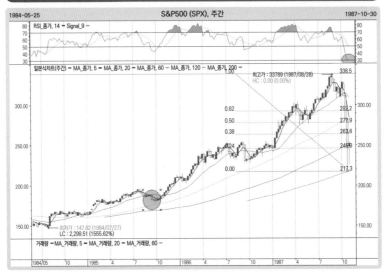

출처: 대신증권 CYBOS

1987년 7월 ~ 1989년 12월 S&P500 주봉 차트

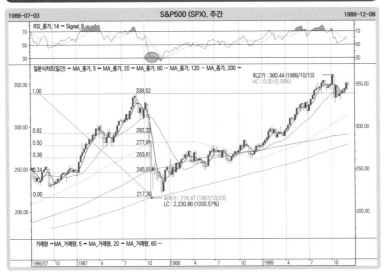

출처: 대신증권 CYBOS

을 기록한 것이다. 이때도 RSI 주간 지표(최상단)가 30 이하를 기록하면서 과매도 신호가 발생했다.

코로나19 위기와 비슷한 형태의 급락을 기록했던 블랙먼데이 당시 미국 주식시장은 첫 바닥 확인 후 4~6주 동안 기술적 반등과 반락을 거듭하며 쌍바닥*을 기록했다. 하지만 그 이후 1년 10개월 동안 꾸준히 반등하며 전 고점까지 상승했다. 자, 그렇다면 이제 한국 주식시장에 대한 진단과 전망을 해보자. 코로나19 발발 전 3년간 한국 주식시장은 아래 표와 같은 모습을 보였다.

* 쌍바닥 (Double bottom) 저점이 두 번 형성되는 기술적 패턴.

- 2016년 2H ~ 2018년 1H: 반도체 중심의 이익성장이 이끈 실적 장세
- 2018년 2H ~ 2019년 2H: 미중무역 분쟁 이슈로 투자 침체 → 경기 순환적 약세장
- 2020년 3월: 경기 순환적 약세장 이후 바로 이벤트에 의한 약세장으로 진입

위 표에서 알 수 있듯이 이번 코로나19 위기로 인한 폭락장은 경기 순환적 약세장을 기록한 직후 바로 이벤트에 의한 약세장으로 또 진입했기 때문에 한국 주식시장은 2018년 하반기부터 거의 2년 동안 Bear Market을 경험한 셈이다. 이는 한국 주식시장이 코로나 사태로 인한 급격한 가격 조정뿐만 아니라 2년에 가까운 충분한 기간 조정까지 이루어졌음을 의미한다. 그리고 2018년 5월 이후로 트럼프의 과격한 보호무역주의 정책이 기업들의 투자를 위축시키면서 이 기간

동안 '과잉투자'도 없었다는 점은 상당히 긍정적이다.

　물론 부정적인 면도 있다. 이 기간동안 세계 경기가 다소 침체양상을 보이게 되자 2019년 미국의 연방준비은행은 전격적인 금리인하를 세 번이나 단행하게 되고, 이로 인해 2019년 하반기 미국 주식시장은 경기 침체에도 불구하고 다소 과열된 양상을 보였다(2019년 S&P500 지수는 28.9%나 상승했다).

기술적 분석

　아래 코스피 10년 주봉차트를 보면 3월 말 전후로 1,750까지 빠르게 회복이 예상되며, 한 달 뒤 눌림목이 나온 후 늦어도 9월까지 2,000선 회복이 예상된다. 만약, 대주주과세 요건이 완화되거나 연기

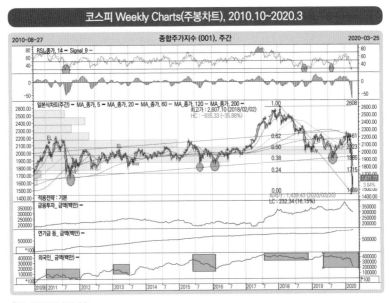

출처: 대신증권 CYBOS

가 되고, 미중 관세 철회 조치가 나오게 되면 2021년 상반기 2,600선 회복도 가능할 것으로 예상된다(과거 10년 동안 코스피 주봉 RSI 지표가 30 이하로 내려간 경우가 세 번 있었는데, 이후 6개월 동안 항상 주가는 급반등했다는 것을 알 수 있다).

이번에는 바이러스의 역사와 함께 주식시장의 영향에 대해 살펴보자. 아래 표는 미국 찰스 스왑 증권사에서 만든 자료인데, 전염병 발발시점과 향후 1, 3, 6개월 세계 주식시장 성과에 관한 자료다.

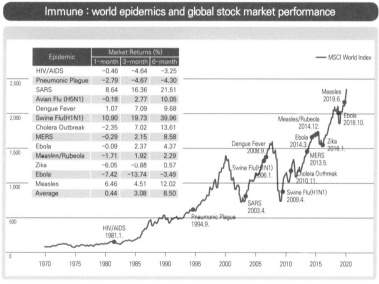

출처: Marketwatch, Charles Schwab, Factset data as of 1/21/2020.

위 자료에서 우리가 기억하는 중요한 바이러스 발생과 그 이후 주식시장 형태를 좀 더 구체적으로 나열하면 다음 장의 표와 같다.

1983년 에이즈	⟶	ASIA Bubble 랠리
2003년 사스	⟶	골디락스 랠리
2009년 신종플루	⟶	7공주 장세 / 차화정(자동차·화학·정유) 랠리
2015년 메르스	⟶	IT 랠리

위 사례에서 보다시피 바이러스 이슈가 터진 이후 주식시장은 항상 랠리가 나왔다. 도대체 왜 바이러스 사태 이후에는 주식시장 랠리가 올까? 위 네 가지 바이러스 사례에는 공통점이 있다. 첫째, 바이러스 사태 이전에 극심한 경기침체가 선행되었으며 둘째, 밸류에이션*이 매력적인 구간까지 주가가 하락했으며 셋째, FED가 저금리 정책을 통해 주식시장에 유동성을 공급해 주었다는 점이다.

즉, 경기침체로 주식시장이 저평가 국면에 있을 때 바이러스 이슈가 터지면 경기가 더 악화할 것이라는 우려감에 경제학자들은 경기침체 후 잠시 회복기를 보이다가 다시 침체에 빠지는 이중침체 현상인 '더블딥'과 전반적 물가와 자산 가격 하락이 본격화되는 '디플레이션'을 언급하게 된다. 이런 공포감에 마지막 투매가 나오게 되면 글로벌 투자 은행들은 풍부한 유동성을 이용하여 주식 바겐헌팅 Bargain Hunting**에 나선다. 그렇게 주식시장은 실물경기 회복에 선행하며 먼저 유동성 랠리를 펼치게 되는 것이다. 참고로 2003년 코로나·사스 사태 이후로는 '골디락스'라고 명명된 강세장이 도래하면서 BRICS(브라질·러시

* 애널리스트가 현재 기업의 가치를 판단해 적정 주가를 산정해 내는 기업가치평가.

** 기업의 가치에 비해 주가가 지나치게 낮은 주식을 찾아 매수하는 일.

아·인도·중국·남아프리카공화국의 신흥경제 5국) 테마가 당시 랠리를 주도했고, 2009년 신종플루 발발 이후에는 FAANG(미국 IT산업을 선도하는 페이스북, 애플, 아마존, 넷플릭스, 구글) 그룹이 주식시장의 랠리를 주도했다.

실물경기의 위기가 금융위기를 초래할지도 모른다는 우려가 있지만, 부채위기는 늘 한계기업에 대한 구조조정 기간이었다. 주식시장에 상장되어 있고 재무 상태가 건전한 우량기업이 망가지는 것이 아니라는 뜻이다. 그렇기에 정부는 단기 유동성 스퀴즈Squeeze*에 의한 우량기업의 흑자도산 사태를 방지해야 한다. 경제 쇼크가 오면 'Winner takes it all(승자 독식)'이라는 말처럼 살아남은 기업들이 망한 기업들의 몫까지 차지하면서 위기 전의 주가를 뛰어넘는 랠리가 시작된다. 주식시장은 살아남은 기업들의 향후 매출이 증가할 것을 미리 반영하기 때문이다. 미국식 자본주의는 철저하게 '생산성을 향상하는 혁신기업'을 살리고, 패러다임 변화에 뒤처지는 한계기업을 과감하게 정리한다. 미국 주식시장은 '창조적 파괴를 통한 혁신기업'을 좋아한다.

* 단기적으로 발생하는 유동성 경색 양상.

> **"**
> 강세장은 비관 속에서 태어나 회의 속에서 자라며 낙관 속에서 성숙해 행복 속에서 죽는다. 최고로 비관적일 때가 가장 좋은 매수 시점이고 최고 낙관적일 때가 가장 좋은 매도 시점이다. — 존 템플턴John Templeton
> **"**

3장

코로나19 시기의 투자 전략

먼저 매크로 변수부터 체크해 보자. 원·달러 환율은 코로나19 위기가 '시스템 리스크'로 확대될지에 대한 여부를 알려 주는 아주 좋은 지표다.

원·달러 환율 진단

시스템 리스크에 가장 신속하게 반응하는 것은 원·달러 환율이다. 리먼사태가 있었던 2008년 금융위기 직후를 제외하고는 원·달러 환율이 최근 18년 동안 1,300원을 돌파한 적이 없다.

유가 폭락에 대한 해석

필자는 최근 폭락한 유가에 대해 매우 긍정적이다. 유가 급락은 경기 둔화 우려를 반영한 것이다. 하지만, 최근 20년 동안 유가가 40달러

출처: 대신증권 CYBOS

이하로 급락하면 주식시장은 항상 상승 전환했다. 유가 하락은 휘발유 가격, 항공료, 난방유 가격을 낮추게 되어 궁극적으로 개인의 가처분 소득을 증가시키고, 기업의 원재료비 하락을 유도하므로 주가가 오를 수밖에 없다.

FED 조치의 파급효과

FED의 대차대조표*를 보면 '달러 유동성 쓰나미'에 의해 '인플레이션 쓰나미'가 상륙할 것으로 보인다. 자산가는 더 부자가 되고, 노동자는 더 가난해질 것이다. 현금 확보 전략은 옳지 않다. 지금은 오히려 자산 확보 전략이 바람직하다. '브랜드 가치' '성

> * 기업이 결산 때에 재정 상태를 한눈에 볼 수 있게 도식화한 표. 기업의 자산을 부채와 자본으로 비교할 수 있도록 양쪽으로 나뉘어 있다.

출처: 대신증권 CYBOS

* 선물 옵션거래에서 거래의 최종
결제일이 현시점을 기준으로 하여
가장 가까운 달에 있는 선물.

장 가치' '특허 가치' '경제적 해자를 보유
하고 독과점적 지위를 가진 우월적 경쟁력
에 대한 가치'를 지닌 주식을 사야 한다. 지
금은 노동자가 싼 가격으로 자본가들의 '우량기업 지분'을 헐값에 살
수 있는 기회다. 하지만 1,700 포인트 밑에서 주식을 싸게 살 수 있는
시간은 그리 길지 않다. 미국식 연금자본주의 도입을 통해 국내 노동
자도 혁신기업의 성장을 향유할 수 있도록 해야 한다. 국내 연기금의
적극적인 주식 매수가 필요하다.

삼성전자 개인 매수 전망

출처: 대신증권 CYBOS

위 삼성전자 주봉차트 아래에 있는 외국인 투자자 매매 동향 차트(아래 파란색 박스)에서 보이듯 외인 매도와 삼성전자 주가 상승과는 큰 상관관계가 없다. 최근 외인 매도는 '마켓리스크' 회피성 매도와 ETF(상장지수펀드)와 연계된 프로그램 매도가 함께 나오는 듯하다. 지금은 반도체 업황 회복이 가장 중요하다. 위기 상황이기 때문에 달러 매수를 고려하시는 분들이 많은데, 지금은 달러보다 '삼성전자' 매수가 더 바람직하다. 삼성전자는 보유하고 있는 달러도 많고, 또 달러를 많이 벌어 올 거고, 거기다 시가배당률이 3%가 넘게 나오기 때문이다. 최근 삼성전자를 매수하는 개인은 '스마트머니'라고 불러야 한다. 우려할 필요가 없다.

주목해야 할 업종과 필요한 투자 전략

펀드매니저의 시각으로 봤을 때 다음과 같은 기업에 투자하는 것을 추천한다. 첫째, 현금이 풍부하고 달러를 벌 수 있는 수출 대기업이다. 단, 일등 그룹을 사야 한다. 둘째, 2008년의 아마존, 애플과 같은 혁신기업이다. 셋째, 아마존에서 장사를 잘하고 있는 기업이다. 아마존에서 침대, 핸드폰 케이스, 에어팟을 팔고 있는 국내 중소기업은 관심을 가져볼 만하다. 넷째, G7 국가의 정책 수혜주다. 2008년 금융위기 당시 중국정부의 4조 위안 투입을 비롯해 유럽과 미국정부의 강력한 유동성 공급정책으로 인해 2009년에서 2011년까지 자동차, 스마트폰이 가장 큰 수혜를 봤다. 이번에는 무엇일까 고민해 볼 필요가 있다.

주식시장이 랠리를 보일 것으로 예상하지만, 사지 말아야 할 기업도 있다. 첫째, 위기 속에 경영권 분쟁을 하는 회사다. 둘째, 코로나19 수혜주. 단발성 이익이므로 조심해야 하기 때문이다. 셋째, 유동성 보강Cash Injection이 없으면 한계에 봉착하는 기업이다. 실적이 안 나오는 성장 스토리 기업은 경제 위기 상황에서 유동성이 위축되면 망할 확률이 높다.

> **"**
> 시장의 패닉에 절대 즉각적으로 행동하지 마라. 팔아야 할 시점은 시장이 추락하기 이전이니, 추락한 다음이 아니다. 오히려 숨을 한번 깊게 들이쉬고 조용히 자신의 포트폴리오를 분석해보라. ─ 존 템플턴John Templeton
> **"**

4장

코로나19 위기는
경제주권 회복의 기회

필자는 2008년 금융위기 이후로 처음 겪는 이 엄청난 폭락장을 어떻게 대응해야 할지 전략을 세우기 위해 매일 직원들과 1930년대 대공황, 1987년 블랙먼데이, 2000년 닷컴 붕괴, 2001년 9·11테러, 2003년 사스 발발, 2008년 리먼 사태, 2009년 신종플루, 2015년 메르스 등 과거 극한의 공포심을 일으켰던 여러 약세장의 사례를 면밀히 분석해보았다. 그리고 2장에서 살펴본 바와 같이 마침내 이번 폭락장이 1987년 블랙먼데이와 2001년 9·11테러 같은 특정 이벤트에 의한 약세장이라는 결론을 내렸다.

필자는 2020년 3월 19일 주식시장이 끝난 후 밤늦게까지 남아서 다음 기고문을 작성해 연기금 자금담당자를 비롯해 금감원, 국회, 언론사 등에 계신 선후배들에게 이 글을 보냈었다.

2020년 코로나19 위기는 경제 주권을 되찾는 기회

1

코로나19 사태로 글로벌 투자은행 JP모건은 2020년 1분기 중국경제는 -40%, 2분기 미국 GDP는 -13%가량 하락할 것으로 전망한다. 이는 2008년 금융위기 때보다 훨씬 더 심각한데, 경기침체가 본격화되는 건가?

JP모건의 전망처럼 단기 충격이 심한 건 맞다. 하지만 중국은 2분기에 +57% 급반등 예상, 미국은 3분기부터 반등하며 올 한해 중국 +5.1%, 미국 -1.9% 전망하고 있다. 2008년 금융위기 당시 미국 GDP는 고점 대비 -5.5% 하락했다.

골드만삭스는 S&P500 기업실적을 2Q -15%, 3Q -12%로 전망한다. 중요한 건 1년 이상 장기화하는가인데, 2020년 4Q +12%, 2021년 +11% 전망한다. 금융위기 때는 2008년 -35.8%, 2009년 +9.2%, 2010년 +38.5%였다.

즉, 1930년~1933년 미국 GDP가 -50% 감소한 대공황과 같은 상황은 오지 않는다. 1987년 블랙먼데이와 유사한 특정 이벤트에 의한 약세장일 뿐이다.

2

1987년 10월 블랙먼데이와 비슷하다고 보는 이유는 무엇인가?

단기 폭락이 나오기 전 2년 동안의 주가 형성과정이 너무 흡사하다.

과정 1 1985년 플라자합의 vs 2018년 미·중 무역분쟁 발발 (보호무역주의 강화)

과정 2 J 커브 효과*로 무역수지 개선 없음

과정 3 FED(연방준비제도) 금리 인하에 의한 유동성 랠리 선행

과정 4 -35% 하락 vs. -35% 하락

과정 5 10월~11월 조정 후 완만한 회복, 이번 위기도 비슷한 흐름 예상

> * 환율상승 이후 예상과 달리 국제수지 흑자가 오히려 줄어들다가 상당한 시간이 지나서야 늘기 시작하는 현상.

그런데 이번에는 코로나19 공포로 생산과 소비가 동시 마비되는 블랙스완이 발생했다. 바이러스 문제가 해결되지 않고 주가가 회복될 수 있나?

정확히 이야기하면, 블랙스완이 아니고 테일 리스크Tail Risks* 발생이다. 코로나19는 사스 이후 일상에 늘 존재해왔던 바이러스다. 발생빈도는 달라도 교통사고, 심장병, 항공기 추락사고 등과 같이 인류 역사에 늘 존재하는 문제다. 단지, 공포감이 다르다. 사스, 신종플루, 메르스 등은 투자자들에게 큰 공포감을 줬다. 독일 총리 앙겔라 메르켈은 독일 국민 70%, 미국은 50%가 감염될 수 있다고 한다. 각국 정부의 학교, 공장, 상점, 박물관 등을 셧다운한다는 조치에 다들 공포스러워 한다. 그 정도로 무서운 바이러스인가? 최악의 경우를 상상해 보자. 70%가 감염되면 어떤 일이 발생하나? 0.1%~3% 수준의 사망자가 발생하고, 나머지는 2~3주 뒤 모두 집단 면역 상태가 되면서 저절로 감염자가 급감한다. 기적을 바라는 것이 아니라, 자연의 섭리다. 최악의 상황이 최선의 상황으로 바뀌는 것이다.

공교롭게도 바이러스 이벤트로 조정을 보인 시장은 늘 랠리가 뒤이어 따라왔다. 1983년 에이즈 바이러스, 2003년 사스, 2009년 신종플루, 2015년 메르스 등의 바이러스 사태 이후 최소 2~5년 주식시장 랠리가 왔다. 그리고 이런 바이러스 사태 당시 FRB(연방준비제도이사회)는 항상 저금리 상황을 만들어줬다. 마치 전세계를 지배하는 빅브라더**에게 가장 저렴한 금리로 가장 싸게 주식을 사도록 해주는 게 아닌가 하는 생각까지 든다.

이번 랠리는 2009년 신종플루가 창궐했던 시장처럼 아주 강하게 올라갈 것이다. 7월이면 서머랠리summer rally*** 를 얘기하면서 2,100~2,300 돌파 여부를 논하고 있을 것이다. 미국시장의 회복은 더딜 수 있고 국내시장 강세가 생각보다 강할 수 있다. 정부 정책이 조금만 도와주면 2,500 돌파도 가능하다.

* 거대한 일회성 사건이 발생할 가능성은 극히 낮지만, 일단 발생하게 되면 자산가치에 엄청난 영향을 줄 수 있는 위험.

** 정보의 독점으로 사회를 통제하는 관리 권력, 혹은 그러한 사회체계를 일컫는 말.

*** 주식시장에서 매년 초여름인 6~7월경에 나타나는 강세장.

4

정부의 주식시장 부양책이 필요한가?

선거 때마다 정치인들은 택시기사 눈치를 본다. 전국 택시기사 수가 27만 명 정도 되기 때문이다. 주식투자자는 600만 명이다. 그런데 선거를 위한 주가 부양책은 오히려 거품을 양성해서 투자자들에게 피해를 주게 된다. 바람직하지 않다.

12년 만에 찾아온 증시폭락은 1998년 IMF 때 빼앗겼던 경제주권을 찾아올 수 있는 절호의 기회다. 언제까지 한국시장이 ATM 머신 소리 들어야 하나? 외국인으로부터 경제주권을 되찾아오고, 자산효과Wealth effect*로 경기도 살리고, 서민들의 노후 문제를 해결할 수 있는 절호의 기회다. 지금 정부는 분배를 중시하는 정부 아닌가? 이 기회를 놓치지 말아야 한다.

5

지금 모두가 공포에 떨고 있는 상황이 그런 엄청난 기회가 될 수 있다니 놀랍다. 정부가 어떤 정책을 써야 하나?

가장 먼저 연기금이 국내 주식 및 해외 퀄리티 주식 비중을 공격적으로 늘려야 한다. 미국 401K**처럼 주식 비중을 40~60%까지 늘려야 한다. 자본주의는 혁신기업에 의해 발전한다. 미국의 부자들은 혁신기업을 통해 억만장자가 되고, 서민들은 401K를 통해 혁신기업의 고성장을 함께 향유한다. 연기금이 투자한 리츠를 통해 임대업자의 수익을 함께 공유하면서 노후 문제도 자연스럽게 해결되고 있다. 1998년 IMF, 2008년 금융위기 이후 국내 우량기업의 60%가 외국인 지분이다. 우리 기업의 성장과실을 외국인들이 23년째 빨대 꽂아놓고 쭉쭉 빨아가고 있다. 국내 내수 경기가 안 좋은 가장 핵심 이유다. 일본의 화이트리스트 배제에 격분하면서 기업, 정부, 국민이 하나가 되어 위기

* 자산의 가치가 상승하면 소비도 증가하는 현상.

** 미국의 근로자 퇴직소득보장법의 401조 K항에 규정되어 있기 때문에 붙여진 이름.

극복을 외치지 않았나? 글로벌 경쟁력을 가진 국내 대기업은 전쟁터에서의 장수와 같다. 우리가 먼저 앞장서서 우리 기업에게 유리한 전투환경을 만들어줘야 한다. 트럼프와 시진핑은 자국 기업들에 전폭적인 지원을 하며 자국 산업을 유리하게 환경을 조성하고 있다. 우리가 배울 점이 많아 보인다.

1998년 금 모으기 운동을 하며 부도에 빠진 나라를 살려낸 이후, 23년간 국민이 뼈 빠지게 싸워서 되찾아온 전리품의 60%가 자동으로 외국인에게 빠져나가는 식민지 상황이 되었다. 코로나19든, CLO(대출채권담보부증권)든 외인들이 국내 우량기업 주식을 헐값에 던지고 있다. ELS(주가연계증권)를 원금 손실(Knock-in) 시키기 위한 악성 매물도 있고, 재정 상태가 나빠진 나라로부터, 또는 청산 위기에 몰린 헷지펀드로부터도 투매가 나오고 있다. 국내 주식을 순자산의 -40%라는 헐값에 팔고 있는 지금이 절호의 기회다. 국내 정부 기관, 연기금, 대기업 자산가들이 주식을 사서 경제주권을 되찾아와야 한다. 최근 개인들이 15조가 넘는 외인 매물을 애처롭게 받아내고 있다. 외인들의 융단폭격으로 평가손*이 커지고 있다. 조선말에 있었던 동학농민운동에 비유해 동학개미혁명이란 웃픈 용어가 생기기도 했다. 동학농민운동의 끝은 대참사로 끝났지만, 동학개미혁명은 살려야 한다.

제발 개인돌 투매가 나와야 바닥 나온다는 소리만은 하지 말자. 정부와 연기금, 자금 여력이 많은 기업과 자산가가 응원군을 보내줘야 한다. 기관투자자들은 투매 도미노를 일으키는 펀드 손절매를 유예해야 하고, 연기금은 올해 계획한 주식 편입비를 PBR 0.6 수준에서는 적극적으로 채워야 한다. 이미 이번 주 〈월스트리트저널〉에서는 "Be ready to snap up bargains"이라며, 거액 자본가들에게 바겐헌팅을 준비하라고 얘기한다.

* 투자자가 보유하고 있는 자산의 가격이 하락하거나 시가가 장부가격을 하회할 때 그 차액.

** 불황기에 정부가 지출을 늘리면 보다 많은 돈이 풀려서 개인소비와 기업투자가 늘어나 경제가 정상화된다고 주장한 영국의 경제학자 존 메이너드 케인스를 뒤따르는 사람들.

대공황 이후 케인지안**들에 의해 경기의 변동성은 계속 줄어들고 있지만, 국경을 넘나드는 금융자본에 의해 자산의 변동성은 갈수록 커지고 있다. 그리고 자산 가격이 폭락할 때마다 오지도 않을 대공황의 공포감이 조장되면서 투매가 나오고 또 그렇게 양털 깎이는 반복된다. 2차 세계대전 이후로 세계전쟁이 일어나지 않는 이유는 딱 하나, 금융으로 다른 나라의 부를 쉽게 뺏어올 수 있기 때문이다.

『화폐전쟁』(쑹훙빙 저, RHK)의 저자, 쑹훙빙이 이렇게 말했다. "한 나라의 정부가 지켜야 할 것은 영토, 영공, 영해, 그리고 금융이다." FED 자산이 또 급증하고 있다. 그리고 FED의 금리는 다시 제로금리가 되었다. 국제 거대자본의 사냥개들이 초저금리를 이용해 폭락한 자산에 대한 바겐헌팅을 4월부터 시작할 것이다.

국민의 노후가 달린 연기금, 퇴직연금을 비롯해 변액보험, 각종 정부기금, 국내 금융기관이 이 사냥개들보다 먼저 국내 주식을 싸게 사야 한다. 2001년 9·11테러 직후 당시 주택은행 고(故) 김정태 행장은 내부의 반대에도 불구하고 긴급히 이사회를 열어 5천억 원을 바로 주식시장에 투입했다. 인터뷰에서 그는 여기서 주식시장이 더 망가지면 대한민국 금융시스템이 무너질 수 있기 때문이라고 했다. 그때도 코스피는 공포의 담을 넘어 6개월 만에 460에서 940포인트까지 급등했었다. 2003년 3월 사스 공포로 코스피가 500포인트 초반까지 빠질 때도 고(故) 김정태 행장은 1조 원을 투입하여 금융시스템 안정과 1,600억 원이 넘는 매매차익이라는 두 마리 토끼를 잡았다.

1998년과 달리 우리에게는 축적된 자본이 있다. 1998년에는 구국의 일념으로 전 국민 금 모으기 운동을 해서 가장 헐값에 장롱 속 금까지 넘겨줬다. 당시 온스당 260달러를 하던 금값은 13년 뒤 1,800달러를 돌파했다. IMF의 지시대로 금리 올리고, 환율/주가 변동 폭을 늘려서 외국인이 가장 싸게 우량주식, 채권, 부동산을 취득할 수 있도록 잔칫상을 차려줬다. 금융을 모르고, 처음 당해봤으니 어쩔 수 없었다.

내년부터 3억으로 강화되는 대주주 과세 요건으로 인해 국내 큰손들이 움직이질 않는다. 외국인 투매를 받아낼 민병대가 결성이 안 되다 보니 세계 시장에서 가장 약한 시장이 되었다. 외국인이 조금만 팔아도 속절없이 빠진다. 총알이 거덜 난 개미들이 신용으로 주식을 사고, 최근 투기적 외국인은 아침에 현물, 선물 동시 매도로 시장을 폭락시킨 후 종가 무렵 대규모 선물이익을 챙겨 유유히 환매해간다. 외국인의 약탈은 이미 시작되었다.

IMF 직후 5년 이상 보유 시 미분양아파트에 대한 양도세 면제 조치처럼 '지수 2,000선 이하 매수 주식을 3년 이상 보유하면 대주주 과세 요건 면제'와 같은 과감한 대책이 나와야 한다. 대통령께서도 전례가 없는 특단의 조치를 요구하시지 않았는가? 지금 여력이 있는 부자들이 외국인들의 악성 매물을 지금과 같은 헐값에 받아내도록 해야 한다. 일제시대에는 간송 전형필 선생이 거액을 들여 고려청자와 훈민정음 해례본 등 소중한 유물을 지켜 냈다. 국내에 10억 이상 계좌가 600조가 있다. 이 돈으로 투매가 나오는 국내 우량기업의 주식을 사도록 만들어야 한다. 국내 시가총액이 겨우 1,000조 밖에 안 된다. 1998년부터 시작된 금융식민지에서 탈출할 골든타임이다. 이번에는 금 모으기 운동이 아니라 '전 국민 우량주식 모으기 운동'을 해야 한다.

이 기회를 놓치면 또 십 년 이상 기다려야 한다.

인피니티투자자문 박세익 전무

출처 : 2020.3.23. 〈MTN 마켓온〉 화면 캡처

　기고문을 보내고 난 뒤, 필자는 한국경제TV와 MTN방송 작가들에게 문자를 보내 다음과 같은 내용으로 현 시장 상황을 국내 투자자들에게 알려주고 싶으니 방송 날짜를 잡아달라고 요청했다.

　그리고 2020년 3월 23일 MTN 아침 방송 〈마켓온〉에 출연해서 '절체절명의 코로나19 위기… 경제주권 되찾는 기회 될까?'라는 주제로 작금의 코로나19 위기가 2008년과 같은 금융위기 상황을 재현하지 않을 것이라는 이유를 설명했다. 당시 오전 9시 30분 경 생방송으로 송출되는 화면에서는 필자의 얼굴과 함께 폭락 중인 주식시장 상황이 잡히고 있었다.

　1년이 지난 지금 시점에서 보면 이 수치가 주간 또는 월간 하락 폭은 아닌지 다시 보게 된다. 당시 화면에 나온 6%가 넘는 하락 폭은

3월 한 달의 하락 폭이 아니라, 방송을 하던 3월 23일 당일 하락 폭을 나타내는 수치였다. 그것도 장 시작 30분도 지나기 전에 찍힌 것이었다. 다시 봐도 정말 무서운 폭락장이었다.

"

주식시장은 '조급한 자에게서 참을성이 많은 자에게로' 돈이 넘어가도록 설계되어 있다. — 워런 버핏Warren Buffett

"

5장

동학개미를
붉은개미로 부르자

이번 기고문은 코로나19 위기 최악의 상황에서 적었던 1차 기고문에 이어 2020년 4월 중순에 작성하여 보낸 2차 기고문이다. 당시 외국인들의 대량 매도 공세에도 불구하고 개인투자자들이 20조 이상을 매수하면서 국내 주식시장에는 '동학개미운동'이라는 신조어가 탄생했는데, 그 뉘앙스가 다소 부정적 어감이 강했다. 심지어 SNS나 증권방송에서는 이런 개인들의 무모한 주식 매수가 결국 동학농민운동처럼 실패로 끝날 것이라는 비아냥거림이 많았다.

특히 선진국의 전격적인 국경 봉쇄 조치에도 불구하고 한 달 만에 코스피 지수가 1,430 포인트에서 1,900 선까지 급반등하자 시장이 하락하는 것에 베팅한 '비관론자들'의 '더블딥 불가피론'에 대한 목소리는 더욱더 커졌다. 거기다 속속 발표되는 각종 경제 데이터나 전망치들은 2차 세계 대전 이후 처음 보는 숫자들을 토해내며 투자자들의 불안감을 증폭시켰다.

이런 분위기 속에서 2020년 4월 16일 필자는 아래의 2차 기고문을 적어서 다시 연기금 운용 담당자, 국회의원, 금융감독원 선배, 일간지 독자투고란 등에 보내고, 이 내용으로 3월에 출연했던 경제 TV에 다시 나가서 왜 최근 개인들의 가열찬 주식매수가 실패가 아니라 성공할 수밖에 없는 것인지에 대한 이유를 설명했다. 또 개인들의 장기투자 분위기를 저해하는 불합리한 대주주 과세요건의 개선이 꼭 필요하다고 주장했다.

'동학개미운동'을 '붉은개미운동'으로 부르자

1

동학개미운동은 왜 시작되었는가?

두 달 동안 20조 원이 넘는 외국인 투자자들의 매도를 개인이 용감하게 다 받아냈다. 고객예탁금도 사상 최대로 늘었고 20·30대 젊은 층의 신규계좌까지 늘어나면서 외인 투매를 받아내다 보니, 그 용맹함과 전국적으로 번져가는 주식매수 열기가 대단해서 나온 말이다. 그런데 결국 개인의 대량 매수는 동학농민운동처럼 처참한 결과로 끝날 것이라는 비아냥거림이 섞여 있어서 개인적으로는 듣기 불쾌한 네이밍이다.

그럼 '동학개미'라는 이름처럼 결과는 정말 실패로 끝날 것으로 예상하는가?

아니다. 이미 절반은 승리한 게임이다. 대중이 주식을 사서 늘 실패하는 건, 주식투자 붐이 일어난 경우가 대부분 과열권이었기에 그렇다. 피터 린치도 칵테일파티 이론에서 대중들이 모두 주식에 관심이 있을 때가 상투(고점)라고 말하지 않았나. 2017년 말 송년회 회식 자리에서 모두가 비트코인 이야기를 하고, '가즈아~' '존버*' 이런 말이 난무할 때가 가상화폐의 단기 상투였다. 일반적으로 상투일 때 대중들은 열광하며 과열권에 있는 주식에 '묻지마 투자'를 한

* 명을 받들겠다는 뜻의 '존명'을 패러디한 말로 '저희는 버티겠습니다'라는 뜻 - 편집자주.

다. 즉, 주식가격에 거품이 잔뜩 형성되면서 내재 가치보다 훨씬 비싼 상태인데 그때 대중들이 몰려서 주식을 사면 늘 실패로 결말이 나는 거다.

동학개미운동은 성공한 운동이다. 왜냐하면, 이번에 개인들이 주식을 아주 싸게 샀기 때문이다. 주식이나 부동산은 GDP와 아주 밀접하게 움직인다. 우리나라 주식시장의 적정 주가 수준은 경기 침체국면을 가정해도 2,000~2,300 포인트, 경기가 회복국면을 보이면 2,300~2,700 포인트다. 아무리 늦어도 일 년 안에 이 영역으로 주가는 회귀할 것이다. 그래서 최근 코로나19가 계기가 되어 적정 주가 수준보다 20~40% 싸게 주식을 매수한 개인들은 무조건 이기고 시작한 게임이다.

'개인 투매가 나와야 진바닥*이 나온다. 개인이 사서 절대 지수가 오를 수 없다'라는 주장에 대해서는?

최근 연일 폭락하는 장에서 주식을 매수한 개인은 정말 똑똑하다. 매수한 주식을

* 주가가 매우 많이 내려서 더 이상 내려갈 수 없을 정도의 상태.

보면 알 수 있다. 삼성전자, 하이닉스, 현대차 등 글로벌하게 경쟁력을 가진 수출 대기업들인데, 이 주식의

대부분은 현재 밸류에이션이 역사적 바닥 수준을 나타내고 있다.

IMF 국제통화기금은 2020년 올해가 대공황 이후 가장 심한 경기침체라고 얘기한다. 이런 말이 나오기 전에는 현금을 확보해두는 전략이 맞았겠지만, 전세계 사람들이 다 이런 얘기를 하는 지금 같을 때는 주식시장에 이미 그 위기가 다 반영된 것이라고 봐야 한다. 그렇다면 과거 사례를 보자. 주식이 폭락하고, 환율이 급등했던 소위 말하는 시스템 위기System Risk 이후에는 달러를 많이 벌 수 있는 수출기업들이 대박 났다. 우리나라는 수출경쟁력을 상실한 남유럽 국가들과는 다르다. 반도체, 조선, 핸드폰과 같은 하드웨어뿐만 아니라 드라마, 영화, 게임, 바이오와 같은 소프트웨어, 그리고 콘텐츠까지 수출하며 달러를 버는 나라다.

동학개미들이 그런 주식을 사고 있기에 '동학개미운동'이라는 이름을 바꿔야 한다. 필자는 2002년 한일월드컵 4강 신화를 연상시키는 '붉은개미운동'이라고 부르고 싶다. 2002년 월드컵 당시 16강 진출을 목표로 했지만, 미국과 이탈리아, 스페인을 다 꺾고 4강까지 갔었다. 그 상황과 비슷하게, 이번 코스피는 2,500 포인트 전후까지 상승하며 외국인 투매에 용감하게 매수 대응한 붉은개미들에게 큰 보상을 안겨줄 것이다. 단, 정부가 불합리한 개인 대주주 과세 제도를 개선해줄 때 가능한 이야기다.

4

대주주 과세 요건, 무엇이 문제인가?

대주주 과세 제도가 만들어진 배경에 대해 알아야 한다. 이건 종합부동산세와 다른 개념으로, 대주주 일가 친인척들이 내부자 정보를 이용해 주식을 매매해서 부당이득을 취하는 것을 방지하기 위해 만들어진 법이다. 하지만 그 취지와는 달리 대주주 과세 요건이 계속 강화되면서 내년부터는 직계존비속 합산하여 주식을 3억 이상 보유하면 대주주로 분류되어 20% 이상의 양도차익 과세 대상이 된다. 즉, 부모님과 배우자, 형제 다 합쳐서 삼성전자의 주식을 3억 이상 갖고 있으면 과세 대상이 되고, 특히 대기업주식으로 분류된 주식을 일 년 안에 팔게 되면 33% 세금을 내야 한다.

그래서 대주주 과세 요건을 30억 이상, 아니면 완전히 미국식으로 과세제도를 개편하지 않는 한 올 10월부터 3억 이상 주식을 산 개인들의 매도가 나올 수밖에 없다. 그렇게 되면 국내 주식시장에 외국인과 맞설 수 있는 힘센 개미들은 대거 이탈하고 조막손 개미들만 남아서 외국인 투자자들과 겨뤄야 한다.

그리고 연말이면 내년 경기 회복을 바라보고 외인들이 본격적으로 매수가 들어올 텐데, 우리의 우량주식을 이렇게 매년 단타 치기만 하게 만들면 너무 억울하지 않은가? 지금처럼 싸게 산 국내 우량주식을 국내 개인이 장기 투자할 수 있는 환경을 정부가 만들어 줘야 한다. 우금치전투에서 관군이 동학 편이었으면, 15년 뒤 경술국치 치욕의 역사는 바뀌었을 것이다.

5

개인들이 위험자산인 주식을 그렇게 장기 투자하는 것이 옳은가?

300년 동안 자본주의는 생산성을 향상하고 수요를 확대하면서 발전해왔다. 슘페터라는 경제학자가 "자본주의는 혁신기업에 의한 창조적 파괴를 통해 발전한다"라고 했다. 미국은 당장이라도 노동자를 해고할 수 있는 냉혹한 자본주의 시스템으로 돌아가는 국가이지만, 중산층이 가장 두껍고 서민들 생활수준이 가장 높은 나라다. 왜냐하면 최근 백 년 동안 기술적 패권을 유지하면서 세계 경제와 산업의 패러다임을 바꿔 가는 기술 혁신기업 대부분이 미국에서 나오고 있기 때문이다. 또한 그런 기업들의 주식을 노동자들의 노후를 책임지는 퇴직연금펀드에서 대량 보유함으로써 혁신기업의 고성장을 자본가만 누리는 것이 아니라 미국의 노동자들도 같이 향유할 수 있기 때문이다.

우리나라는 1998년 IMF 외환위기 때 국부를 너무 많이 강탈 당했다. 지금 국내 우량주식의 60%가 외국인 소유다. IMF를 조기 졸업하고 국내 기업들이 세계적인 기업으로 발돋움하고 있으면서도 실물경기가 계속 더 어려움을 겪고 중산층이 몰락

하는 이유는 이런 우량한 기업의 성장 과실 중 60%가 외국인 투자자에게로 넘어가기 때문이다. 너무 분하고 원통한 일이다.

우리나라 주식시장의 큰 형님 격인 국민연금, 우정사업부, 각종 연기금뿐만 아니라 각종 법인과 재단에서도 지금처럼 경제 위기 공포감에 주가가 싸게 거래될 때 주식 비중을 대폭 늘려야 한다. 솔직히 외국인이 지수 1,800 포인트 이하에서 100조 정도 더 팔아줬으면 좋겠다. 그래야 경제주권을 되찾아오고, 우리 기업의 성과에 대한 과실이 국내에 넘쳐흐르고, 부의 효과Wealth Effects*로 소비가 늘어나면서 내수 경기도 살아날 수가 있는 것이다.

"힘내라. 붉은개미~ 대~한 민국~!"

인피니티투자자문 박세익 전무

> 사람들이 난제(難題)라고 부를지라도 나는 도전이라고 말하고 싶다. 가능성은 50%다. 나는 매일 1%씩 올려 100%를 만들겠다. 무엇보다 필요한 것은 스스로 하고자 하는 의지이다. — 거스 히딩크 Guus Hiddink, 2002년 한일월드컵 대한민국 축구 감독

PART 2

◆ ◆ ◆

주식투자의 본질

우리하라고 교만하지 말고
불리하라고 비굴하지 말라
무엇을 들었다고 쉽게 행동하지 말라
그것이 사실인지 깊이 생각하여
이치가 명확할 때 과감히 행동하라
벙어리처럼 침묵한 입술처럼 말한다
눈처럼 냉정한 불처럼 뜨거워라
태산같은 자부심을 갖고
누운 풀처럼 자기를 낮추어라
역경을 참아 이겨내고
형편이 잘 풀릴 때를 조심하라
재물을 오물처럼 볼 줄도 알고
터지는 분노를 잘 다스려라
때로는 마음껏 풍류를 즐기고
사슴처럼 두려워 할 줄 알고
호랑이처럼 무섭고 사나워라
이것이 지혜로운 이의 삶이니라

중국발 위기, 유가 폭락, 메르스 발발, FED 첫 금리 인상 등으로 글로벌 주식시장이 불안정했던 2015년 12월, 어머니께 부탁드린 글이다. 성공적인 주식투자를 위한 지혜가 담겨 있다.

1장

주식투자를
반드시 해야 하는 이유

필자는 점심 약속이 없는 날이면 직원들과 함께 회사 바로 앞에 있는 '부추 된장찌개' 식당을 자주 찾는다. 최근 여의도에 리모델링한 건물과 신축 빌딩이 많이 들어서면서 가뜩이나 어려운 상황의 오래된 건물 안 식당들이 더 어려워졌다. 그런데 엎친 데 덮친 격으로 코로나19 위기까지 터지면서 여의도에는 문 닫는 식당들이 많아졌다. 이 부추 된장찌개 식당은 빌딩 지하주차장으로 들어가는 내리막길 옆쪽문 안에 있는 식당인데, 몇 년 전만 하더라도 11시 35분만 지나면 줄을 서서 기다려야 되는 맛집이었다. 하지만 이런 맛집도 정부의 강력한 방역 조치와 시민들의 거리두기 실천으로 1년 넘게 큰 어려움을 겪고 있다.

코로나19가 한창 기승을 부리며 확진자 수가 좀처럼 줄지 않을 때, 점심 때나 저녁 때나 여의도의 식당들은 다 텅텅 비어 완전 개점휴업

상태였다. 과거, 필자도 식당에 투자했다가 홀라당 말아먹은 아픈 기억이 있어서 식당 운영하시는 분들이 얼마나 큰 고통을 겪고 계시는지 너무나 공감한다. 특히 작년 연말, 식당의 최대 성수기에 정부의 5인 이상 집합 금지와 저녁 9시 이후 영업금지 조치는 작년 초부터 코로나19를 이 악물고 힘겹게 버텨온 식당주들에게는 일본을 굴복시킨 두 번의 원자폭탄 공격 급의 재앙이 되었을 것이다.

필자는 코로나19 발발 직후부터 주말에는 일부러 웬만하면 가족들과 외식을 하고, 주중에는 회사 근처 작은 식당들을 주로 이용했다. 정부에서 되도록 외출을 자제하라는 지침들이 언론을 통해서 계속 흘러나오고 있었기 때문에 처음에는 외식하자는 제안에 정의감이 유독 강한 둘째가 강하게 반발했다. "아빠! 지금 의료진들이 저렇게 고생하고 계시는데, 우리도 외출 자제하면서 코로나19 방역에 적극 동참해야지. 무슨 외식이야!" 그런 딸에게 과거 식당에 투자했다가 실패했던 경험을 이야기하면서 지금 식당 주인, 식당 주방에서 일하는 분들, 홀에서 서빙하는 분들 모두 큰 경제적 위기 상황에 빠져있을 거라고 설명해 주었다. 웬만하면 아빠 말을 따라주는 착한 아이들이라 설득해서 동네 앞 오래된 식당을 찾았다. 토요일 12시라 평상시 같으면 자리가 가득차야 할 시간이었는데, 50평 가까이 되어보이는 그 식당에 손님은 딱 우리 가족뿐이었다. 우리가 밥을 다 먹고 나갈 때까지 식당에는 다른 손님이 한 명도 오지 않았었다.

회사 앞 부추 된장찌개 식당도 예외는 아니었다. 필자가 작년 점심 시간에 직원들을 데리고 갔을 때도 밥을 다 먹고 나올 때까지 총 세 팀도 오지 않았다. 식사를 마치고 계산을 하면서 "맛있게 잘 먹었습니다. 요즘 너무 힘드시죠?" 하고 인사를 하는데, 식당 사장님이 '전무님 방송 잘 보고 있습니다. 감사합니다'라고 말씀하시길래 깜짝 놀랐었다. "아. 경제방송 자주 보시나 보네요. 성공 투자하세요" 하고 나오면서 속으로 '휴, 다행이다. 주식투자 수익으로 식당 적자를 그나마 좀 방어하고 계시겠구나' 하고 생각했다.

우리는 주식투자를 위험하다고 잘못 인식하고 있다. 오히려 '위험을 방어'하기 위해서는 주식투자를 반드시 해야 한다. 영어로는 '리스크_{Risk}를 헤지_{Hedge}*한다'라고 말하는데, 주식을 통해 인

> * 투자자가 가지고 있거나 앞으로 보유하려는 자산의 가치가 변함에 따라 발생하는 위험을 없애려는 시도.

플레이션 리스크를 헤지하고, 원재료 가격 상승을 헤지하고, 돈의 가치 하락을 헤지해야 한다. 구체적인 예를 들어 보자.

자동차를 만드는 현대차는 최근 강판 가격이 급등하면서 원재료 가격 상승이 아주 큰 고민거리일 것이다. 품질 수준이 비슷한 일본 차, 유럽 차와 가격 경쟁을 해야 하고, 최근 테슬라까지 가세하면서 무한경쟁 상황에 놓여 있다. 그렇다고 원가 상승에 의한 제품가격 인상을 함부로 할 수도 없는 노릇이다. 차체 제작을 위해 엄청난 양의 강판을 구입해야 하는 자동차 업체들은 다 똑같은 마진 악화 위기에 처해 있을 것이고, 타사 제품가격과 소비자 가격탄력성을 눈치 보면서 전전긍긍하고 있을 것이 뻔하다. 현대차그룹은 그나마 '현대제철'이라는 계열사가 있어 가격 인상을 어느 정도 제어할 수 있지만, 이

것도 해당 회사들의 주주가치에 영향을 줄 수 있어서 시장가격을 많이 벗어나는 특혜 가격으로 장기적인 제공을 받기도 힘들다.

이럴 때 현대차가 할 수 있는 여러 가지 조치 중 금융을 이용한 헤지 방법은 다음과 같다.

> **1. 상품선물 시장에서 철강 선물 매수**
> **2. 철강회사와 선도거래 계약 체결**
> **3. 철강회사 주식 매수**

1, 2번은 회사에서 이미 사용하고 있는 방법이라고 생각한다. 3번역시 현대제철 주식을 그룹이 보유하고 있어 주식을 이미 매수했다고 볼 수 있다. 하지만, 계열사 주식은 '매매'를 하지 않으므로 실제로 '헤지 효과'는 없다. 단기간의 원재료 가격 상승으로 인한 손실을 헤지하려면 단기간에 매매차익을 얻을 수 있는 상품선물이나 주식을 매수해야 한다. 즉, 자동차 강판에 이용되는 냉연강판, 열연강판, 고장력 강판을 모두 생산하고 제품 품질이 세계 최고인 포스코의 주식을 사면 되는 것이다. 시가총액도 크고 하루 거래대금이 2천억이 넘는 주식이고 배당수익률도 2%가 넘게 나온다. 하물며 최근 주가가 많이 급등했음에도 불구하고 순자산 대비 주가 배수인 PBR이 0.6 근처에서 아주 싸게 거래되는 우량주다. 철강 가격 헤지 수단으로 너무나 훌륭한 주식이 우리나라 주식시장에 상장되어 있는 거다. 이해하기 쉽게 설명하기 위해 현대차를 예로 들었지만, 자동차 제조업체뿐

만 아니라 전국에 수많은 철강 제품을 원재료로 사용하는 기업은 이렇게 좋은 위험관리 수단이 우리나라에 있다는 점을 적극적으로 활용해야 한다. 배를 만드는 조선소, 냉장고를 만드는 가전회사, 주택건설과 토목공사를 많이 하는 건설사가 그에 해당한다.

그리고 다른 예로 일반인들의 상황을 들어 보자. 기업들의 '원재료 가격 상승 헤지'뿐만 아니라, 일반인들도 주식을 통해 '장바구니 물가 상승'과 '여가생활 유지와 품위유지 비용 상승'을 적극적으로 헤지해야 한다. 30년 전 필자가 대학 다닐 때는 1만 원짜리 한 장만 있으면 하루 데이트가 모두 해결되었다. 영화 보고 돈가스 사 먹고 택시 타고 집에 와도 충분한 돈이었다. 돈의 가치가 계속 떨어지면서 지금은 아마 둘이서 데이트하기에 10만 원도 넉넉치 않을 것이다. 그런데 30년 동안 이 정도 물가 상승은 양반이다. 1차 세계대전 이후 독일의 '하이퍼 인플레이션Hyper Inflation*' 현상을 생각해보자. 천문학적인 배상금을 갚기 위해 마르크화를 엄청나게 찍어낸 영향으로 독일의 물가는 아침 빵값이 저녁이 되면 두 배가 되는 혹독한 하이퍼 인플레이션을 겪었다. 배상금을 갚아야 하는 독일 정부나 은행에서 돈을 빌린 채무자들에게는 '천국'과 같은 상황이 되는 것이고, 받을 돈이 많거나 평생 일해서 번 돈을 은행에 착실하게 예금을 해 둔 현금 부자에게는 지옥과 같은 상황이었다. 그렇다면 당시 독일과 같은 상황에서 독일의 노동자나 빵집 주인이 '하이퍼 인플레이션' 위

* 물가 상승이 통제를 벗어난 상태로 수백 퍼센트의 인플레이션율을 기록하는 상황.

험을 헤지하는 수단과 방법은 무엇이었을까?

빵집 주인이 할 수 있는 방법은 빵을 만들기 위해 구매해 둔 밀가루와 소금, 설탕으로 빵을 만들어서 팔지 말고, 재료를 최대한 오랫동안 보유하는 것이다. 더 좋은 방법도 있다. 은행에 가서 빵집을 담보로 최대한 돈을 빌려서 내가 가진 돈보다 훨씬 많은 원재료를 매집해 두는 것이다. 한 달 또는 일 년 뒤 내가 갚아야 할 돈은 똥값이 되어 있고, 내가 매집해 둔 원재료 가격은 몇백 배 상승해서 오히려 큰돈을 벌 수 있었을 것이다.

빵집 종업원이라면 손님들에게 빵을 팔 게 아니라, 주인에게 받은 월급 또는 받을 월급을 모두 당겨서 그 집에서 파는 빵을 다 매수해야 한다. 그리고 그 빵을 저녁이나 그 다음 날 두세 배 가격에 팔면 된다. 그 돈으로 또 그 다음 날 아침 빵을 다 매수해서 저녁이나 그 다음 날 판다. 이렇게 계속 반복하면 이 빵집 종업원도 큰돈을 번다.

인플레이션이란 채권자의 부를 채무자로 이동시키고, 무산자의 부를 자산가의 부로 이동시키는 세계 최대의 '날강도 시스템'이다. 내가 인지하든 인지하지 못하든, 내가 허용했든 허용하지 않았든, 내가 착실하게 살았든 못되게 살았든, 이 날강도 시스템은 평생 끊임없이 작동한다.

우리나라가 한국 전쟁 후 이렇게 짧은 시간에 눈부신 경제 성장을 한 것은 세계 어느 나라보다 근면 성실한 국민성 때문이라는 것은 모두가 아는 사실이다. 그런데 왜 이 위대한 대한민국의 중산층이 몰락하고 있고, 서민들의 삶은 30년 전보다 더 힘든 걸까? 이유는 딱 하나다. 물가 상승 때문이다. 개개인의 능력에 따라 좀 더 벌고 덜 벌고의 차이가 있지만, 우리 부모님들이 그 노동력의 대가로 받은 돈으로 인플레이션을 헤지할 수 있는 '자산을 취득했냐 못했냐'에 따라 엄청난 부의 격차가 발생한 것이다. 최근 50년간 우리나라 물가 상승을 압축해보면 1차 세계대전 직후의 독일 상황과 별반 차이가 없다. 5개월 동안 일어난 일이냐, 50년 동안 일어난 일이냐 경과 시간만 다를 뿐이지 물가 상승이 초래하는 날강도 효과는 똑같다.

이 책을 읽고 계신 독자들은 이 날강도 시스템을 겪어오면서 어떤 선택을 하고 살았는지, 우리 부모님들은 어떤 대응 원칙으로 살아오셨는지를 생각해보자. 좁은 땅덩어리에 내가 평생 살 집을 한 채라도 사신 분들은 최소한 내가 일해서 번 내 노동의 가치는 강탈당하지 않아서 억울하지는 않으실 거다. 반대로 집테크, 재테크에 소극적이어서 평생 예금/적금/보험만 가입하신 분들은 물가 상승으로 인해 계속 줄어드는 나의 구매력에 평생 스트레스를 받고 살아오셨을 거다. 은행예금 이자율보다 훨씬 빠르게 상승하는 집값, 학원비, 교통비, 통신비, 라면값, 문화생활비 가격 등으로부터 평생을 짜증과 화가 반복되는 삶을 살아 왔고, 또 앞으로 계속 그런 삶을 살아가야 할 것이다.

그래서 우리는 평생 투자를 해야 한다. 어떤 투자를 해야 하나? 인플레이션을 헤지할 수 있는 투자를, 물가 상승이라는 날강도 시스템으로부터 나의 부를 지킬 수 있는 투자를 해야 한다. 부동산투자와 주식투자는 '선택'이 아니라 '필수'다. 이 두 가지 투자를 하지 않고 열심히 착실하게 일하는 것은 우리 집 대문을 활짝 열어놓고 출근하는 거나 마찬가지다.

❝

**"저축과 투자의 첫 번째 목표는 인플레이션을 앞지르는 것이다.
여러분의 돈은 거꾸로 돌아가는 쳇바퀴 위에 올라와 있다."**

— 『피터 린치의 투자 이야기Learn To Earn』 (피터 린치Peter Lynch 저, 흐름출판)

❞

2장

주식투자란 무엇인가?
- 투자의 본질

우리가 어떤 일을 할 때는 그 일의 본질을 파악하는 것이 중요하다. 그래야 업무 파악이 쉬워지고, 올바른 의사결정을 내릴 수 있고, 일을 효율적으로 할 수 있다. 일 못 하는 직원들이나 일을 잘 못 가르치는 상사들은 그 일에 대한 '본질' 파악을 못 하고 있어서 그렇다. 다분 일뿐만이 아니라 시험공부도 그렇고, 운동도 그렇고, 게임, 장치, 사랑, 예술, 역사 등도 그 본질부터 파악해야 한다. 내가 하고자 하는 일에 대한 본질부터 파악한 후 노력을 해야 실력도 쌓이게 된다.

그럼, 본질本質이란 무엇인가? 어떤 사물이나 현상이 가진 근본적인 성질과 속성을 말하는 것이다. 요리를 잘하는 사람은 음식 재료와 도구가 가진 그 본질에 정통한 사람들이다. 반대로 라면도 제대로 못 끓이는 사람은 면의 성질, 수프, 달걀, 파, 불 등의 성질을 잘 몰라서 그렇다.

유능한 골프 선수는 골프공과 골프채, 몸의 구조, 그리고 골프 코스의 여러 가지 성질을 정확히 파악하고 있는 사람이고, 솜씨 좋은 낚시꾼들은 물 때와 물고기의 습성에 대해 잘 알고 있는 사람들이다.

이렇듯 우리가 어떤 일의 본질을 정확히 꿰뚫어 본다면 그 분야의 전문가가 될 수 있다. 그리고 전문가가 되면 그 분야에서 돈을 벌 수가 있고, 전문성의 깊이에 따라 수익 금액이 달라진다.

인류의 역사는 '본질 파악'을 통해 발전했다고 해도 과언이 아니다. 사람의 '본질'을 파악하고자 수천 년 동안 소크라테스, 플라톤, 데카르트, 공자, 맹자 등 수많은 철학자가 고민해 왔고, 자연의 '본질'을 파악하기 위해 아이작 뉴턴, 아인슈타인, 스티븐 호킹과 같은 수많은 과학자가 연구해 왔다. 철학자들은 세상 사람들이 몰랐던 인간의 본질을 파악했을 때 느껴지는 엄청난 지적 유희를 즐겼고, 과학자들이나 발명가들은 자연 속의 새로운 성질을 파악하여 신기술이나 신약 등을 통해 인류의 삶을 발전시켜 왔다.

18세기 이후 자본주의가 발전하면서 산업혁명과 같은 기술 혁신은 엄청난 부를 창출했다. 그리고 산업혁명으로 축적된 부는 금융시스템을 발전시켰고, 금융은 또 기술 혁신기업에 대한 투자를 통해 부를 더 늘려갔다.

기술 혁신이란 효율성을 획기적으로 향상시키는 기술을 뜻한다. 한마디로 적은 비용으로 다량 생산이 가능한 기술인데, 돈을 적게 쓰고 많이 만들 수 있으니 당연히 돈을 많이 벌 수 있게 된다. 돈을 많이 버는 기업이 많아야 고용이 안정되고, 기업과 근로자들이 내는 세금도 높아져서 나라가 부강하게 된다. 나라가 부강하면 그 나라의 통화를 신뢰할 수 있고, 미국이나 영국, 일본과 같은 나라는 기축통화* 지위도 유지할 수 있게 된다. 기축통화 지위를 유지해야 돈을 찍어서 국방력과 경제도 유지가 가능하다. 이게 바로 미국이 필사적으로 '기술 패권'을 유지하고자 하는 근본적인 이유이기도 하다. 또한 현재 우리가 사는 현대 자본주의 시스템의 본질이기도 하다.

> * 국제외환시장에서 금융거래 또는 국제결제의 중심이 되는 통화. 대표적으로 미국 달러가 이에 속한다.

그렇다면 이런 현대 자본주의 시스템 속에서 우리나라와 국민이 부강해지고, 내 가족이 부자로 살려면 어떻게 해야 할까? 나라와 개인이 어떻게 부자가 될 수 있는지는 1776년에 출간된 애덤 스미스의 『국부론The Wealth of Nations』에 잘 나와 있다. 애덤 스미스는 사회 구성원들이 분업을 통해 시너지가 발생하게 되면 개개인이 혼자 열심히 일할 때보다 더 잘 살 수 있다고 말했다. 뉴욕, 동경, 런던, 상해, 서울과 같은 대도시가 지속적으로 발전하는 이유도 이런 시너지 시스템이 잘 작동하기 때문이다.

필자는 정부가 해야 할 역할은 '개인과 기업, 그리고 기업과 기업 간의 시너지가 잘 발휘되게끔 인적, 물적 인프라를 구축해 주고 또 이런 시너지를 저해하는 나쁜 규제와 관행을 제거해 주는 것'이라고 생각한다. 못살거나 망하는 국가는 이런 시너지가 발휘될 수 없는 엉터리 정책을 쓰기 때문이다. 국민을 위한 정책이다는 소신의 진정성을 따지기 보다는 그 정책의 '사회적 시너지 효과'를 먼저 분석해 보아야 한다. 과거 미국 최대 국립공원인 옐로스톤에서 농민들을 보호하기 위해 늑대를 다 잡아 죽였다가 사슴 개체 수가 급격하게 늘어나서 농작물 피해가 더 극심해졌다. 심지어 옐로스톤의 생태계까지 망가졌는데, 그 케이스를 보면 알 수 있다. 생태계에 대한 본질을 파악하지 못한 잘못된 정책으로 농민과 공원 전체가 큰 피해를 본 사례처럼 정부는 시행하고자 하는 정책과 사회 시스템에 대한 단기, 중기, 장기적 시너지 효과를 정확히 파악한 다음 '신중하면서도 과감한 정책'을 펴야 한다.

이제 현대 자본주의에서 개인이 부자가 되려면 어떻게 해야 하는지 얘기해 보자. 유럽의 워런버핏으로 주식투자자들에게 잘 알려져 있는 앙드레 코스톨라니는 개인이 단기간에 부자가 되는 방법이 세 가지가 있다고 했다.

> **첫째, 부자인 배우자와 결혼하라.**
> **둘째, 돈이 되는 유망한 사업을 하라.**
> **셋째, 주식투자를 하라.**

필자는 많은 사람들이 첫 번째 방법을 이용하려 한다는 것을 뒤늦게 알았다. 늘 검소하시고 근면 성실하게 살아오신 부모님 영향 때문인지 필자는 배우자를 통해 부자가 되어야겠다는 생각을 한 번도 한 적이 없었다. 어찌 보면 무난한 중산층 가정에서 자랐기 때문에 가

난에 대한 뼈저린 경험이 없어서 일 수도 있다. 그리고, 지금도 후회는 없다. 내 인생의 청춘 드라마를 조금은 팍팍하게 시작한 것이 현 자본주의에 대한 나의 '전투의지'를 키워줬기 때문이다. 그러니 부자 배우자랑 결혼 못 하신 분들도 너무 후회 안 하시길 바란다.

유망한 사업을 해서 돈 벌라는 두 번째 방법은 말은 쉽지만 사업해서 성공할 확률이 너무 낮다. 그리고 우리나라에서는 사업하다가 실패해서 신용 불량자가 되면 재기하기가 너무 어렵다. 성공하기가 너무 어렵기 때문에 성공하면 당연히 부자가 되는 것일지도 모른다. 유망한 사업 아이템은 발견하기도 힘들고, 설사 그런 아이템이 있더라도 사업을 해서 성공하기는 너무 힘들다. 또한 사업가들은 일반 직장인들에 비해 엄청난 노력을 한다는 사실도 잊지 말아야 한다.

유명 경제 유튜버가 된 슈카월드, 전석재씨의 인터뷰가 기억난다. '펀드매니저로 일할 때보다 세 배나 더 열심히 일한다'라는 말이었다. 유망한 사업 아이템과 엄청난 노력, 그리고 운까지 받쳐줘야 부자가 될 수 있는 것이다. 그러니, 사업으로 부사가 되는 것도 보통 사람으로서는 쉬운 일이 아니다.

마지막 방법은 주식투자를 통해 부자가 되는 것인데, 필자 주변에는 주식으로 큰 부자가 된 사람들이 꽤 있다. 주식투자 스타일은 본인의 적성과 취향에 따라 조금씩 다르지만, 그들은 주식투자를 통해 직장인이 평생 모을 수 없는 큰돈을 벌었다. 에셋플러스의 강방천 회장님도 1998년 주식투자를 통해 큰돈을 버셨고, 미래에셋그룹 박현주 회장님 역시 주식투자를 통해 월급쟁이에서 그룹 총수가 되셨다.

우리가 월급쟁이로서, 또는 자영업자로서, 또는 학생으로서, 주부로서, 군인으로서, 공무원으로서 경제적 자유를 누리는 수준의 부자가 될 수 있는 가장 현실적인 방법은 바로 주식투자다. 당신이 만약 부자가 되고 싶다면, 주식투자를 하면 된다.

그런데 왜 주변에서는 주식으로 부자 되었다는 사람 찾기는 힘들고, 주식으로 손해 봤다는 이야기만 난무할까? 부모님들은 왜 자식들에게 절대 주식투자 하지 말라고 말씀하시는 걸까? 이유는 딱 하나다. '주식의 본질'을 제대로 파악하지 못하고 투자했다가 큰 손실을 보았기 때문이다. 그건 수영을 할 줄 모르는 사람이 강이나 바다에서 놀다가 죽을 뻔한 경험과 다를 바가 없다. 암벽등반 초보자가 고난도 암벽을 오르고, 수영 초보자가 한강 횡단을 시도하고, 격투기 초보자가 UFC 링에 오르는 것이나 똑같다.

한국 주식시장은 합산 시가총액이 2,000조 원이 넘는 시장이다. 미국 주식시장은 S&P500 기업 시가총액만 4경 원에 육박하는 거대한 시장이다. 그곳에서는 천문학적인 숫자의 거래대금이 찍히면서 매일 매일 '쩐의 전쟁'이 벌어지고, 수많은 투자자가 돈을 벌거나 잃는다. 그런 주식시장에 어설픈 지식을 갖고 뛰어들면 99%는 돈을 잃게 된다.

초보투자자들은 강세장에서 잠깐 버는 듯 하다가 약세장에서 왕창 토해낸다. 증권방송이나 여러 책에서 소개되는 수많은 실전 매매기법을 적용해봐도 시간이 지날수록 돈을 잃게 된다. 이유는 명확하다. 주식의 본질을 제대로 모르는 채로 그런 기법을 적용해봐야 무용지

물이다. 짧게 여러 번 버는 듯하다가 한 번에 크게 손실을 보게 된다.

사실 아마추어 투자자뿐만 아니라, 금융권 종사자들조차 주식의 본질을 잘 모르거나 잘못 이해하고 있는 사람들이 많다. 그들은 그저 시장이 비이성적이라고 이야기하거나, 낙후된 정치 때문이라고 말한다. 실제로 시장은 가끔 비이성적으로 과열되거나 본질가치 대비 현저히 낮은 가격까지 투매가 나오기도 한다. 또 국내외 정치 상황이나 이슈가 주식환경에 악영향을 미치기도 하고 때로는 호재로 작용하기도 한다. 이런 정치사회 이슈들이 다 녹아 있는 곳이 주식시장이고, 비이성적 투매나 과열 현상 역시 주식시장의 중요한 속성이다. 이런 사실을 외면하거나 무시하면 주식투자가 어려워지고 고통스러워진다.

도대체 성공한 투자자와 실패한 투자자의 차이는 무엇일까? 실패한 투자자가 모르는 투자의 본질은 무엇인가? 누가 나에게 '주식투자란 무엇인가?'라고 묻는다면, 필자는 이렇게 대답하겠다.

"기업가치 성장에 대한 과감한 투자와 주가의 변동성에 대한 위험관리를 병행하는 것"

주식투자로 성공하기 위해서는 두 가지를 반드시 알아야 한다. 첫 번째, 주식투자는 대중들이 인지하지 못하고 있는 기업가치의 확장성에 내 돈을 과감하게 투자하는 것이다. 그러기 위해서는 우리가 어떤 주식에 투자하기에 앞서 우선 해당 기업의 가치 변화를 먼저 체크해야 한다. 즉, 내가 투자하는 기업의 가치가 '확장 국면'에 있는지,

아니면 '수축 국면'에 있는지를 알아야 하고, 제품수명주기Product Life Cycle* 관점으로 봤을 때 그 기업이 영위하고 있는 사업이 지금 성장기에 있는지 쇠퇴기에 있는지를 파악해야 한다. 그리고 내가 투자하는 기업의 장기 차트를 보면서 그 기업의 장기 추세가 내 생각과 비슷한 흐름을 보였는지를 점검해야 한다. 단기적인 주가 변동성은 기업의 가치를 제대로 반영하지 못할 수 있지만, 60개월 이동평균선의 기울기는 그 기업의 장기 성장 추세를 정확히 나타내주기 때문이다.

제품수명주기뿐 아니라 주식시장에 상장된 기업들의 가치는 수많은 매크로/마이크로 변수들에 의해 '확장과 수축' '번성과 쇠퇴' '호황과 불황'의 모습을 띠게 된다. 우리가 예금이나 채권투자보다 주식투자를 하는 이유는 기업이 확장되고, 번성하고, 호황을 보일 때 투자에 따른 리스크 대비 투자수익률이 채권 이자율이나 물가 상승률보다 월등히 높기 때문이다. 그래서, 피터 린치는 늘 '고성장하는 기업'이나 '턴어라운드** 하는 기업'을 찾아다녔고, 그가 운용하는 펀드 자산의 60% 이상을 이러한 '가치 성장이 빠른 기업'으로 채웠다. 이것이 바로 마젤란 펀드의 경이적인 수익률의 비결이다.

사실 성장가치에 투자하는 개념은 웬만한 주식투자자는 다 아는 이야기다. 그런데 개념은 알지만 실제 성장주 투자를 잘하는 사람은 많지 않다. 왜냐하면, 대부분의 성장주는 시장 평균 멀티플Multiple***

* 하나의 제품이 시장에 나온 뒤 성장과 성숙 과정을 거쳐 결국은 쇠퇴하여 시장에서 사라지는 과정. 일반적으로 도입기, 성장기, 성숙기, 쇠퇴기의 4단계로 이루어진다.

** 넓은 의미의 기업회생을 의미한다. 구조조정(Structural Regulation)과 리스트럭처링(Restructuring), 리엔지니어링(Reengineering) 등이 포함된다.

*** PER/PBR과 같은 지표에 적용되는 주가 배수.

에 비해 비싸게 거래되기 때문에 비싼 가격에 주식을 사야 한다는 부담감이 작용한다. 마치 강남 아파트가 늘 타 지역 아파트에 비해 비싸게 거래되는 것과 비슷하다. 그래서, 대부분의 투자자들은 시장 평균 멀티플보다 싸게 거래되는 저렴한 '가치주' 투자를 선호하는 경우가 많다. 이런 가격이 주는 일종의 착각 때문에 주식투자가 어려운 것이다.

주식시장은 기업의 내외적 변수들에 의한 현재 시점의 내재가치를 대부분 다 반영하고 있다. 비싸게 거래되는 주식은 비싼 대로 이유가 있고, 싸게 거래되는 기업도 다 싼 이유가 있는 것이다. 그래서 투자자를 공포스럽게 만드는 '마켓리스크'가 주식시장을 폭락시키는 경우를 제외하고는 주식시장에 말도 안 되게 싸게 거래되는 '가치주'는 없다고 봐도 과언이 아니다. 시장에 참가하고 있는 수많은 투자자의 분석력에 의해 '공짜 점심'과 같은 '싼 주가'는 초원에 내버려진 고깃덩이처럼 하이에니기 먹든 독수리가 먹든 순식간에 없어지고 만다. 그래서, 적정 시장가치 대비 현저히 싸게 거래되는 가치주를 찾는 일은 해변 모래사장에서 누군가 잃어버렸을 금반지를 찾는 일만큼이나 비효율적이다. 적정가치를 반영하고 있지 못한 '공짜 가치주'를 찾을 노력을 할 바에 대중들이 아직 눈치채지 못하고 있는, 또는 대중들이 오판하고 있는 '기업가치의 변화'를 찾는 것이 투자수익률을 높이는 데는 더 효율적이다.

예를 들어보자. 코로나19 위기에 수많은 전문가와 투자자들은 코로나19가 기업가치를 크게 훼손시킬 것으로 예상했다. 실제로 미국을 비롯해 주요 국가들의 전례 없던 장기간 국경 폐쇄 조치와 전격적인 셧다운 조치로 인해 실물 경제는 엄청난 충격을 받았다. 특히 직격탄을 맞은 크루즈, 항공, 여행, 카지노, 호텔 등의 기업가치는 크게 훼손되었다. 주식시장은 이런 기업가치 변화를 빠르게 반영했고, 한 달 만에 S&P500 지수는 -35% 하락을 기록하며 1987년 블랙먼데이를 연상시켰다. 혹자는 이번 코로나19 사태를 1918년 스페인 독감과 비교하며, 2차 팬데믹의 충격이 1차보다 훨씬 더 클 것이라고 주장하기도 했다. 수많은 예측이 난무했고 주식시장은 빠르게 그 모든 정보를 반영하며 수천 개가 넘는 기업들의 가치 변화를 계산해냈다. 그리고 당시 아무도 예상하지 못했지만, 2020년 4월부터 주식시장은 수개월 뒤에 발표될 기업들의 호실적을 기가 막히게 예측하면서 최근 1년 동안의 급반등장을 드라마틱하게 연출했다. 4월부터 반등장을 주도했던 기업들의 주가와 실적발표를 보면 주식시장은 정말 놀라울 정도로 이 기업들의 가치 변화를 실적발표 수개월 전부터 정확히 예측했었다는 것을 알 수 있다.

당시 우리나라 주식시장을 주도했던 BBIG7(바이오, 배터리, 인터넷, 게임 섹터의 대표적인 7개 종목)과 나스닥 상승을 주도했던 FAANG(미국 IT 산업을 선도하는 페이스북, 아마존, 애플, 넷플릭스, 구글), 테슬라, 마이크로소프트와 같은 기업들이 최근 놀라운 실적을 발표한 것을 보면 당시 비이성적이라고 했던 주가 상승이 얼마나 이성적인 상승이었는지를 알 수 있다. 많은 전문가들이 실적 동반 없는 '유동성의 힘'

에 의한 상승이라고 폄하했지만, 이들 기업의 주가 상승 동인은 분명 '가치 상승'에 있었다는 것을 알 수 있다. 이렇게 주식투자는 대중이 인지하지 못한, 또는 인지를 잘못하고 있는 기업가치 변화에 대한 베팅이다.

두 번째로, 주식투자는 위험관리가 필수다. 골프장의 장애물로는 벙커도 있고 워터 해저드*도 있고, 바람도 있다. 그린에는 경사가 있고 굴곡이 있고, 또 그린 스피드가 골프장마다 다 다르다. 투

> * 연못이나 호수를 비롯해 강이나 배수로처럼 간간이 이어지는 물줄기 등을 포함한 장애물.

자할 때도 마찬가지다. 우리가 투자하는 기업이 직면하고 있는 위험 말고도 주식시장 그 자체에도 많은 해저드가 도사리고 있다. 투자할 때 위험이라고 말하는 '변동성'은 시장 상황에 따라 그 빠르기가 시시각각 변한다. '유동성' 역시 강세장일 때는 풍부해졌다가 약세장일 때는 갑자기 위축된다. 3년 내내 오르던 주가가 1개월 만에 제자리로 돌아가기도 하고, 감사보고서 제출 시기에는 의견거절 등의 사유로 인해 갑자기 거래정지되는 기업들도 나온다. 주식시장 자체가 무자비한 '검투사들의 아레나'가 되기도 하고, 때로는 주식 초심자들이 투자해도 쉽게 잭 팟이 터지는 카지노가 되기도 한다. 이런 변동성과 위험 요소들은 몇백 년 동안 지속되어온 주식시장이 가진 '본질'이자 '속성'이다. 아이작 뉴턴이 비판했던 '주식투자자들의 광기'도, '코로나19 위기의 주식 투매현상'도 모두 대중들의 쏠림 현상으로 나타나는 주식시장의 속성 중 하나다. 이렇게 중요한 주식시장의 속성을 무시하고 투자를 하는 것은 브레이크 사용법을 모르고 도로에서 자전

거를 타는 것이나 다름없다.

최근 1년 동안 워런 버핏의 포트폴리오 변경 내역을 보면 그는 기본적인 투자 포트폴리오를 일정 부분 유지한 가운데, 아주 적극적으로 위험관리를 해 왔다는 것을 알 수 있다. 코로나19 위기 발발 초기에는 기업가치가 급격히 훼손될 것으로 예상되는 기업들을 빠르게 손절매하면서 현금을 확보했고, 또 코로나19 수혜를 받을 수 있는 화이자와 같은 기업에 투자함과 동시에 시장 리스크를 헤지할 수 있는 금광업체 베릭 골드의 지분을 취득하면서 경기소비재가 많은 그의 포트폴리오에 '방어벽'을 구축하는 모습을 보였다. 결과론적으로는 이런 위험관리 전략을 6개월 만에 다시 뒤집으면서 수익률에 도움을 주지는 못했지만, 세계에서 가장 존경받는 위대한 투자자인 워런 버핏이 '포트폴리오 위험관리'를 어떻게 하는지 우리는 분명히 배울 필요가 있다. 투자에 있어 위험관리 개념을 무시하는 투자자는 절대 장수할 수 없다. 그리고 기업의 가치성장에 대한 과감한 투자의 개념 없이 위험관리만 강조하는 '올타임 리스크 회피형' 투자자 역시 훌륭한 투자자가 될 수 없다.

필자가 서초구 40대 축구 상비군으로 있을 때 당시 감독이 저녁식사 중 한 이야기가 생각난다. "월드컵 우승팀은 수비가 강한 팀이 늘 우승했다." 그러고 보니, 2002년 한일 월드컵에서 우리가 4강 신화를 만들었을 때도 우리 국가대표팀이 다량 실점을 한 경기가 하나도 없었다는 것이 생각난다. 미국 메이저리그 월드시리즈에서 우승하는 팀은 걸쭉한 공격수보다는 상대방의 공격을 무력화시키는 유능한 '투수'와 '수비수'들이 항상 있었다는 점을 기억해야 한다. 주식투자 역시 '다량 실점하는 경기'를 줄여야 한다.

자, 이제 누가 주식투자의 본질에 관해 물어보면 이렇게 답하자.

"기업가치 변화에 대한 정확한 판단과 과감한 투자로 기회가 왔을 때 대량 득점을 하고, 또 변동성이라는 시장의 역습에서 최대한 실점을 줄이는 것. 그것이 바로 주식투자의 본질이다."

"

Be Fearful When Others Are Greedy and Greedy When Others Are Fearful. (모두가 탐욕스러울 때 두려워하고, 모두가 두려워할 때 탐욕을 부려라.)

— 워런 버핏Warren Buffet

"

개는 훌륭하다
– 주식시장의 변동성

주말에 TV 채널을 돌려 보다가 〈개는 훌륭하다〉라는 프로그램을 우연히 보게 되었다. 프로그램의 의도는 반려견과 주인이 행복하게 어우러져 사는 법을 함께 고민해보는 것이라고 소개되어 있었는데, '요즘 반려견을 많이 키우다 보니 이런 프로그램도 생겼구나' 하면서 유심히 프로그램을 본 적 있다.

처음에는 사람들이 다른 집에 어떤 개가 있나 호기심으로 저런 프로그램을 보겠지 하는 선입관으로 시청했는데, 생각과 전혀 다른 콘셉트로 만든 프로그램이라는 걸 알았다. 그 프로를 보신 분들은 다 아시겠지만, 세 가지로 요약을 하자면 다음과 같다. (1) 처음부터 나쁜 개는 없다. (2) 주인은 개마다 가진 DNA적 본능과 성향을 이해해야 한다. (3) 나쁜 성질과 버릇은 주인의 잘못된 교육 때문이다.

주식시장에는 개와 관련된 많은 격언이 있다. 그중에 필자가 가장 좋아하는 격언은 앙드레 코스톨라니가 '산책하는 사람과 개'에 비유한 이야기다. 그는 "개(주식가격)를 데리고 산책을 나갈 때, 개가 주인(기업가치)보다 앞서거나 뒤서거나 할 수는 있어도 주인을 떠날 수는 없다"라고 했다. 이는 기업의 본질가치에 비해 주가가 너무 왔다갔다 하는 변동성을 산책하는 주인과 강아지에 비유한 것이었다. 필자는 주식의 변동성에 대한 이보다 더 멋진 표현을 아직 찾지 못했다. 기업의 본질가치를 벗어난 주가의 비이성적 가격 형성은 모두 이 한마디로 다 설명이 가능하기 때문이다.

자, 그렇다면 좀 더 구체적으로 들어가 보자. 주식시장은 어마어마한 자금이 거래되고, 유진 파마 교수의 효율적 시장가설Efficient Market Hypothesis에 의하면 모든 주식가격은 과거와 현재의 기업가치를 정확히 반영한다고 했다. 그럼 도대체 강아지처럼 촐싹거리는 주가 움직임은 도대체 뭘 반영하고 있는 건가? 기업의 가치가 HTS(홈트레이딩시스템)에 나오는 일봉 차트처럼 정말 저렇게 매일 들쑥날쑥 변하는 걸까? 만약 기업의 가치가 매일 저렇게 몇 퍼센트 올랐다가 몇 퍼센트 빠졌다가 하는 것이 아니라면, 도대체 저런 주가 변동성은 누가 만드는 건가? 혹시 주식매매의 일정 부분을 투자자들이 집에서 키우고 있는 반려견들이 매매하고 있는 걸까?

필자는 이 질문에 대해 이렇게 답하고 싶다. 주식투자 의사결정의 절반은 인간의 DNA에 있는 동물적 본능에 의해 이루어진다고, 그리고 인간의 동물적 본능과 개의 동물적 본능이 상당히 유사한 점이 많다고 말이다. 그럼, 어떤 점이 과연 비슷할까?

먼저 1번에 말한 '집단형성 본능'은 오랫동안 우리 인간의 DNA에 있는 생존 본능 중 하나다. 인간은 포식동물에 대항할 만한 날카로운 뿔도, 포식동물을 따돌릴 만큼 빠른 발도 갖지 못했다. 그래서 철저하게 무리를 형성해서 생존해왔다. 그렇게 '무리를 따라다녀야 안전하다는 본능'이 우리 DNA에 강하게 박히게 되었고, 이것은 모든 '유행'의 근본적 원인이기도 하다.

그렇다면 '집단형성 본능'이 주식시장에서 어떤 영향을 미치는지 알아보자. 우리는 마트에 가서 우유 하나를 살 때도 여러 브랜드의 가격을 비교하고 산다. 푸드코트에서 식사 메뉴를 정할 때도 가격과 맛의 가성비를 머릿속으로 생각하며 의사결정을 내린다. 그런데 주식시장에만 오면 이런 이성적인 판단 기준이 사라진다. 투자자들은 가장 많이 회자하는 주식을 따라 산다. 물론 그런 인기주는 바닥을 기고 있는 주식이 아니다. 최근 1년 또는 그 이상의 기간에 엄청난 수익을 가져다준 주식이 대부분 사람이 가장 많이 언급하는 주식이다. 이런 주식들은 마지막 상투 국면에서 소위 말하는 '시세 분출 현상'이 나타나 강한 불기둥을 만든다. 상투가 만들어지는 이유도 '인기주에 나도 동참해야 살아남는다'라는 동물적 본능으로 가격 불문 마구마구 좇아 사기 때문이다. 이건 아마추어 투자자들에게만 해당하는 이야기가 아니다. 주식을 체계적으로 배운 펀드매니저들도 주식시장에서 형성된 거대한 테마나 유행에 동참하지 못했을 때 느끼는 포모증후군FOMO Syndrome[*]으로 인해 뒤늦게 상투권에서 주식을 사는 일이 허다하

> [*] 자신만 뒤처지거나 소외되어 있는 것 같은 두려움을 가지는 증상. '소외되는 것에 대한 두려움'을 뜻하는 영문 'Fear Of Missing Out'의 머리글자를 딴 '포모(FOMO)'와 일련의 병적 증상인 '증후군(Syndrome)'을 조합한 용어.

다. 그리고 유행에 휩쓸려 상투권에서 주식을 사고 물린 투자자들은 다들 비슷한 후회를 한다. '내가 그때는 뭔가에 홀린 듯했다.' '지금 안 사면 나만 거지 되는 느낌이 들었다.' 등등.

이 글을 읽는 독자 중에서도 비슷한 경험으로 '맞아. 나도 그때 바보같이 그랬지'라고 자책하는 분들이 있을 거다. 주식투자로 성공하기에는 머리가 너무 나쁜가 하고 한없이 자학하는 사람들까지도 있을 것이다. 하지만 단언컨대 주식을 상투에 사고, 주식을 바닥에 손절매도하는 것은 머리가 나빠서가 아니다.

세기의 천재 과학자, 아이작 뉴턴이 재무적으로 설명이 안 되는 거품 영역에서 주식을 좇아 사서 망하고 난 뒤 "천체의 움직임은 계산할 수 있어도 인간의 광기는 계산할 수 없다"라고 말했다는 건 유명한 일화다.

필자는 아이작 뉴턴이나 아인슈타인 같은 천재들이 주식투자로 큰돈을 날린 이유는 인간의 DNA에 있는 '동물적 본능'을 간과했기 때문이라고 생각한다. 뉴턴은 투자 실패의 원인으로 '계산 불가능한 인간의 광기'를 핑계 댔지만, 필자는 뉴턴이 대중의 광기를 비난하기 전에 본인은 왜 비이성적 거품이 잔뜩 낀 남해회사South Sea Company 주

식을 광분한 대중들과 같이 뇌동매매했는가를 고민해봤어야 한다고 생각한다. 지피지기 백전불태인데, 필자가 볼 때 뉴턴의 투자를 위태롭게 한 건 천재의 DNA에도 있는 '포모증후군' 본능을 몰랐기 때문이다. 당시 물리학 분야 최고의 천재로 추앙받았던 뉴턴은 본인 내면에 존재하는 이런 원초적 본능을 인정하기 싫었을 것이다.

그리고, 2번 '천적을 만나거나 위협을 느끼면 도망가는 본능'은 개나 사람뿐만 아니라 모든 살아있는 생명체라면 다 가지고 있다. 어떻게 보면, 생명체에 있어 가장 중요한 본능이다. 인간도 이 본능이 없었다면 천적이나 자연재해로 인해 다 죽고 살아남지 못했을 것이다.

주식시장에서도 이런 위험회피 본능은 그대로 발휘된다. 공포감이 심하면 심할수록 투자자들은 내가 왜 이 주식을 샀었는지, 어떤 전략으로 보유하고 있었는지를 다 잊고 불이 난 빌딩을 빠져나오듯이 주식을 팔고 도망쳐 나온다. 마치 빌딩이 넘어지고, 댐이 무너지는 듯 투매가 투매를 부른다. 내 계좌의 손실을 보면 그 공포감은 더 커진다. 그리고 그 투자금이 내가 어렵고 힘들게 번 돈일수록 고통은 더 심해진다. '내가 저 돈을 어떻게 모았는데…' '저 돈 없으면 나는 완전히 망하는 거야' '제발 나 좀 살려 주세요'를 외쳐 댄다.

코로나19 위기에 의한 폭락장에서도 똑같은 현상이 일어났다. 그리고 과거 대부분의 폭락장처럼 시장은 또 강하게 반등했다. 마치 주인이 던진 공을 잡으러 쏜살같이 달려 나갔던 개가 공을 물고 주인에게 돌아오듯 말이다.

2020년 2분기 주식시장 폭락 후 반등이 시작되자 많은 주식 전문가들은 코스피가 직전 고점인 2,250 선을 회복하기 힘들고, 다시 한 번 더블딥에 빠질 것으로 전망했다. 그 더블딥은 이전 저점을 깰 수 있고, 그에 따라 충격이 장기화할 수 있다는 이야기도 나왔었다. 하지만 필자는 그때 당시 여러 매체에 출연해서 내년에 코스피가 3,000 포인트 갈 것이라고 말하며 이슈가 되었다.

이 책을 읽는 독자들이나 많은 주식투자자들은 필자가 어떻게 3,000 포인트까지 갈 것을 예측했는지가 가장 궁금할 것이다. 그 비결을 말씀드리면, 두 가지가 있다. 첫째, 코스피라고 불리는 강아지의 전형적인 패턴을 분석하는 것이었다. 필자는 27년 동안 애정을 갖고 휴일 빼고는 거의 매일 6시간 이상 꾸준히 코스피를 지켜봤고 그 습성에 대해 아주 잘 알고 있다. 둘째, S&P500, 나스닥Nasdaq, 다우Dow라고 불리는 세상에서 가장 크고 무시무시한 개들을 30년 넘게 노련하게 다뤄왔던 한 조련사에 대한 공부를 꾸준히 해왔기 때문이다. 금융시장에서는 그 조련사를 FED 또는 연준이라고 부르는데, 이 FED는 '블랙스완'을 보고 놀라서 투매가 쏟아지는 폭락장에는 어김없이 나타나 공포에 빠진 개들을 진정시킨다. 1987년 블랙먼데이 때도 그랬고, 9·11테러나 사스 바이러스 위기에도 그랬으며, 2008년 금융위기와 코로나19 위기 때도 흥분한 개들을 진정시키고 유동성 공급과 평균물가목표제Average Inflation Targe*라는 처방을 통해 도망치는 개들을 돌아오게 했다.

> * 미국 중앙은행(FED)이 코로나19로 위기에 빠진 경제를 부양하기 위해 2020년 10월 도입한 정책으로 물가 상승률이 평균 2%를 넘어도 일정기간 용인하겠다는 내용.

필자는 주식투자에 성공하기 위해서는 세 가지를 알아야 한다고 생각한다. 첫째, 개주인(내가 투자한 기업)이 성장이란 길을 산책하고 있는지, 쇠퇴라는 길을 산책하고 있는지. 둘째, 개(내가 투자한 기업의 주가)가 어떤 습성과 변동성을 가졌는지. 셋째, 이런 개들의 우두머리 역할을 하는 미국 개들(미국 주식시장)을 30년 넘도록 훌륭하게 관리하는 FED의 '조련 기법과 개들의 반응'을 숙지하고 있어야 한다.

이 세 가지를 알면 주식이란 반려견과 함께 살아가는 것이 재밌고 행복해지고, 또 우리 아이들에게도 이 주식이란 반려견을 선물해 주고 싶어진다. 필자는 이렇게 얘기하고 싶다. "주식은 훌륭하다."

> **"**
> "반려견의 다음 행동을 미리 예측하라." 내가 키우는 반려견을 제지하고 통제할 수 있는 사람이 칭찬할 수 있는 거에요. 통제할 수 없는 사람이 칭찬하게 되면 그 칭찬이 우스워져요. — 강형욱, 동물훈련사
> **"**

아래 기사는 2020년 9월 23일 서울경제신문 인터뷰 기사다. 코스피라는 개가 앞으로 어떻게 움직일지를 예상해 달라는 인터뷰다.

> **[고수에게 듣는다]**
> **'동학개미 교사' 박세익 전무 "주식 싸게 살 기회 곧 온다 …**
> **내년 코스피 3,000 가능"**

2020.09.23

박세익 인피니티투자자문 전무

인피니티투자자문의 박세익 전무는 요즘 유튜브에서 동학개미들의 '개인교사'로 꼽힌다. 주식시장에서의 풍부한 경험, 정연한 논리에 기반한 그의 분석과 전망은 고비마다 투자 길잡이가 되었기 때문이다. 그는 지난 3월 패닉장에서는 '두려워 말고 주식을 사라'고 외쳤고 이어진 반등장에서는 '하루라도 일단 먼저 사고, 분석하라'고 독려했다. 그랬던 그가 일찌감치 9월 이후 조정장을 경고해왔으며 최근 증시는 그의 예상대로 흐르는 모양새다. 박 전무는 "조정은 이제 시작"이라며 "미국 대선 2주 전인 10월 중순 '패닉셀(공포 매도)'의 클라이맥스가 올 것으로 예상한다"고 말했다. 특히 국내 증시는 대주주 양도세 회피 물량의 충격이 클 것으로 내다봤다. 이에 지금은 레버리지 포지션을 줄이거나 일부 현금을 들고 쉴 때라는 게 그의 조언이다. 그러나 내년 상반기에는 강한 증시 랠리를 예상했다. 박 전무는 "그동안 주식을 못 샀던 투자자들은 10월에 싸게 살 기회가 올 것"이라며 "실적이 뒷받침되는 테크 주식과 경기 민감주를 이때 매집하는 전략을 세워두고 있다"고 했다. 다음은 그와의 일문일답이다.

현재 주가 하락의 이유는.

원래 명절을 앞두고 증시에서 자금이 빠져나가고는 한다. 그런데 이번에는 차원이 다른 불확실성이 추석 이후에 도사리고 있다. 바로 미국 대선이다. 주식이 싸면 걱정 없이 연휴를 쉬고 와도 되는데 지금은 주가가 많이 올라와 있다. 종목당 3억 원으로 낮아지는 대주주 양도세 기준 변경은 파괴력이 큰 악재다.

대주주 양도세 이슈가 그 정도의 악재인가.

증시에서 슈퍼 개미의 영향력은 외부에서 보기보다 막강하다. 양도세 부과 기준이 과거 15억 원, 10억 원이었을 때도 중소형주의 주가가 11~12월에 시쳇말로 '작살'이 났다. 그러다 보니 파는 시기가 갈수록 빨라지고 있고 올해는 심지어 수익도 많이 났기 때문에 10월부터 매도 압력이 커질 것이다. 외국인과 기관도 매수에 소극적이어서 수급 공백이 크다.

증시 조정이 온다면 얼마까지 예상하는지.

미국 대선 2주 전인 10월 중순께 패닉의 절정이 올 것으로 예상한다. 코스피 지수가 2,250선까지 빠질 수 있다고 본다. 대형주가 버티면서 지수 조정의 폭은 그 정도이지 싶다. 그러나 코스피에서도 외국인과 기관의 관심이 적은 중형주의 경우에는 더 크게 하락할 수 있다. 개인투자자 비중이 높은 코스닥은 영향을 더 많이 받을 것으로 보인다.

개인투자자들은 앞으로 어떻게 대응해야 하나.

이른바 '주린이'들이 최근 조정장을 무서워하고 있는데, 이는 주식의 변동성에 대한 이해가 없기 때문이다. 하방 경직성이 있는 부동산과는 다르다. 고점 대비 30~50%씩 떨어질 수 있다는 점을 항상 염두에 둬야 한다. 변동성을 피하기 위해서는 매달 나눠서 투자하는 방법이 있다. 그러나 수익을 크게 내려면 쌀 때 더 많이 사고 비쌀 때 쉬는 노하우가 필요하다. 주가가 급락했을 때 미래에 나눠 살 주식을 앞당겨 살 필요가 있었다. 또 너무 올랐으면 참아야 한다. 주식매매는 매일매일 하는 일이 아니다. 지금은 레버리지 포지션을 없애고 현금 비중을 늘리면서 쉴 때다.

일임 계좌들은 현재 현금 비중을 얼마나 들고 있는가.

고객 성향에 따라 이미 현금을 늘려 현재는 주식 비중이 50~85% 선이다. 다 팔고 대기 중인 고객도 있다. 미국 대선 전까지 최대한 기다렸다 주식을 채운다는 게 우리의 전략이다. 패닉의 절정에 스마트머니가 들어올 것으로 보고 있다.

미국 대형 테크주가 많이 흔들리고 있다.

닷컴버블시에는 스토리만 있고 실적이 없었다. 지금 유사한 사례가 니콜라다. 그러나 닷컴버블 붕괴 이후에도 실적이 뒷받침되는 기업은 반등에 성공했다. 현재 미국의 대형 테크주들이 고점 대비 15%가량 빠졌는데 실적이 나오는 기업들은 반등장에서 다시 상승을 주도할 것이다.

연말 조정장 이후 증시는 어떻게 전망하는지.

내년 1·4분기와 2·4분기에는 그동안 본 적 없는 좋은 실적이 예상된다. 전년 동기를 기준으로 하기 때문이다. 미국의 경우 내년 7~8월에 나올 2·4분기 실적이 사상 역대급 증가율을 나타낼 것이다. 증시는 실적 발표에 앞서 움직이기 때문에 내년 상반기 강한 랠리가 나올 것으로 보고 있다. 내년 코스피 지수가 3,000 선까지도 갈수 있다고 본다. 저금리도 최소 오는 2023년까지 유지되기 때문에 자산가격이 크게 상승할 것이다.

중국에 대해서는 어떻게 보는가.

중국 정부가 2008년 금융위기 때 700조 원의 슈퍼추경으로 경기를 부양했는데 이번에 푸는 돈이 2,500조 원에 달한다. 미국에서는 우리의 미래가, 중국에서는 우리의 과거가 보인다. 우리가 10년 전 오뚜기, 애플을 샀어야 한다고 후회하는데, 지금 중국에 그런 기업들이 널려 있다. 현재 중국 주식이 가장 매력적이고 그다음이 미국·한국 순이다. 내년 상반기로 보면 신종 코로나바이러스 감염증(코로나19) 충격을 먼저 받은 한국·중국, 그리고 미국 순으로 증시 랠리가 예상된다. 특히 내년에는 원·달러 환율이 1,050원까지 내려갈 수 있다고 본다.

조정 시 어떤 업종을 사야 할까.

내년 자동차, 스마트폰, 여행 관련 등 경기소비재에서 강한 반등이 예상된다. 카카오, 네이버는 강남 부동산과 같은 기업이다. 모두가 입점하고 싶어 하기 때문에 월세를 올려 받을 수 있다. 조정이 오면 팔지 말고 더 사야 한다. 배터리의 경우 일론

머스크가 2022년까지 배터리가 부족하다며 정답을 가르쳐줬다. 증설이 불가피하며 그 밸류체인 안에 있는 기업들은 여전히 유망할 것으로 본다.

4장

극치 이론
- 임계점과 변곡점

예전에 신문에서 한 전문의가 적은 〈극치 이론〉이라는 제목의 칼럼을 읽은 적이 있었다. 내용의 요점은 다음과 같다. '술을 마신다고 해서 바로 위암이 생기는 것이 아니라, 세포가 견딜 수 있는 알코올 공격의 임계치를 넘어서게 되면 위세포가 더 이상 견디지 못하고 염증이 생기게 되고, 또 지속되면 위궤양, 위암으로 발전한다는 것이다. 따라서, 현대사회에서 몸에 좋은 것만 먹을 수는 없지만, 술이든 담배든 임계치를 넘지 않게 관리하는 것이 중요하다'는 얘기였다.

이는 필자가 대학교 때 잠시 읽었던 인산人山 김일훈 선생의 저서 『신약神藥』에도 비슷한 얘기가 나온다. 현대인들이 공해로 인한 나쁜 공기, 나쁜 물, 나쁜 음식을 자의적 또는 비자발적으로 섭취하게 되고 이것이 우리 몸의 세포를 오염시켜서 각종 암과 같은 난치병들이 급증하는 이유라고 했다.

극치極致는 다할 극, 이를 치. 극에 이르다는 뜻인데 필자는 투자를 하면서 이 단어를 자주 떠올린다. 2020년 3월 19일 코스피가 1,500선이 깨지면서 대중들의 공포감이 극에 달했을 때, 2007년 펀드 열풍으로 투자자들의 FOMO현상이 극에 달했을 때, 1998년 코스피가 300을 깨고 내려가면서 투자자들의 공포감이 극에 달했을 때. 2012년 전셋값과 집값이 폭락하면서 빚투로 집을 두 채 이상 보유한 하우스 푸어House Poor*들의 공포감이 극에 달했을 때 등.

이 모든 순간들이 대중들의 공포감과 탐욕이 심리의 임계치를 터치하면서 투자자들로 하여금 '비이성적 패닉바잉Panic Buying** 또는 패닉셀링Panic Selling***'을 야기한 순간들이었다. 도대체 애덤 스미스가 얘기한 눈에 보이지 않는 시장의 합리적 조정자, '보이지 않는 손Invisible Hands'은 어디로 가고 1년만 지나고 나면 땅을 치고 후회할 이런 바보 같은 '뇌동 매매****'를 대중들은 왜 하는 것일까?

주식시장에서 패닉바잉과 패닉셀링 현상이 일어나는 과정에 대해 가장 명쾌하게 설명한 이론이 아래 '하이먼 민스키 차트Hyman Minsky Chart'다.

민스키 차트와 같이 주식시장의 내재가치는 장기적 평균가격 또는 그 나라의 GDP와 비슷하게 움직이는데, 강세장 끝물인 '광기 단계'에서는 주식시장에 대한 언론보도가 네이버 뉴스 상단을 장식하고, 이런 강세장에 나만 소외되었다가는 '벼락

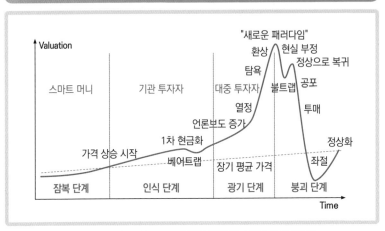

거지'가 된다는 두려움에 시장의 장기 평균 가격을 훨씬 웃도는 비싼 가격에도 대중들은 새로운 패러다임에 대한 스토리를 확신하면서 주식을 사게 된다. 대중심리가 일단 탐욕으로 바뀌게 되면 한동안 뉴턴의 물리학 제1의 법칙인 '관성의 법칙'과 제2의 법칙인 '가속도의 법칙'이 작용하게 되는데, 이는 강세장의 현상을 더욱 더 강화시키고 이런 강세현상은 또 다시 비관론자들의 인식을 바꾸면서 비관론자들의 '투자 액션'까지 유도하게 된다.

헤지펀드의 전설로 불리는 조지 소로스는 이를 재귀성 이론Theory of Reflexivity으로 설명했다. 즉, 적극적 투자자들의 매수는 주가를 올리게 되고, 올라간 주가는 보수적/비관론자들의 인식을 바꾸게 되고, 바뀐 인식의 보수적/비관론자들의 매수는 강세장의 현상을 더 강화시키면서 '적정 주가를 벗어난 오버슈팅(급등) 현상'을 만들게 된다. 주가가 하락할 때도 정확히 반대 현상이 일어나면서 공황매도 패닉셀링이 나타난다.

우리가 투자자들의 탐욕과 공포감이 어디까지 확산될 지 미리 예측할 수 있는 방법은 없다. 그동안 수많은 석학들과 투자자들이 이를 예측하려고 노력했으나, 애석하게도 그런 툴Tool은 존재하지 않았다. 만약 그런 툴이 설사 발명되었다고 하더라도, 그 툴을 아는 투자자들은 그 정점보다 한 발 빨리 액션을 하려고 할 것이기 때문에 그 툴은 다시 맞지 않게 될 것이다. 그래서 GDP나 주식시장의 장기 평균 성장률을 가지고 지수가 장기적으로 어디까지 오를 것이다는 예측은 타당성이 있지만, 당장 다음 분기 시장이 어디까지 오를 것이고 어디까지 빠질 것이다라는 선문가들의 예측은 동전 던지기 전에 '앞면이 나올 것이다. 뒷면이 나올 것이다'라는 예측과 다를 바가 없다.

물론 시장의 수급 또는 대중들의 심리에 영향을 미치는 중대한 변수들이 존재하는 경우 단기 예측도 가끔 가능하다. 마치 경칩을 지나면 추위가 한풀 꺾일 것이다는 예측처럼 미국 대통령 선거, FOMC 회의, 주총 시즌의 감사보고서 제출 시한과 같은 이벤트들은 24절기 기후 변화만큼이나 예측의 확률이 높다.

결론적으로 우리가 시장의 변곡점을 미리 예측할 수는 없지만, '극치 이론'의 관점으로 주식시장을 바라보면 투자자들의 심리나 수급이 '극에 달했음'을 알려 줄 때가 있다. 이런 '극치 시점'을 알려주는 몇 가지 '필살기 지표'를 전하자면, 다음 두 가지가 아주 유용하다.

아래 차트는 코스피 주봉 차트에 RSI(상대강도지수, Relative Strength Index) 지표(기간 14, 시그널 9)를 설정해 놓은 것이다.

표에서 보는 바와 같이 RSI 수치가 30을 깨게 되었을 경우에는 투자자들의 투매가 '극에 달한 구간'이라고 볼 수 있다. 그리고 이런 패닉 국면에서 코스피 연동 ETF를 매수를 하게 되면 성공할 확률이 아주 높다.

출처: 대신 CYBOS

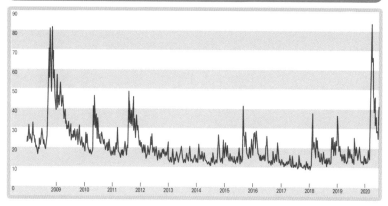

출처: CBOE

두 번째는, VIX(변동성 지수, Volatility Index) 차트다.

필자가 2020년 3월 코스피 지수 1,500 포인트가 붕괴된 날 회사 직원들에게 'KODEX 레버리지'를 사라고 말할 때, 필자에게 매수 확신Conviction buy을 준 지수가 바로 공포지수로 유명한 VIX다. VIX 가격은 CBOE(시카고 증권거래소, Chicago Board Options Exchange)에서 확인할 수 있는데, 아래 표와 같이 2008년 9월 리먼 브라더스Leman Brothers Co. 파산 후 시장의 공포감이 극에 달했을 때 80을 기록한 이후 처음으로 2020년 3월 16일 82.69를 기록했었다. 그리고 그 다음 주인 3월 23일 DOW, S&P500, NASDAQ 3대 지수는 바닥을 치고 반등을 시작하게 된다.

VIX는 30일 만기 S&P500지수를 기초자산으로 하는 옵션 가격에서 산출하는 지표인데, 옵션가격을 결정하는 시장의 내재 변동성을 시장에서 형성되고 있는 옵션의 가격을 바탕으로 역산하여 계산해 내는 지수다. 참고로 옵션 가격에 영향을 미치는 변수로는 행사가격, 이자, 변동성, 만기가 있다. 옵션의 현재 가격과 다른 변수들의 값을 모두 알고 있을 때 옵션의 내재 변동성을 추출해 낼 수 있다. 일반적으로 옵션은 선형적인 선물가격의 움직임과 달리 '변동성'에 의해 가격이 급등, 급락하는 성향을 갖고 있는데, 변동성이 커질수록 멀리 있는 행사가격이 실현될 가능성이 높아진다. 따라서, 시장 변동성이 커질수록 콜이든, 풋이든 시장의 방향과 상관없이 옵션의 가격은 비싸진다. 그리고 강세장에서는 큰 폭의 하락 조정이 잘 나오지 않으므로 시장의 변동성이 낮아지는 경향이 있고, 옵션의 가격 역시 내재변동성 하락에 의해 프리미엄이 낮게 거래된다.

반대로 약세장이 도래하면 주식시장은 언제든지 급락과 급반등이 나올 수 있으므로 변동성이 커지게 되는데, 이때는 콜옵션이든 풋옵션이든 옵션의 프리미엄이 높아진다. 이런 옵션의 가격 형성 원리를 이용해 만든 지수가 VIX 지수고, 우리는 이 지수를 공포지수Fear Index 라고도 부른다.

앞 차트와 같이 이 공포지수가 40 정도까지 이르면 꽤 무서운 악재가 시장에 노출되었다고 보면 된다. 2010년 5월에는 '그리스 사태'가 발발했었고, 2011년 8월에는 초유의 '미국신용등급 강등 사태'가 있었다. 2015년 말에는 중국 지방정부의 과도한 부채와 그림자금융이 문제가 되면서 '중국발 시스템 리스크'로 부각되면서 VIX 가격이 치솟았고, 2018년 2월과 10월에는 미국 10년 국채금리가 3%를 돌파하면서 FED의 공격적인 금리인상을 다들 두려워하면서 VIX 가격이 40 근처까지 급등했었다.

지나고 보면, 이 모든 '심한 공포감'은 모두 '매수 찬스'였다. 공포감이 심하면 심할수록, VIX 가격이 오르면 오를수록 이후 내가 주가지수에 투자했을 때 얻는 수익률은 비례했다. 단지, VIX 가격 30에서 주식을 살 것인가, 40에서 살 것인가, 80에서 살 것인가만 결정하면 되는데, 차트에서 보다시피 지난 12년 동안 40 이상에서 지수를 살 기회는 5번 밖에 없었다. 80 이상에서 살 기회를 준 것은 겨우 두 번이다. 아무도 이 공포지수가 언제, 어디까지 오를지 모른다. 신만이 알 수 있다. 하지만, 40 이상에서 우리가 어떤 액션을 해야 하는지, 80 이상에서는 어떤 액션을 해야 하는지는 너무나도 자명하다. 그런데 이 공포지수가 치솟을수록 투자자들은 주식시장에서 탈출하기 위해 아우성친다. 경제전문가, 주식전문가들조차 이런 'Big Chance'에서 투자에 신중하라고 당부하고 주식 포지션을 줄여 놓으라고 조언한다.

자, 그럼 필자에게 이렇게 질문을 하는 투자자가 있을 것이다. "작년에 박전무도 공포지수가 80까지 오를 거라고는 예측 못했을 텐데, 40에서 주식을 샀으면 실패한 거 아니냐? 또 30을 돌파할 때 코스피 1,800 포인트에서 주식 줄였다가 1,500 포인트에서 주식을 다시 사는 게 더 나은 방법 아니냐? "

좋은 질문이다. 그럼, 이 질문에 대한 현실적인 얘기를 해보자.

VIX 가격 40 이상에서는 '풀 베팅'을 하는 원칙을 갖고 대응했다면, 2008년 10월과 2020년 3월 초에 나온 마지막 투매의 고통을 피할 수 없었을 것이다. 하지만 그 풀 베팅이 '과도한 신용투자'만 아니라면, 그 고통은 한날 이상 지속되지 않았다. 과거 40 찍고 바로 하락한 경우에는 '최바닥에서 주식을 산 훌륭한 투자 결정'이 되었을 테고, 2008년 10월과 2020년 3월과 같이 VIX 지수가 80까지 치솟은 경우에는 '40에서 좀 빠르게 매수 들어간 것은 지나고 보면 무릎에서 주식 사는 셈'인 것이다. 최바닥에서 잡든, 무릎에서 잡든 "IF VIX 〉40, 대박 찬스! (만약 VIX 지수가 40 이상을 넘으면, 이건 대박 찬스다!)"라고 외워두시길 바란다.

그리고 1,800 포인트에서 줄였다가 1,500 포인트에서 다시 사는 전략이 더 낫지 않냐고 물어 보시는 분들은 폭락이 진정되고 시간이 흐른 후 답을 보고 나면 할 수 있는 얘기다. 2020년 3월 많은 베테랑 투자자들이 이런 단기전략으로 지수하락에 베팅을 하는 곱버스[*]를 샀다가 큰 낭패를 보았다.

> * 지수 등락률 x −2배 레버리지로 움직이는 지수 ETF.

'달도 차면 기운다'라는 말처럼, 세상의 모든 변화에는 '임계치'와 '변곡점'이 있다. 이것을 깨달으면, 투자로 돈 버는 것이 쉬워진다.

> **"**
> 투자 포트폴리오에서 어느 한 종목이 너무 많은 비중을 차지하고 있는 것은
> 잠재적인 재앙을 의미한다. — 켄 피셔Kenneth Fisher
> **"**

투자의 본질

PART 3

◆ ◆ ◆

주식시장 분석

복은 검소함에서 생기고
덕은 겸양에서 생기며
도는 안정에서 생기고
명은 화창에서 생기나니
근심은 애욕에서 생기고
재앙은 물욕에서 생기며
허물은 경망에서 생기고
죄는 참지 못하는 데서 생긴다

눈을 조심하여 남의 그릇됨을 보지 말고
입을 조심하여 착한 말 바른 말 부드럽고
을 말을 할 것이며 몸을 조심하여 나쁜 친
구를 따르지 말며 이익없는 말을 실없이 하
지 말고 내게 상관없는 일에 부질없이 시비
치 말라 어른을 공경하고 덕 있는 이를
바라지 말고 일이 지나갔음에 원망말라 남
을 해하고 세력을 의지하면 재화가 따르느니라

이천팔년 여름 마음 다스리는 글에서
예술 정인향 쓰다

서브프라임 모기지 사태로 글로벌 주식시장이 폭락하던 2008년 여름, 어머니께
부탁드려서 필자의 집 거실에 걸어 놓은 '마음 다스리는 글'이다.

1장

바람 불 때 연 날리고, 물 들어올 때 배 띄워라
─ 시장 분석의 중요성

1994년 투자자문 회사에 입사한 이후로 수많은 주식 대가들을 만나 볼 수 있었다. 필자가 증권업계에 처음 들어온 1990년대나, 2000년 대에 주식으로 큰돈을 번 실력자들은 공통된 이야기를 했다. '시장이 돈을 벌게 해주는 것'이라는 말이었다. 처음에는 속으로 다른 사람들의 시기심을 자극할까 봐 겸손하게 이야기한다고 생각했다. 하지만 꼭 주식투자로 성공한 사람이 아니더라도 사업이나 예술에서 성공하신 사람들조차 '운이 좋았다'라고 고백하는 것을 보고, 주식투자에 성공한 사람들이 '시장이 좋아서 돈을 벌고, 운이 좋아서 돈을 번 것인가?'라는 고민을 하기 시작했다. 그리고 27년 동안 주식시장에서 일하면서 크게 성공한 투자자나 사업가를 만났는데, '시장이 돈을 벌게 해준다'라는 건 맞는 말이라는 결론을 내렸다.

주식 속담 중에 이런 말이 있다. "바람 불 때 연 날리고, 물 들어올 때 배 띄워라."

필자는 이 말이 주식투자, 부동산투자, 채권투자, 금투자, 파생상품투자, 비트코인투자 등 모든 투자에 있어서 가장 중요한 성공원칙이라고 생각한다. 이 말의 뜻은 어떤 자산이든 그 자산 시장이 강세장일 때 돈을 벌기 쉽다는 것이다.

한번 상상해보자. 부동산 광풍이 불기 시작했을 때 부동산을 사고, 주식 열풍이 시작되었을 때 주식을 사고, 비트코인이 폭등할 때 비트코인을 샀다면 엄청난 투자이익을 얻었을 것이다. 바람이 불 때는 방패연이든 가오리연이든 나가서 연줄만 풀면 되는 거다. 바람이 불지 않을 때 연을 날리려면 열심히 뛰어다녀야 한다. 연줄 잡고 열심히 뛰어봐야 바람 한 점 없는 날이면 5미터 이상 연을 날리기도 힘들고 괜히 힘만 빠진다. 반대로 강풍이 부는 날은 얼레에서 연줄을 풀자마자 연은 하늘 높이 솟구쳐 오른다. 연과 얼레, 연줄만 튼튼하다면 연은 강한 바람을 안고 순식간에 하늘 높이 올라가 바람이 잦아질 때까지 온종일 펄럭거리며 하늘에 떠 있을 것이다.

스포츠 경기에서 득점할 기회가 왔을 때 득점하지 못하면, 그 경기는 망치게 된다. 투자의 성공여부도 똑같다. 강세장에서 돈을 벌 줄 알아야 하고, 약세장에서는 쉴 줄 알아야 한다. 내 주변에 주식으로 돈 번 슈퍼개미들을 보면 하나같이 강세장에서 돈을 잘 번 사람들이었다. 바람 불 때 연 날리고, 물 들어올 때 배 띄워서 고기 잡은 사람들이었다.

에셋플러스 강방천 회장님도 1999년 강세장에서 대박 수익을 내셨고, 펀드매니저를 하다가 그만두고 수천억의 재산을 모으셨다는 J회상님도 2004~2007년 중국의 인프라 사이클Infra cycle 열풍이 증시를 후끈 달궈줬을 때 큰돈을 벌었다.

부동산도 마찬가지 아닌가. 최근 6년 동안 집값이 2배 이상 치솟는 부동산 광풍 속에 전세 끼고 투자하는 '갭투자'를 한 사람은 투자원금의 6배 이상을 벌었을 것이다. 사실 바람이 불면, 전문가랑 아마추어랑 구분이 잘 안 된다. 그냥 용감한 사람이 많이 버는 거다. 비트코인도 마찬가지다. 2017년 2,800만 원 했던 비트코인 가격이 불과 1년도 안 되어서 400만 원까지 폭락했다가 최근 1년 동안 7,000만 원까지 폭등했다. 용감하게 비트코인을 사서 오랫동안 우직하게 들고 온 사람은 대박난 것이다.

투자는 강세장이 도래할 때 용감하게 투자한 사람이 돈을 버는 것이다. 그래서 강세장이 닥칠 때마다 증시에는 '용대리들이 주도하는 장'이라는 표현이 늘 등장한다. 여기서 용대리란, 폭락장을 경험해보지 못한 20~30대 증권사나 운용사의 대리급 직원들이 겁 없이 급등하는 주식을 용감하게 좇아 산다고 해서 붙은 별명이다. 한편 강세장이 도래했음에도 불구하고 선뜻 투자하지 못하거나, 보유 중인 주식을 너무 일찍 팔아서 돈을 못 번 사람들의 공통점은 시장을 잘못 판단했기 때문이다. 이번 장의 주도주였던 '카카오'를 너무 일찍 팔았다고 후회하는 사람들, '더블딥'을 기다리며 오히려 '곱버스'에 투자한 사람들, 리스크 관리를 한다는 명분으로 2,000 포인트 미만에서 주식 포지션을 대폭 줄인 기관투자자들… 모두가 시장을 제대로 이해하지 못했기 때문이다.

많은 주식의 대가들이 시장은 알 수 없다고 이야기했다. 필자 역시 2020년 상반기 코스피가 1,500 포인트까지 깨질 것이라고는 꿈에서도 예상 못했다. 그리고 이번 상승장이 언제, 또 어디까지 진행될지 알지 못한다. 하지만 내가 시장에 대해서 확실하게 아는 것이 두 가지 있다. 첫째, 돈을 벌기 가장 좋은 시장은 극단적인 공포감에 의해 '주식이 아주 싸게 거래될 때'이며, 둘째, 돈을 잃기 가장 좋은 시장은 모두가 낙관적인 전망을 하는 가운데 '주식이 비싸게 거래될 때'이다.

2020년 3월 23일 필자는 회사 직원들에게 돈 있으면 '코덱스(KODEX) 레버리지'를 사라고 이야기하고, 코스피 2,200 포인트 도달 전까지 여러 경제방송 및 유튜브 채널에 나가서 '빚내서라도 투자하라'고 이야기할 수 있었던 이유는 앞서 말한 시장에 대해 확신하는 저 두 가지 법칙 때문이었다.

특히 공포감이 심하면 심할수록 주식은 싸게 거래되고, 또 그 공포감의 크기만큼 수익률이 비례한다는 사실을 기억하자. 그리고 그 공포감이 FED의 '통화정책'이라는 '동남풍'을 만나면 적벽대전의 화공火攻 같은 엄청난 '불 장세'가 전개된다는 점을 기억해 두자. 마지막으로 '외부 쇼크에 의한 폭락장'은 그 공포감에 맞서 과감히 매수 버튼을 누르는 액션만 하면 비전문가도 쉽게 돈을 벌 수 있는 '너무 감사한 투자 기회'라는 것을 메모해 두자.

운이 좋았다고 이야기한 수많은 성공 투자자들은 바로 이런 폭락장 이후 늘 도래하는 강세장에서 쉽게 돈을 벌었기 때문에 '시장이 돈을 벌게 해줬다'고 스스럼없이 말하는 것이다. 이것이 투자자들이 왜 '시장 분석'을 반드시 해야 하는 이유다.

"

약 45년 전인 1970년대 초, 나는 최고의 선물을 받았다. 한 현명하고 나이 많은 투자자가 내게 '강세장의 3단계'에 대해 알려준 것이다.

1단계, 대단히 통찰력 있는 소수만이 상황이 좋아질 것이라고 믿을 때
2단계, 시장이 실제로 좋아지고 있고, 대부분의 사람들이 이를 인지하는 시기
3단계, 모든 사람들이 상황이 영원히 나아질 것이라고 결론지을 때

— 『하워드 막스 투자 마켓사이클의 법칙 Mastering the Market Cycles』, (하워드 막스 Howard Marks 저,
 비즈니스북스)

"

2장

주식투자는 미인대회
- 시장 주도주에 대한 분석

필자는 TV를 잘 보지 않지만 오디션 프로그램은 종종 보는 편이다. 〈슈퍼스타K〉〈K팝스타〉〈나는 가수다〉〈복면가왕〉〈슈퍼밴드〉〈팬텀싱어〉〈히든싱어〉〈미스터트롯〉〈미스트롯〉 등. 시청자 대부분이 다 똑같겠지만 필자도 이런 오디션 프로그램을 가족과 함께 보면서 누가 우승할지, 누가 몇 점 정도 받을지를 미리 점쳐본다. 그리고 예상한 후보자의 점수가 어떻게 나오는지, 누가 탈락하고 또 누가 다음 라운드까지 진출하는지 등을 보면서 오디션 프로만의 짜릿한 흥분과 감동을 즐긴다.

영국의 경제학자 존 메이너드 케인스는 주식투자를 '미인대회'라고 했다. 아이작 뉴턴과 아인슈타인은 '주식의 대중성'을 간과했지만 케인스는 주가 형성의 속성을 정확히 간파하고 있었던 듯하다. 유진 파마 교수가 이야기한 것처럼 주식가격은 기업가치에 영향을 주는 모든 정보를 다 반영하고 있지만, 주식가격에 결정적인 영향을 주는 '멀티플'을 결정하는 것은 바로 '대중심리'이기 때문이다. 주식투자가 어려운 이유는 바로 주식의 내재 가치에 곱해지는 이 멀티플이 시장 상황에 따라 수시로 변하기 때문이다. 만약 기업별로, 섹터별로, 나라별로 적용되는 '멀티플'이 항상 일정하다면 주식투자는 너무나 쉬운 게임이 된다. 예를 들어, 삼성전자의 현재 수익이 30조라고 가정했을 때 삼성전자 적정 PER 15배수를 곱하여 적정 시가총액이 450조로 계산되면 450조 미만에서 적극적으로 매수하고, 450조 이상에서 적극적으로 매도하면 된다.

물론 주가는 현새 이익이 아니라 미래 이익을 추정해서 움직이는 속성이 있으므로 향후 6개월에서 1년 뒤의 이익을 정확히 예측해야 하는 어려움도 있다. 하지만 통신사와 같이 이익의 변동성이 크지 않은 기업의 경우 향후 1년간의 추정 EPS(주당순이익)*을 구하는 것은 그다지 어렵지 않다. 다만 이런 기업조차 추정 이익에 역사적 PER을 곱하여 산출된 '적 <u>* 기업이 벌어들인 순이익을 그 기업이 발행한 총 주식 수로 나눈 값.</u>
정 주가'대로 주식가격은 움직이지 않는다. 어떤 때는 PER 5배까지 떨어졌다가 또 어떤 때는 PER 10배까지 올라가기도 한다. 이익의 변동성도 크지 않고, 성장성이 없는 저평가 자산주도 마찬가지다. 그렇다면 도대체 PBR 0.2~1.0 사이를 왔다갔다 하는 멀티플의 변화는 어떻게 설명해야 할까? 이 멀티플의 변화 때문에 공부를 열심히 하는 성실한 가치투자자들이 어려움을 많이 겪게 된다. 주식시장에서

20~30년을 근무했어도 멀티플의 변화를 일으키는 '미인대회'를 이해하지 못한 분들은 대략 10년 중 8년 정도를 주도하는 '성장주 강세장'에서 늘 소외되고 외로운 투자를 하게 된다. 제도권 밖에서 내 돈으로 투자하는 '느긋한 베테랑 가치투자자'들은 이 고독함을 견딜 수 있는 정신력과 돈이 있다. 하지만 매달, 매 분기, 매년 벤치마크 지수(대부분 코스피)와 비교해서 수익률을 평가받는 펀드매니저들이 이 '미인대회' 개념을 이해하지 못하면 본인만 바보가 되는 느낌의 고통과 스트레스를 안고 살게 된다.

다시 오디션 프로그램으로 돌아가 보자. 지금은 종영되었지만 서바이벌 오디션 프로그램 〈K팝스타〉를 다들 한 번씩은 보셨을 거다. JYP엔터테인먼트의 박진영 대표, YG엔터테인먼트의 양현석 대표, 그리고 안테나뮤직의 유희열 대표가 심사위원으로 출연하고, 국내외 예선을 통과해 올라온 참가자들이 본선 진출과 우승을 향해 몇 달 동안 합숙을 하면서 여러 가지 미션을 통과해야 하는 프로그램이다. 필자는 〈K팝스타〉 시즌1에서 약간의 신선한 충격을 받았다. 노래에 대한 지식이라고는 초중고 음악 시간에 배운 박자와 음정, 가창력 외에는 아무것도 몰랐던 나로서는 '감정 전달' '발성법' '발음' '기교' '진정성' '창의성' '열정' 등의 심사 기준은 정말 문화적 충격과 같은 수준이었다. 가수가 되려면 가창력뿐만 아니라 가수로서의 기본기와 실력, 인격 등을 다 갖춰야 하는구나 하고 깨달았다. 그리고 심사위원마다 공통으로 보는 '평가 항목'도 있지만, 또 그들마다 중요시하는 기준이 조금씩 다른 점도 있다는 것을 알게 되었다. 필자는 이런 오디션 프로가 시작되면 심사위원들의 심사평을 주의 깊게 듣는다. 그리고 그들이 어떤 점을 중요시하는지, 어떤 기준에 미달하면 탈락시키는지도 파악한다. 그렇게 심사위원들의 '평가 기준'이 파악되면, 필자는 그 다음부터 참가자들의 무대가 끝나면 곧 발표될 심사위원들의 점수를 먼저 예측해 본다. 이때 필자는 '나의 주관적 기준'으로 평가하는 것이 아니라 철저하게 '심사위원들의 기준'으로 그 참가자의 점수를 예측해 본다. '박진영은 82점을, 양현석은 90점을, 유희열은 92점을 줬겠지…'라는 식으로 점수를 예측한다.

처음에는 가수에 대한 전문 지식 결여로 인해 심사위원들의 고품격 심사평을 좇아가지 못했지만, 시즌이 거듭될수록 서당개 3년이면 풍월을 읊는다는 말처럼 누가 합격이고 불합격인지 맞히는 정확성이 높아지기 시작했다. 다른 오디션 프로그램에서도 이승철, 윤종신, 장윤정, 윤상, 설운도 등과 같은 대가들이 어떤 기준과 철학을 갖고 참가자들을 평가하는지 어느 정도 알 수 있게 되었다. 이렇게 그들의 잣대로 오디션 참가자들을 평가하고 우승 가능성을 예측해 보니, 정확도가 꽤 많이 올라갔다. 그리고 결승전에서는 시청자들에게 감동을 줄 수 있는 극적 요소를 갖춘 후보자가 우승자가 될 가능성이 크다는 것도 알게 되었다. 이런 오디션 프로그램의 PD들은 '역경을 이겨낸 인생 역전 드라마와 같은 감동'을 시청자들에게 주고 싶어 한다고 생각했다. (이는 100% 필자의 생각일 뿐이다. PD의 의도는 필자도 잘 모른다. 하지만 어떤 기준이 전체를 지배한다는 관점으로 오디션 프로그램을 보면 얼추 비슷한 결과가 나온다. 실력의 차이가 거의 없는 결승전에서 누가 우승을 할 것인지 양자택일을 해야 하는 경우 필자는 항상 이 기준을 생각했다.)

어떤 사람은 오디션을 감동과 공감의 향연이라고 했다. 참가자들은 실력과 창의력, 열정과 노력으로 심사위원과 관객에게 감동을 주고 또 공감시켜야 한다. 참가자들이 오디션에서 우승하기 위해서는 기본기 외에도 감동적인 스토리가 있어야 하고 또 모두가 공감할 수 있는 실력과 인격을 갖춰야 한다.

주식투자도 똑같다. 2020년의 주식시장이 다르고, 2021년의 주식시장이 다르다. 필자는 매년 새해가 시작될 때마다 '올해는 어떤 기업들이 어떤 스토리를 갖고 어떤 퍼포먼스를 보여 줄까' 생각한다. 그리고 이번 주식시장의 심사위원은 누가 나오는지 유심히 살핀다. 코로나19가 주식시장을 강타하기 직전 필자는 2020년 주식시장을 전망하면서 2020년 한 해는 2017년과 유사한 오디션이 진행될 것으로 예상했다. 그러나 코로나19 쇼크가 핵폭탄급으로 글로벌 주식시장을 초토화하고 미국 연방준비은행의 발 빠른 통화정책이 작동되자, 필자는 '9·11테러 이후 강세장 오디션' '2003년 사스 발발 이후 강세장 오디션' '2008년 금융위기 직후 신종플루 발발과 함께 시작된 강세장 오디션'과 유사한 강세장이 진행되리라 예상하고 주식시장에 대한 전망을 대폭 수정했다. 그리고 이번 강세장은 성장주로 시작해서 경기민감주로 확산하고, 마지막으로 경기소비재가 불꽃을 날리면서 끝나는 장일 것으로 예상했다. 앞서 말한 세 가지 폭락장의 성격과 그 후 반등장을 주도했던 '우승자'들이 어떤 기준으로 우승했는지를 분석하고 2020년 오디션의 '주도주'를 예측했다. 2009년 '애플과 아마존'이 우승했던 논리로 '테슬라'를 발굴했고, 2010~2011년 차화정(자동차·화학·정유)이 우승했던 논리로 'Semi 차화정' 장세를 예측했고, 2012~2015년 '화장품과 바이오'가 우승한 논리로 향후 2~3년은 '경기소비재와 R&D기업'의 강세를 예상한 것이다.

최근 필자가 출연했던 경제 유튜브 방송에 어떤 분이 이런 댓글을 남겼다. '박세익 전무는 1년 뒤 주식시장이 어떻게 흘러갈지 다 알고 얘기하는 것 같다.' 댓글에 대한 정확한 답변을 드리면, 경제 쇼크로 폭락 후 반등하는 장에서 어떤 기준으로 대중들이 기업을 평가하는지, 어떤 성격의 기업이 우승자가 되는지, 투자자들이 어떤 기업에 더 높은 멀티플을 부여하는지, 투자자들의 심사기준을 잣대로 시장을 예측한 것이라고 말씀드리고 싶다.

주식투자자는 내가 투자하는 이 시점의 주식시장이 트로트 가수를 뽑는지, 최고의 모창 가수를 뽑는지, 악동뮤지션, 버스커 버스커와 같은 숨은 실력자들을 뽑는지를 먼저 알아야 한다. 그 오디션의 성격이 무엇인지 파악이 되었다면, 그 다음은 과거 비슷한 오디션에서 심사위원들이 어떤 기준으로 어떤 주식에 높은 멀티플을 부여했는지를 빠르게 분석해야 한다. 그리고, 기술 패권을 쥐고 가려는 미국, 중국, 유럽과 같은 거대 기축통화국들이 어떤 의도를 갖고 어떤 우승자를 키우려는 지도 생각해봐야 한다. 그런 관점으로 주식시장을 바라볼 때 케인즈가 말한 '주식 미인대회'의 성격과 전개방식을 조금씩 이해하게 되고, 그 미인대회에서 우리는 어떻게 포트폴리오를 구성해야 하는지 답을 얻게 될 것이다.

"

그래서 중간쯤의 마음인 '공감은 하되 신뢰는 천천히'란 마음 전략을 권유한다. 관심, 공감, 애정 같은 감정이 조건 없는 다소 즉각적인 감정 반응이라면, 신뢰는 시간을 두고 확인하며 쌓아가야 할 친밀한 감정이라는 것이다.

— 윤대현, 서울대 강남센터 정신건강의학과 교수

"

3장

효율적 시장 가설
- 주식시장을 이기는 방법

현대재무이론의 아버지라고 불리는 시카고대학의 유진 파마 교수는 박사학위 논문에서 '효율적 시장 가설Efficient Market Hypothesis : EMH'을 주창했다. 인간의 합리성에 기반을 둔 이 이론은 주식시장에 나와 있는 모든 정보는 빠르게 가격에 반영되기 때문에 단기적으로나 장기적으로나 시장 평균 이상의 수익을 얻는 것이 불가능하다는 명제를 제시한다. 한마디로 '주가는 모든 것을 다 반영하고 있으니, 시장에서 들은 루머나 뉴스로 돈을 벌 수 없다'라는 얘기다.

1960년 대 발표한 '효율적 시장 가설' 이론에서는 시장을 약형 효율적 시장, 준강형 효율적 시장, 강형 효율적 시장으로 나눴다. 그리고 기업의 현재 및 미래의 정보까지 이미 주가에 다 반영이 되어 있다고 가정하는 강형 효율적 시장 가설에 따르면 펀드매니저는 시장이 인지하지 못하고 있는 정보를 얻을 수 없기 때문에 시장 수익률

* 특정 주식의 상승률이 시장 평균
보다 더 클것이라고 예측하기 때문
에 해당 주식을 매입하라는 의견. 보다 높은 '초과수익'를 낼 수 없고, 따라서
시장을 절대 아웃퍼폼outperform*할 수가 없
게 된다. 시장을 이기는 것을 포기하고 벤치

마크 지수를 그대로 복제한 '인덱스펀드'가 성장하게 된 배경도 바로
이 효율적 시장 가설 때문이다.

반면, 세계적인 주식투자 전략가인 미국 와튼 스쿨의 제레미 시걸
교수는 2004년에 출간한 『성장의 미래』에서 90년대를 풍자한 성장
주를 피하고 석유와 같은 천연자원을 생산하는 기업과 제약과 같은
필수소비재를 만드는 기업들에 장기적인 투자를 하는 것이 보다 큰
수익을 가져다 준다고 주장했었다. 지금 보면, 당시 그의 주장은 반
은 맞고 반은 틀렸다. 2004~2007년까지 중국의 고성장에 힘입어 석
유를 비롯한 천연자원 관련 주식들이 급등한 것은 맞았고, 닷컴 버블
의 후유증을 겪으면서 3년 동안 부진했던 성장주들 역시 바닥을 치
고 다시 본격적인 상승을 시작한 시점도 2004년이었기 때문에 성장
주를 피하라는 조언은 틀렸던 것이다.

필자는 제레미 시걸 교수의 과거 예측이 맞았냐 틀렸냐를 검증하
려는 것이 아니다. 왜 효율적 시장 가설을 부정하는 저런 예측을 공
공연히 하는 가이다.

그리고 월가의 영웅 피터 린치는 1977년부터 14년 동안 마젤란 펀
드를 운용하면서 벤치마크 지수였던 다우지수를 연 평균 10% 이상
아웃퍼폼했다. 피터 린치는 전세계에서 가장 효율적인 미국 주식시
장에서 어떻게 저런 수익률을 달성할 수 있었을까? 미국시장은 효율

적이지 못한 걸까?

지금도 국내외 주식시장에는 시장을 장기적으로 이기는 액티브 펀드Active fund*들이 있다. 필자가 11년 동안 몸담았던 인피니티투자자문에서도 자금을 3년 이상 위탁한 고객들의 장기 수익률은 대부분 시장을 크게 아웃퍼폼했다.

그렇다면 도대체 효율적 시장 가설은 어떻게 된 것인가? 유진 파마 교수가 시장은 효율적이라고 주장했던 1960년대에 비해 요즘 세상은 정보의 속도가 훨씬 빨라졌다는 건 누구나 인정할 것이다. 아마 수백 배는 빨라졌을 것인데, 시장의 초과수익 기회는 어디서 발생하는 건가?

필자는 시장을 이기는 방법에는 크게 세 가지가 있다고 본다.

1. 포트폴리오 구성 방법	2. 자산배분 방법	3. 트레이딩 방법

전설적인 투자자 피터 린치는 포트폴리오 구성 방법에 탁월한 능력을 가졌던 투자자다. 필자도 『피터 린치의 이기는 투자Beating the Street』라는 책을 통해 포트폴리오를 어떻게 구성해야 하는지 그 방법론을 배웠다. 그리고 『윌리엄 오닐의 성장주 투자기술24 Essential Lessons for Investment Success』이라는 책을 통해서 주식시장이 주는 여러 가지 시그널을 포트폴리오에 효과적으로 활용하는 방법을 깨달았다.

반면, 자산배분 방법과 트레이딩 방법에 대해서는 많은 책들이 소개되어 있지만, 정작 이 두 방법으로 크게 성공했다는 대가들을 찾아보기 힘들다.

이유는 너무 어렵기 때문이다. 제대로만 따라 한다면 자산배분과 트레이딩을 통해서도 시장을 이기는 초과수익을 창출할 수 있지만, 이 방법을 통해 크게 성공한 사람은 두 사람 밖에 보질 못했다. 수학적 모델을 이용하는 헤지펀드 회사 르네상스 테크놀러지를 설립한 짐 사이먼스James Harris Simons 회장과 한국 A투자금융을 설립한 C회장이다. 두 사람의 공통점은 수학을 아주 좋아한다는 점이다. 그리고 투자 수익을 창출하는 트레이딩의 비법을 발견해서 그것을 '자동매매화 시킨 시스템 트레이딩 툴'을 만들어 냈다는 것이다. 두 사람 모두 또 그 비법을 절대 외부에 공개하지 않는다.

아마 짐 사이먼스와 J회장 외에도 자산배분과 트레이딩으로 돈을 번 천재들이 또 있을 것이다. 단지 너무 드물기 때문에 많이 보이지 않을 뿐이다. 그리고 그 비법이 공개되면 수많은 투자자들이 그 비법을 이용하면서 '수익을 내는 기회'가 빨리 사라져 버리기 때문에 그들은 철저하게 자신들의 비법에 대해 '침묵'을 지킨다. 반대로 성공 투자 비법을 알고 있다고 떠벌리고 광고를 하면서 투자자를 모집하는 사람들이 있다. 필자에게도 많이 찾아와서 본인들의 시스템을 한 번 이용해 봐달라고 얘기한 사람들이 많았다. 필자는 그럴 때마다 이렇게 되묻는다. "아니, 왜 그 시스템으로 직접 돈 벌지 않으세요?" "씨드머니Seed Money가 필요하시다고요? 제가 아는 회장님은 2천만 원으로 시작해서 7년 동안 288만% 수익 내셨어요. 연 평균 26% 수익만 내도 10년이면 10배가 되고, 20년이면 100배가 되고, 30년이면 1,000배가 되는데, 씨드머니가 몇 억 필요한 건 아닌 것 같은데요. 과거 시뮬레이션 결과로 보여지는 수익률은 최적화Optimization의 오류가 있을 수 있으니, 단돈 500만 원이라도 그 시스템으로 6~12개월 실전 매매를 해 보시고, 실제 얼마의 수익이 나는지 계좌에 찍힌 수익률 데이터를 들고 다시 찾아오세요"라고 얘기를 해 준다.

이런 상담을 하고 난 뒤 필자를 다시 찾아온 사람은 아무도 없다. 둘 중 하나일 것이다. 본인이 실전 매매를 해 보니깐 수익이 안 나서 못 찾아온 것이거나 두 번째는 그 트레이딩 시스템으로 정말 대단한 수익률을 달성했거나이다. 이렇게 누군가가 개발한 트레이딩 시스템이 정말 유용하다면 그 시스템으로 자기 돈 계속 불리면 되지, 굳이 나한데 씨드머니를 부탁할 이유가 없다. 그래서 필자는 단기간에 30% 이상 수익을 낼 수 있다고 호언장담하는 사람을 전혀 믿지 않는다. 위 두 가지 예를 통해, 단기적으로 고수익을 올릴 수 있는 종목이나 시스템을 갖고 있다는 얘기는 논리적으로 말이 안 된다는 것을 독자들도 공감할 것이라 생각한다.

트레이딩으로 돈을 번다는 것이 불가능한 영역은 아니지만, 과도한 매매비용과 방대한 데이터 분석과 인간의 심리를 극복할 수 있는 매매툴 개발 등 넘어야 할 큰 장애물이 많다. 그래서 수많은 기술적 분석가들이 지나간 차트를 보여주면서 여기서 어떻게 해야 하고, 저기서 어떻게 했어야 하는지를 현란한 용어로 설명을 해 주지만, 정작 돈을 버는 트레이딩 시스템을 개발해서 조용히 내 돈을 벌고 있는 사람은 드물다. 단기간에 고수익을 보장한다는 광고를 뿌리며 회원을 모집하는 자칭 투자의 초고수들은 매달 회원들이 내는 회비로 먹고 사는 사람들이지 정작 본인들이 자랑하는 트레이딩 기법으로는 돈을 못 번 사람들이다.

시중에는 많은 엉터리 매매기법, 엉터리 리스크관리, 엉터리 매매원칙이 난무하고 있다. 그럴싸해 보이지만 내 계좌의 수익과 내 영혼을 갉아먹는 마약과도 같다. 이런 기법들의 특징은 승률이 높다. 10번 중에서 7~8번 맞는 기법이라고 자랑한다. 그리고 대체로 2~3번 터질 때 크게 터진다. 여러 번 단타 수익을 보고 한 번 터질 때 크게 터지는 매매기업인데 승률에 현혹되어서 벗어나지를 못한다. 2~3번 터지는 것을 방지하면 10번 투자해서 10번 성공한 매매기법인 것처럼 생각된다. 그런데 10번 투자해서 10번 수익을 보는 단기 매매기법은 없다(장기 매매기법에는 분명히 존재한다).

반대로 트레이딩으로 성공한 사람들의 공통적인 매매기법은 10번 중 7번 터지지만, 3번 크게 이익을 볼 때 7번의 손실을 다 만회하는 매매방법을 구사한다. 7번을 터지더라도 3번 크게 이익을 보기 위해서는 그들은 7번의 손실을 감수하고, 10번 다 터지면 어떡하지 하는 불안감을 이겨낸다. 성공한 트레이딩 시스템에는 인간의 손실회피 본능을 극복하는 알고리즘이 심어져 있다. 그래서 일반인들은 설사 그 기법을 알아도 하기 힘들다. 트레이딩은 인간의 본능에서 초래된 변동성을 따 먹는 기법이기 때문이다.

주식시장을 이기는 방법에는 여러가지가 있다. 그러나, 피터 린치, 워런 버핏, 필립 피셔와 같은 위대한 투자자들이 장기적으로 시장 수익률을 압도하는 수익을 낼 수 있었던 비결은 바로 탁월한 포트폴리오 구성 능력 때문이었다. 일반 투자자들도 시장을 이기는 투자를 하기 위해서는 처음에는 다소 어렵겠지만 좋은 포트폴리오를 구성하는 방법부터 공부해야 한다.

"

모든 산업, 모든 지역에서 위대한 성장기업을 먼저 찾아낸 이들은 전문가들이 아닌 주의 깊은 개인투자자였다. 투자자로서의 강점은 월스트리트 전문가들로부터 얻는 것이 아니다. 당신이 이미 갖고 있는 것이다.

— 「피터 린치의 이기는 투자Beating the Street」 (피터 린치Peter Lynch 저, 흐름출판)

"

PART 4

◆ ◆ ◆

포트폴리오 구성

"꿈이 있는 곳에 모든 것이 있습니다. 꿈을 가진 사람이 꿈을 갖지 않는 사람보다 더 열심히 더 즐겁게 인생을 살아간다는 사실입니다. 꿈이 우리의 오늘을 새롭게 만듭니다. 우리의 미래를 만듭니다."
- 『고도원의 아침편지』(고도원 저, 청아출판사) 본문 중에서

1장

지피지기 백전불태
- 시장을 이기는 포트폴리오 구성전략

스포츠 경기든, 전쟁이든, 투자든 무언가를 이기려면 적을 알고 나를 알아야 한다는 의미의 '지피지기知彼知己'가 가장 기본이다. 즉, 시장을 이기려면 시장에 대해 먼저 알아야 한다.

우리가 시장(마켓)이라고 부르는 지수에는 여러 가지가 있지만, 한국시장을 대표하는 지수는 코스피고, 미국시장을 대표하는 지수는 S&P500이다. 한국의 펀드매니저들은 코스피를 이기는 것을 목표로 하고(몇몇 기관은 코스피200을 벤치마크 지수로 제시하기도 한다), 미국의 펀드매니저들은 S&P500 지수를 이기는 것을 목표로 한다.

지수 구성 방법에는 '시가총액방식'과 '주가평균방식'이 있는데, 지수에 구성된 종목의 시가총액을 가중해서 계산하는 것이 시가총액방식이고, 구성 종목들의 가격을 산술적으로 평균만 내서 만든 것이 주가평균방식이다. 여기서 지수 구성방식이 중요한 것은 아니므로 그냥 상식으로 알고 넘어가자.

중요한 것은 지수를 구성하고 있는 주식들을 어떻게 그룹핑Grouping 하고 내 포트폴리오에 그 그룹들을 얼마의 비율로 포지셔닝Positioning 하는가이다. 그룹핑에 대한 큰 아웃라인은 다음과 같다. 모든 기업은 아래 세 가지로 그룹핑 할 수 있다.

성장기업은 단기적 또는 장기적으로 매출과 이익성장을 기대할 수 있는 기업이고, 쇠퇴기업은 제품수명주기Product Life Cycle로 보았을 때 이미 성숙기를 지나 쇠퇴기로 진입한 제품이나 서비스를 제공하는 기업이라고 볼 수 있다. 마지막, 싸이클기업은 우리가 소위 시클리컬Cyclical 기업이라고 부르는 경기 싸이클에 민감한 제품이나 서비스로 장사를 하는 기업이다.

이 세 그룹의 주가 그래프는 어떤 모습을 보일까? 기업의 재무상태, 경쟁력, 영업이익률 등 여러 가지 요인에 의해 주가의 변동성과 기울기의 차이만 있을 뿐 성장기업은 우상향Ascending 하는 차트의 모습을 보일 것이고, 쇠퇴기업은 우하향Descending 하는 차트, 싸이클기업은 올랐다내렸다Up & down 하는 모양의 차트가 나올 것이다.

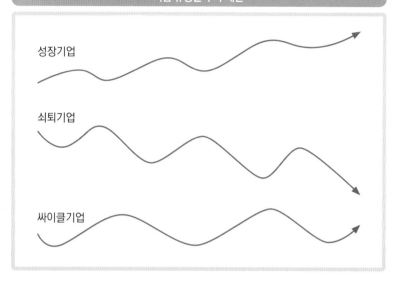

기업 유형별 주가 패턴

성장기업

쇠퇴기업

싸이클기업

그리고 이 세 가지 그룹의 주식을 모두 합친 것이 바로 종합주가지수다.

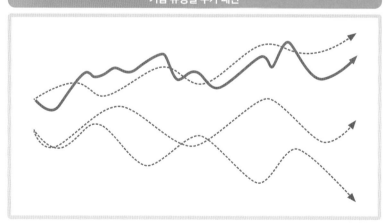

기업 유형별 주가 패턴

이 세 가지 유형의 차트를 보면 어떻게 시장보다 우월한 수익을 낼 수 있는지 답은 명확해 진다.

> • 성장기업이 상승할 때만 성장기업 주식에 투자한다.
> • 싸이클기업이 상승주기Up Cycle에 진입했을 때만 투자한다.
> • 쇠퇴기업 주식은 무시하고 있다가 반등 시기에만 투자한다.

"유레카! 투자의 세 가지 비기를 찾았다! 얼마나 간단명료하고 쉬운 방법인가? 이대로만 하시면 됩니다"라고 얘기하면 모두가 필자를 욕할 것이다. 이것은 복싱선수에게 "상대의 허점이 보이는 곳을 공격하고, 상대의 주먹이 날라올 때는 빠르게 피했다가 카운트펀치를 날리면 되고, 상대의 체력이 떨어지면 매섭게 몰아치면 된다. 이렇게만 하면 반드시 이길 수 있다"라는 조언과 무엇이 다르겠는가? 우리가 매년 위 세 가지 방식으로만 투자할 수 있다면 워런 버핏보다 더 큰 부자가 될 것이다. 아니, 세 가지 방식이 아니라 한 가지만 제대로 할 수 있어도 시장을 못이기는 펀드매니저는 없을 것이다.

그렇다면 최근 시장을 못 이기는 액티브펀드Active Mutual Funds가 한국이나 미국이나 80%가 넘는다고 하는데, 도대체 시장을 못이기는 펀드를 운용하고 있는 매니저들은 무엇을 간과하고 있는 걸까? 벤저민 그레이엄의 『현명한 투자자Intelligent Investors』부터 『피터 린치의 이기는 투자Beating the street』까지 그들도 웬만한 주식 대가들의 명서는 다 읽었을 텐데 말이다. 대부분 명문대 출신의 고학력자로 이루어진 펀드매니저의 80%가 시장을 장기적으로 언더퍼폼 underperform*하는 이유는 과연 무엇일까? 위 세 가지 그룹의 주식군 별로 그들이 어떤 실수를 하고 있는지 살펴보면 성과부진의 이유를 알 수 있다.

> *특정 펀드의 수익률이 시장의 평균 수익률을 하회하는 것.

성장기업

- "바닥에서 벌써 50%나 올랐는데, 어떻게 이 가격에 사?" 실패한 투자자들은 늘 이렇게 바닥에서 주식을 사지 못한 아쉬움만 한탄하며 성장주 매수의 기회를 포기해 버린다. (일반적으로 강세장을 주도하는 실적 성장주는 최소 100%~1,000% 상승한다.)

- 단기 꼭지에서 매수 후 -30% 손실 나면 '손절매 규정 준수' 명목으로 손절한다. (성장주는 대부분 -30% 하락이 절호의 매수 타이밍이 된다. 보통 이런 눌림목 조정을 주고 난 다음 전 고점을 돌파하는 강한 랠리가 동반된다.)

- +30% 수익을 봤으니까 이익실현하고 다른 성장주를 찾는다. (300%~1,000% 오를 주도주는 짧게 수익을 보고, 오르지 않는 소외 주식의 바닥잡기에 몰두한다. 전형적인 꽃을 꺾고 잡초를 키우는 매매 스타일이다.)

싸이클기업

- 경기싸이클 바닥에서 실적부진과 함께 '고PER' 얘기하면서 저점

에서 매도한다.

- 실적보다 먼저 움직이는 주가 특성을 이해 못하고 반등 초기에 매도한다.
- 실적이 최고점에 달한 시점에서 '저PER' 주식이라고 얘기하면서 고점 매수한다.

쇠퇴기업

- 경기싸이클 주식으로 착각하고 지난 저점 부근에서 매수한다. (쇠퇴기업의 특징은 저점과 고점이 계속 낮아진다. 이런 주식은 반등은 약하고 하락은 깊다.)
- 자산가치만 믿고 저PBR 주식으로 분류하며 매수한다.(쇠퇴기업의 PBR은 지속적으로 하락한다. 바닥을 알 수가 없다. PBR 0.5에서 매수해서 0.2배까지 빠지면 -60% 손실을 기록하게 된다.)
- 제품수명주기가 거의 끝난 제품을 생산하면서 매출이 계속 감소하는 기업인데 손절매를 하지 못하고 장기 투자 관점으로 지속 보유한다.

위 사례는 펀드매니저들에게만 국한된 얘기가 아니다. 일반 투자자들이 주식투자해서 손실나는 이유도 별반 다를 바가 없다. 굳이 실패하는 이유 중 하나를 더 예로 든다면, '단기 매매에 의한 과도한 매매 비용'도 있다.

우리가 주식투자를 할 때 내가 사는 기업이 성장주인지, 경기민감 싸이클 주식인지, 아니면 서서히 사라져가는 쇠퇴기업인지를 분명히 알고 주식을 사야 한다. 지금 당장 내 계좌에 있는 주식을 보면서, 한 번 생각해 보자. 카카오는 어떤 기업일까? 삼성전자는? 네이버는? 포스코는? 현대차는? 테슬라는? 아마존은? 엔비디아는?

그리고 내가 투자한 기업이 어떤 유형인지 파악을 했다면 내가 구성한 포트폴리오에서 성장주는 몇 %를 차지하고 있고, 싸이클 주식은 몇 %인지 적어보자. 피터 린치처럼 고성장주와 턴어라운드 주식에 60% 이상 비중을 유지했다면 탁월한 수익률을 기록했을 것이다. 만약 이 비중이 30% 미만이고, 안전한 자산주나 소외된 중소형 가치주만 들고 있었다면 시장을 이기지 못했을 것이다.

2020년 상승 초기 국면을 주도했던 고성장주는 한동안 많이 회자되었던 'BBIG7(바이오, 배터리, 인터넷, 게임)'이었고, 2020년 하반기를 주도했던 주도주는 경기 회복 모멘텀으로 강하게 반등했던 '차, 화, 전, 철(자동차, 화학, 전기전자, 철강)'과 같은 경기 민감주와 경기소비재 주식들이었다. 만약 최근 1년 동안 시장을 이기지 못한 수익률을 기록했다면, 경제 위기 직후 시장의 회복 패턴에 대해 다시 한번 공부를 해야 할 필요가 있다. 2009~2011년이나 2020~2021년 시장을 주도한 대형 주도주는 별반 차이가 없다. 2008년 금융위기 이후에도 시장을 주도한 테마는 '성장대표 7공주(LED, 2차전지, 전자재료, 자동차 등)'와 '차화정(자동차, 화학, 정유)'이었고 이번에도 비슷한 시장 흐름이 반복되었다. FED라는 이름의 '영화감독'이 전격적인 '금리인하와 양적완화' 조치라는 세트를 배경으로 또 한 번 사람들의 마음을 울리는 '신파극'을 연출했고, 남주인공과 여주인공 이름만 'BBIG7'과 '차, 화, 전, 철'로 살짝 바뀌었을 뿐이다. 만약 다음 경제 위기에도 FED가 메가폰을 잡는다면, 시장의 반등 패턴은 또 비슷하게 반복될 것이다.

주식시장을 중장기적으로 이기는 것은 어려운 일이 아니다. 아래 3단계 프로세스대로만 한다면 성공적인 주식투자가 될 것이다.

1. 내 계좌의 수익률을 갉아 먹는 좀벌레 같은 쇠퇴기업을 내 포트폴리오에서 제외시키자. 그리고 단기 저점에 사서, 단기 고점에 매도하고자 하는 '욕심'을 버리자. 그것은 '신의 영역'이고 '성공 확률이 아주 낮은 투자방법'이다.

2. 시장을 주도하는 성장기업은 시장이 인정한 프리미엄을 과감히 지불하고 사자. IQ가 20,000인 시장은 이미 성장성에 대한 '타당한 가격'을 다 계산했으므로 "비싸다, 비이성적이다"라는 얘기는 하지 말자. 이솝 우화에서 먹지 못하는 포도를 욕하는 여우랑 다를 바가 없다. 그리고 피터 린치가 얘기한대로 성장산업의 업황이 꺾일 때까지 충분한 기간을 보유하자. 고성장주 발굴보다 고성장주를 업황이 끝날 때까지 보유하는 것이 10배는 더 힘들다. 그렇게 힘들기 때문에 주식시장은 인내한 자에게 그만큼 보상을 준다.

3. 싸이클 주식은 5분 늦은 시계 전략으로 대응해야 한다. 경기싸이클의 저점을 맞춘다는 것은 불가능하다. 동서고금을 막론하고 경기싸이클 고점과 저점을 정확히 알 수 있는 방법은 없다. 이것도 신의 영역이기에 정확히 맞추는 사람이 한 명도 없었다. 그렇다면, 우리가 할 수 있는 것은 '경기 저점 확인 후 바닥 대비 +30~100% 사이에서 주식을 사는 것이다. 주식시장보다는 늦었지만, 90%의 대중들 보다 빠르면 충분히 큰 수익을 낼 수 있다.

그리고 경기 민감주는 밸류에이션으로 접근하는 주식이 아니다. 아무리 싸다고 해도 경기가 몇 년 더 침체를 겪게 되면 우리나라 해운사들처럼 망할 수도 있기 때문이다. 경기 민감주 투자가 어려운 이유가 바로 밸류에이션 투자방식과 안 맞기 때문이다.

대부분의 실패한 투자자들은 바닥이 어딘지 모를 경기 민감주를 순자산가치 대비 디스카운트된 가격에 사면서 이렇게 말한다. "밸류에이션이 너무 싸다. 그리고 올 하반기부터 업황이 개선될 것이다. 사람들이 왜 이런 주식을 안 사는지 모르겠다. 성장주만 가는 비이성적인 장은 곧 폭락할 것이다." 이런 투자자들은 '경기 민감 주식에 대한 바닥 잡기' 놀이를 하는 투자자들이다. 본인들이 얼마나 확률적으로 낮은 성공에 베팅하고 있는지 모른다. 경기 민감주는 PBR 지표로 투자하는 것이 아니라, 철저하게 '경기 모멘텀'으로 투자해야 한다. 업황이 최악의 국면을 벗어나려고 할 때 '고 PER'에 사서 업황이 최고 뜨거울 때

'저PER'에서 팔아야 한다. 단, 먼저 고점과 저점을 예단하지 말고, 올라오는 무릎에서 사서 내려가는 어깨에서 팔자.

포트폴리오 구성 방법에서 위 3단계 프로세스를 지켰음에도 불구하고 시장을 못 이기는 투자자는 '자산배분전략의 실패' 또는 '잘못된 매매방법' 때문이다. 시장을 비관적으로 보고 자산 배분 전략에서 실패를 했던가, 주도주가 너무 비싸서 항상 2~3등주를 사는 버릇이 있어서다. 혹은 주도주를 제대로 찍었지만, 조금만 더 빠지면 매수하려다가 매번 주도주의 매수타이밍을 놓치는 경우다. 아니면 지나친 단타 매매로 '과도한 매매 비용'이 발생했을 수도 있다. 이렇게 잘못된 매매방법으로 투자를 망치는 경우가 허다하다. 지피지기에서 시장을 제대로 간파했지만, 본인의 잘못된 습관을 인지하지 못하고 매번 주도주를 놓치거나 너무 빨리 팔아서 잘못된 매매방법으로 자신을 책망하고 비관하며 한숨 쉬는 투자자가 많다. 아래 네 가지 케이스가 투자를 망치는 가장 보편적인 잘못된 매매 방법이다.

1. 매수는 현재가격 보다 아래 호가에 걸어 놓는다. 체결 안되면 그날 매수를 포기한다.
   → 이런 매매 방식으로는 강세장에서 주도주를 절대 살 수가 없다. 매수자가 많아서 가격이 밀리지 않기 때문이다.
   → 주식 전문가들의 가장 비겁한 조언이 바로 '빠지면 사세요'다. 주식이 급등하면, '제가 사라고 추천했죠?'' 빠지면 '제가

빠질 거라고 예측했죠?'라고 말한다.

→ 혹시라도 매수호가에 걸어 놓았는데 체결이 되면, 그건 '하락 초기 국면'일 수가 있다. 그래서 현재 가격보다 밑에 걸어 두는 매매는 아주 나쁜 매매습관이다. 내가 사지 못한 주식은 올라가고, 내가 산 주식은 빠지는 이유가 바로 나의 잘못된 매매습관 때문이다.

2. 매도는 항상 위에 호가에 걸어 놓고 판다. 안 팔리면 그 다음날 다시 또 위에 걸어 놓는다.

→ 매도 역시 시장가로 바로 팔아야 한다. 매도는 매수보다 더 기회가 적다. 하락 변동성이 상승 변동성보다 더 크기 때문이다.

→ 위에 걸어 놓은 매도 주문이 체결되면, 대체로 추가 상승하는 경우가 많다. 매도호가의 매물을 다 소화하면서 올라가는 주식이면 상승 에너지가 아주 강한 주식이다. 선수들은 전고점 매물을 돌파할 때 이렇게 매도호가에 걸린 매물을 공격적으로 산다.

3. 10% 수익 나면 무조건 팔고, -10% 손실 나면 무조건 손절한다.

→ '수익은 길게, 손실은 짧게'라는 주식 격언이 있다. 짧게 먹고 나오는 매매는 장기적으로 결코 성공하지 못한다. 과도한 매매 비용이 발생하기 때문이다.

→ 트레이딩을 짧게 많이 하면 할수록 국세청은 단타 꾼들에게

감사해한다. 단타 꾼들은 그들의 소중한 시간과 영혼을 팔아서 장기 투자자들은 딱 한번 내는 '거래세'를 하루에도 몇 번씩, 일년에는 수십, 수백 배씩 내고 있다.

4. 이익나는 주식을 팔아서, 손실나는 주식 물타기를 한다. 그리고 본전을 회복하면 판다.

→ 피터 린치가 얘기한 전형적인 '꽃을 꺾어서 잡초를 키우는 매매 방법'이다.

→ 패러다임을 바꾸는 혁신기업이나 경기싸이클이 도래하면서 턴어라운드가 시작된 기업들은 대체로 짧게는 1~2년, 길게는 5~20년 장기 상승 추세를 유지하는 경우가 많다. 이런 기업들은 상승 초기에 거래량을 대거 동반하며 한두 달 만에 50% 이상 급등한다. 대부분 아마추어 투자자들은 이런 1파 상승 국면에서 새로운 시장 주도주를 다 매도하고, 성장 모멘텀이 없어서 시장에서 소외되며 내 계좌의 수익을 갉아먹는 주식의 비중을 계속 늘리게 된다.

(한편, 필자는 2년 정도의 투자싸이클로 고성장주로 집중된 포트폴리오를 리밸런싱Rebalancing 하기도 한다. 이익 성장 모멘텀이 강한 고성장 기업이나 턴어라운드기업에 투자해서 단기적으로 200~500% 이상 수익 난 종목이 1년 안에 -30% 이상의 주가 변동성을 보일 가능성이 있는 경우에는 일부 또는 전부 차익 실현을 해서 상대적으로 주가 변동성이 낮은 '고배당' 주식이나 '초우량 블루칩' 주식으로 옮겨탄다.)

위 내용들을 모두 종합해 보면, 결국 시장을 못 이기는 투자자의 문제점은 한마디로 '잘못된 포트폴리오 구성법과 잘못된 매매방법' 때문이다. 그리고 그런 잘못을 유도하는 근본적인 나쁜 유혹은 바로 '단기 성과에 대한 욕심' 때문이다. 주식투자를 망치는 두 가지 인간의 심리로 '욕심'과 '공포'를 많이 얘기한다. 하지만 그 욕심과 공포를 자극하는 더 근원적인 심리는 바로 '조급함'이다. 한창 고평가 영역에서 아슬아슬하게 거래되고 있는 주식을 단타한다는 마음으로 매수하는 것도 단기 매매차익 욕심 때문이다. 그리고 장기적으로 하락하고 있는 쇠퇴기업의 주식을 바닥에서 사서 반등 나오면 조금 수익을 내고 팔아야지 하는 마음도 역시 단기 매매차익 욕심 때문이다. 마켓 리스크에 의해 투매가 쏟아지는 바닥에서 주식을 파는 이유도 '일단 여기서 팔고, 좀 더 빠지면 바닥에서 다시 사야지' 하는 단기 리스크관리 전략 때문이다.

시장을 이기는 투자자가 되려면 먼저 내 마음 속에 있는 '조급함'을 '느긋함'으로 바꾸어 놓아야 한다.

> **"**
> **'부지런한 자의 경영은 풍부함에 이를 것이나**
> **조급한 자는 궁핍함에 이를 따름이니라.'** ― 잠언 21:5
> **"**

2장

뛰는 말에 올라타라
– 주도주 발굴과 매매기법

주도주 발굴법

강세장이든 약세장이든 항상 주도주는 존재한다. 6개월 정도 반짝 올랐다가 다시 무너지는 테마주가 아니라 1~2년 상승추세가 유지되면서 최소 100%~1,000% 정도 수익을 내는 주식이 주도주다. 이런 강력한 주도주는 대부분 탑라인*의 고성장이 예상되는 주식이 차지한다. 그렇다면, 탑라인 고성장 기업은 다 주도주가 될 수 있을까? 꼭 그렇지만은 않다. 《타짜》 영화의 평경장 말처럼, 세상에는 악당들이 많기 때문이다. 그래서 필자는 다음과 같은 방법으로 '성장 주도주' 후보기업을 가려낸다.

> * 기업 재무제표 중 손익계산서를 작성할 때 가장 윗줄에 표기되는 '매출액'을 증권업계에서는 '탑라인'이라 부른다.
>
> ** 근거없는 주장을 일컫는 애호가들의 입말.

1. '카더라**'의 사실 여부를 떠나 가시

성$_{Visibility}$이 떨어지고 실현 가능성$_{Feasibility}$이 낮으면 제외한다. 주식시장에는 거짓말쟁이들이 많다는 것을 명심해야 한다.

2. 대리인 비용$_{Agent\ Costs}$이 우려되는 회사는 제외한다. 즉, 회사 경영에 참여하고 있는 대주주나 경영진이 회사의 소중한 재무적, 인적 자산을 함부로 유용한다고 의심이 들면 제외한다.

3. 마진구조의 헤게모니를 정부가 갖고 있는 기업은 제외한다. 통신, 전력과 같은 유틸리티 회사의 가격 결정권을 정부가 콘트롤한다면 언제든지 주주가치에 반한 가격정책이 나올 수 있기 때문이다.

4. 마진구조에 대한 검증이 어려운 회사는 제외한다. 과거 중국원양자원(코스닥에 상장되었다가 회계부정으로 상폐된 기업) 탐방을 다녀온 펀드매니저는 모든 배가 바다에 나가 있어서 배를 보여줄 수 없다는 회사 IR 담당자의 얘기를 듣고 밥만 먹고 왔다고 한다.

5. B2B 기업은 '계약에 관한 비밀유지' 조항 때문에 '사실 확인'이 어려운 경우가 많다. 따라서, B2B 기업에 대한 투자는 반드시 전방산업에 관한 분석과 확인이 필요하다.

위와 같은 방법으로 '뻥카' 가능성이 높은 기업들을 걸러내고 나면 주도주 발굴이 좀 더 수월해진다. 그리고 오랜 기간 우리나라처럼 내수가 약한 국내시장에서는 Global Top Tier(세계 1등 그룹)로 올라서는 기업이 '주도주'가 되는 경우가 많다.

- 2000년 대: 현대자동차, 현대중공업, POSCO, 호남석유, OCI, 삼성엔지니어링
- 2010년 대: 삼성전자, 삼성바이오로직스, 셀트리온, 엔씨소프트, SK하이닉스, LG화학, LG생활건강

한편, 1970~2000년까지 개발도상국 시절에는 '인구성장에 기반한 내수산업'이나, '선진국 경기 모멘텀에 따른 시크리컬$_{Cyclical}$' 주식들이 단기 주도주가 되었다. 즉, 삼성화재, SK텔레콤과 같은 국내 내수 1등 기업이나 중동건설붐, 중국인프라싸이클, 미국소비붐 등에 수혜를 보는 수출 기업들이 주도주가 되었다.

2000년대 들어서 자본과 기술이 축적되고 국내 산업 구조가 저성장, 고임금 구도에 따른 '선진국형 경제구조'로 바뀜에 따라 주도주의 형태도 변하기 시작했다. 즉, 2차 산업, 굴뚝, 공장 개념에서 ROE가 높은 소프트웨어$_{Software}$ 산업이 부각되기 시작한 것이다. 한편, 최근 10년간 미국시장 주도주는 FAANG(Facebook, Apple, Amazon, Netflix, Google)과 같은 플랫폼 기업이다.

이 기업들의 특징은 한마디로,

(1) 혁신기업이다.

(2) 비싸다.

(3) 다국적기업이다.

(4) 온라인/모바일 생태계를 주도한다.

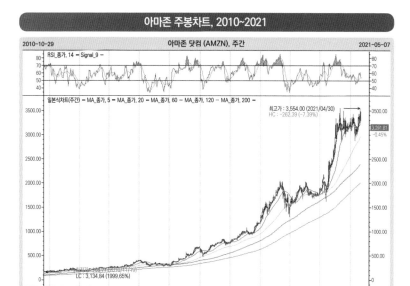

아마존 주봉차트, 2010~2021

출처: 대신 CYBOS

　　이런 기업들이 나스닥을 견인하는 주도주가 될 수 있는 이유는 현대 자본주의는 끊임없는 생산성 향상을 원하기 때문이다.

　　혁신기업이란 '혁신기술을 통해 우리 삶의 효율성을 획기적으로 향상시켜 주는 기업'을 말한다. 과거 산업혁명 이후로 탄생한 기차, 페니실린, 전기, 자동차, PC, 비아그라, 스마트폰, SNS, 전자상거래, 공유경제 등이 모두 해당된다. 이런 혁신 기업들은 기존의 기득권 산업을 파괴하고 새로운 패러다임을 만들어가면서 보통 주가가 10~100배 넘는 상승을 기록한다. 참고로 아마존은 최근 20년 간 2,000배의 주가 상승률을 기록했다.

한편, 혁신기업이 모두 대박의 수익률을 안겨주지는 않는다. 만약 혁신기업이 독점적 시장지위를 가지고 있지 않다면, 고전경제학파의 경쟁논리에 의해 시장 초기에 누렸던 고마진은 저마진의 구조로 바뀌게 되고 사업 초기 급등했던 주가는 다시 폭락하는 경우가 허다하다. 현재 우리 생활 곳곳에 널리 보급된 블랙박스, 네비게이션, MP3 Player, LED, LCD Panel과 같은 제품이 단적인 예다. 우리 생활을 편리하게 만들어줬지만, 경쟁이 심화되면서 '레드오션' 산업으로 바뀐 제품들이다.

반대로 장기적으로 성장하는 혁신 기업은 지속적인 기술개발과 초격차 전략으로 인해 기술적/자본적 진입장벽이 높아지면서 경쟁자들이 탈락하게 되고, 1~3개의 플레이어Player들이 시장을 나눠 먹는 독과점적인 지위를 유지하게 된다.

그리고 몇 년에 걸쳐 소비자들을 매료시키며 성공한 B2C 기업은 '브랜드 인지도'와 '고객 충성도'가 높아지면서 눈에 보이지 않는 '브랜드 파워'가 형성된다. 샤넬의 신상품이 가격 저항이나 품질에 대한 검증 없이 바로 팔리는 것은 눈에 보이지 않는 거대한 고객 로열티가 형성되어 있기 때문이다.

이런 10배짜리 주도주를 발굴하기 위해서는 주도주만의 특징과 그 메커니즘을 알아야 한다. 주도주는 다음과 같은 특징과 움직임을 가진다.

• 시장 조정 시 덜 빠지고, 시장이 돌아설 때 가장 강하게 올라간

다. (왜 이런 현상이 일어나는 걸까? 이런 주도주는 시장이 빠지거나 오르거나 상관없이 사고 싶어 하는 사람이 많기 때문이다. 최근 1년 동안 카카오 주식이 이런 현상을 보였다.)

- 세상 모든 주도주는 52주 신고가를 기록하면서 랠리가 시작된다. (하지만 90%의 투자자들은 52주 신고가 부근에서 단기 급등을 부담스러워하며 주식을 판다.)
- 시장 수익률을 압도하는 수익률을 유지한다.
- 1년 이상 지속되는 주도주는 대부분 실적이 고성장하는 기업들이다. (실적을 동반하지 못하는 성장스토리 주식들은 상승추세가 꺾이면서 주도주 대열에서 탈락한다.)
- 주도주는 20주 또는 5개월 이평선을 지키며 상승한다. (대세상승의 2파 조정, 4파 조정에서 20주/5개월 이평선을 잠깐 하회하기도 한다.)
- 주도주의 매도 시기는 월봉상의 MACD 오실레이터Oscillator가 하락 반전할 때부터 준비하면 된다. (대체로 다들 너무 빨리 팔아서 낭패를 본다.)

모두가 좋게 보는 주식이 주도주인가? 맞다. 최근 1~2년 동안 시장을 주도했기 때문에 대부분의 투자자들이 좋게 본다고 얘기할 가능성이 높다.

그러나 오른 이유가 이미 다 알려졌고, 다들 그 주식이 '좋아 보인다'라고 말을 할 때는 조심해야 한다. 켄 피셔의 얘기처럼 내 포트폴리오에 특정 주식의 비중이 너무 많아지면 재앙이 임박했을 수가 있다. 워터파크에 있는 대형 물 바스켓에 물이 계속 차다가 일정량의 임계치를 넘게 되면 한 번에 왈칵 쏟아지듯이 장기적으로 꾸준히 상승해 오던 주가가 갑자기 어느 순간 와르르 무너지기도 한다.

그렇다면, 주도주의 임계치는 어떻게 알 수 있을까? 주도주의 고점은 대체로 다음과 같은 현상이 나타날 때다. 3~10년 뒤의 장미빛 전망을 미리 당겨 와서 밸류에이션이 시장 평균보다 5~10배 이상 비싸게 거래되고 있고, 일반 주식형 펀드의 대부분이 이 주식을 시가총액 비중 이상으로 다 채우고 있으며, 증권방송에서 이 주식(또는 섹터)의 '강력한 투자 포인트'를 6개월 이상 떠들어서 그 내용이 이미 대중들의 '상식'이 되어 있을 때가 대체로 고점이다.

이 외에도 주도주의 고점에서 나타나는 현상은 다음과 같다. 아래 내용 중 5개 이상 해당되면 투자를 조심해야 한다.

- 대부분의 중대형 증권사에서 해당 섹터에 대한 커버리지가 최근 1년 이상 2~3차례 지속적으로 나왔을 때
- 개인들의 신용이 역사적 고점 수준 이상에서 6개월 이상 지속되었을 때
- 애널리스트나 매니저들이 1년 이상 지속된 상승 추세로 '지나친 자신감'에 차 있을 때
- 주도 섹터의 가장 후진 주식들이 50% 이상 상승했을 때

- 재무 레버리지가 매우 높은 주도 섹터 내 소형주가 10배 이상 수익이 났을 때
- 주가가 PBR 9~12배 수준에서 6개월 이상 지속되었을 때
- 내가 알고 있는 기업의 전망과 내용이 '시장의 상식'이 되었다고 느낄 때 (상식이란 주식투자자 대부분이 '그건 다 아는 내용이지'라고 답을 하는 경우)

주도주 매매 방법

일반적으로 2년 가까이 시장 상승을 견인한 주도주가 3~6개월 가량 과열 양상을 보이다가, 시장 상승추세를 붕괴시키는 강력한 마켓 리스크가 발생할 때 주도주가 바뀌게 되는 경우가 많다. 왜 그런 것일까? 업황의 변화 없이 시장 쇼크 후 주도주가 바뀌는 이유는 매매 주체의 변화가 일어나기 때문이다.

초기 상승 구간

주도주 상승 초기에는 회사의 펀드멘탈이 개선되는 내용을 미리 알고 매도호가에 주식을 공격적으로 사면서 주식을 매집하는 프로투자자들이 입성한다. 반면, 빠지면 사겠다는 수동적 아마추어 투자자들은 현재 가격보다 낮은 가격에 매수를 걸어 놓으면서 두터운 매수 잔량만 만들어 놓고 상승추세에는 동참하지 못한다.

고점 놀이 구간(상투권)

밸류에이션 부담으로 낮은 가격에 주식을 매집했던 프로투자자들이 조금씩 이익실현 매물을 쏟아내면서 주도주의 주가 하락이 시작된다. 그러나 빠지면 매수하는 습관을 가진 아마추어 투자자들이 하락하는 주도주의 주식을 매수하면서 주가 하락은 일시적으로 멈추게 되고 주가는 다시 반등을 하게 된다. 이렇게 빠지면 사고 올라가면 파는 '단타성향의 아마추어 투자자들'의 매물과 프로투자자들의 이익실현 매물이 계속 출회하기 때문에 초기 상승 구간과는 달리 반등은 약하고 주가는 당분간 박스권 모양을 보이게 된다.

시장 쇼크로 인해 추세 붕괴

고밸류에이션 구간에서 시장 쇼크가 오고 주가가 급락하게 되면, 단타 매매를 목적으로 낮은 매수호가에 주문을 걸어 놓는 '단타쟁이 아마추어 투자자들의 매수 체결'이 급증하게 된다. 즉, 추세가 꺾이면서 '단타 매매를 주로 하는 악성 매수자들'이 대거 유입되게 된다. 시장이 진정되고 다시 반등장이 도래하더라도 짧은 수익을 먹고 매도하려는 단타 매도 물량이 두터운 매물벽을 형성하면서 주도주의 강한 시세는 탄력을 잃게 된다. 그래서 업황의 큰 변화가 없는데도 큰 시장 충격이 오게 되면, 이와 같은 수급 메커니즘에 의해 주도주가 바뀌게 되는 경우가 종종 있다.

※ 시장 쇼크없이 업황의 변화로 주도주가 바뀌는 메커니즘도 동일하다. 프로투자자의 매수/매도의 이유만 다를 뿐 매수주체가

기아차 (2008~2019)

2008-04-30 　　　　　　　　　　기아차 (000270), 월간　　　　　　　　　　 2019-04-19

출처: 대신 CYBOS

'아마추어 투자자'로 바뀌는 것은 똑같다.

2009년 7공주 테마로 시작해서 2010·2012년 차화정(자동차, 화학, 정유), 전차(삼성전자, 자동차)군단 테마까지 4년을 주도했던 기아차의 초기 상승국면(사각형 박스)과 고점 놀이 횡보 구간(타원)의 주가 움직임 모습이다. 2012년 하반기 원/엔 환율이 급락하면서 자동차 주도주 시대는 마감했다.

2014년 〈낚시의 신〉, 〈서머너즈 워〉 모바일 게임을 히트시키며 급등했던 컴투스 주가는 6개월 가량 고점놀이식 횡보를 보였다. 이후

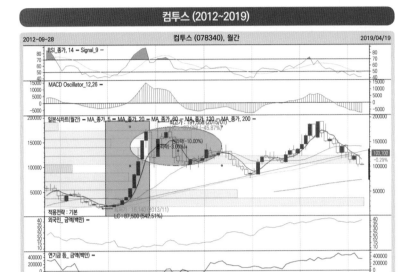

출처: 대신 CYBOS

2015년 하반기 중국발 위기가 고조되면서 고점 대비 -60% 하락을 기록하며 주도주로서 역할을 마감했다.

필자는 펀드를 운용하는 매니저들에게 이런 얘기를 자주 한다. 좋은 대학 들어가기 위해서는 '국영수'부터 제대로 공부를 해 놓고 '암기과목'을 공부해야 하듯이, 펀드 수익률이 꾸준히 좋기 위해서는 매번 시장을 주도하는 '대형 주도주'를 놓치지 말아야 한다고 강조한다.

그동안 자문사의 흥망성쇠를 보면서 이 업계에서 퇴출된 자문사는 대부분 '개별 종목 이슈'로 문제가 되어 문을 닫은 경우가 많았다. 수익률에 쫓기는 매니저들이 수급관리가 용이한 중소형주로 수익률 관리를 하다가 무리수를 두게 되고 그렇게 무리수를 둔 펀드가 문제가 생기면서 회사까지 위태롭게 된다. 이런 문제의 모든 시작점은 그 해 시장을 주도하는 '대형 주도주' 투자에 실패했기 때문이다.

펀드매니저뿐만 아니라 개인투자자도 조그만 개별 중소형주 매매 보다는 시장을 주도하는 대형 주도주를 적극적으로 내 계좌에 편입 시키는 연습부터 해야 한다. 유동성 리스크, 재무 리스크, 환금성 리스크, 신용 리스크 등 모든 면에서 중소형주 보다는 대형주가 유리하다. 그리고 어떤 장에서든 한 해 100% 이상 상승하는 대형 주도주는 항상 있다. 부동산이든 주식이든 대형주로 돈을 버는 습관을 길러야 한다. 중소형주 매매는 이런 '국영수 공부'를 다 끝내 놓고 시작해도 늦지 않다. 이런 대형 주도주 매매가 자신이 없으면 주식투자를 안 하는 것이 오히려 나을 수도 있다.

"

매일매일 주요 지수와 거래량의 변화, 주도주의 움직임을 통해 시장 전반이 어디로 흘러가고 있는지 정확히 바라보는 안목을 길러야 한다. 큰 수익을 거두느냐, 손실을 보느냐는 여기서 판가름 날 수 있다. 늘 시장과 연결되어 있어야 한다. 시장을 외면하면 이익도 없다. 시장의 주도주를 사고, 소외주는 피하라. 해당 분야의 1등 기업의 주식을 사라.

— 「최고의 주식 최적의 타이밍How to Make Money in Stocks, 4th edition」
  (윌리엄 J. 오닐William O'Neil 저, 굿모닝북스)

"

3장

실수(實數)와 허수(虛數)
- 성장주 투자의 함정

기억이 가물가물하겠지만 중학교 수학시간에 실수와 허수에 대해 배운 기억들이 남아 있을 거다.

'실제로 존재하는 수'를 뜻하는 실수는 한마디로 실생활에서 길이나 무게, 부피 등을 나타낼 수 있는 수를 말한다. 직선을 쭉 그어 놓고 그 위에 표기할 수 있는 숫자는 모두 실수라고 보면 된다. -100, 0, 3.45758, 1/3… 모두 직선상에 표기가 가능한 '실수實數'다.

반면 '허수虛數'는 실생활에서 존재하지 않는 숫자다. 상상의 숫자라는 뜻으로 영어에서는 imaginary number라고 하고, 프랑스어로는 nombre imaginaire라고 한다. 허수는 필자가 좋아하는 프랑스의 철학자이자 수학자인 르네 데카르트가 만든 개념인데, 예를 들어 $X^2+1=0$이라는 공식에서 $X^2=-1$이 되어야 한다. 이렇게 수학 공식으로는 얼마든지 만들 수 있지만, 어떤 수를 제곱한 값이 -1이 나오는 숫자는 사실 우리 실생활에서는 존재하지 않는다. 왜냐하면 모든 실수는 제곱하면 최소한 0이든가 0보다 커야 하는데, 제곱해서 마이너스가 나는 숫자는 없기 때문이다. 따라서 수학 공식으로는 얼마든지 존재할 것처럼 만들어 내는 숫자를 수학에서는 상상 속에서나 존재하는 '허수'라고 이름을 붙인 것이다.

주식시장에서도 허수들을 종종 접하게 되는 경우가 있다. 다음 세 가지 경우인데, 한계기업들의 드라마틱한 턴어라운드 스토리를 들을 때, 뜬구름 잡는 듯한 비지니스를 갖고 무늬만 벤처기업인 회사가 고성장 스토리를 얘기할 때, 마지막으로 제품수명주기로 볼 때 초기 제품 개발단계에서 고성장 스토리를 얘기할 때다.

몇 년 전 친하게 지내던 선배가 투자를 권유해서 한 벤처기업을 방문한 적이 있었다. 그 벤처기업의 CEO는 본인 소개를 하면서 S대학 벤처동아리 출신임을 강조했고 이번 창업이 7번째인데, 그 전 사업은 다 실패했지만 이번에는 대박 날 사업 아이템을 찾았다고 했다. 2시간 넘게 미팅을 하면서 그 사업의 비전과 수익성, 성장성에 관한 얘기를 들었는데 지금도 그 사업 아이템이 생생하게 기억난다. 사업 아이템이 아주 그럴싸해 보였고, 투자를 권유했던 선배는 그 CEO가 천재인 것 같다고 필자에게 여러 번 귓속말로 얘기했다. 대박 사업 아이템에 관한 충분한 설명을 다 듣고 나오면서 투자를 권유했던 선배에게 이렇게 답 해줬다. 저 사업 아이템은 포커게임으로 따지면 스페이드 J, Q, K, A를 쥐고 있으면서 이제 스페이드10만 붙으면 '로열 스트레이트 플러시 (포커 게임에서 가장 최상위 조합)Royal Straight Flush'라고 얘기하고 있지만, 이미 바닥에 깔려 있는 패를 보면 10이 네 장 다 빠졌고, 스페이드 무늬도 다 나왔기 때문에 저건 '원 페어'도 못이기는 패라고 얘기했다. 그 회사의 사장은 카카오와 같은 플랫폼 기업이 될 거라고 열변을 토했지만, 그 사장이 사업을 설명하면서 얘기한 "만약에 뭐만 되면" "뭐만 완성이 되면" "몇 년간 얼마의 자금을 쏟아 붓는다면…"과 같은 여러 가지 전제조건을 현실화시킬 만한 구체적인 아이디어와 실행계획이 없었다. 여러 번 질문을 했지만 사업 아이템의 독창성만 설명했지, 구체적이고 현실적인 실행방안이 없었다.

물론 선배는 이미 그 벤처기업에 투자한 상태였기 때문에 필자의 말에 동의하지 않았다. 5년 뒤쯤 넌지시 그 회사 어떻게 되었냐고 물어 봤을 때는 한숨을 크게 쉬며 망해서 없어졌다고 했다.

주식시장에는 초대박 나는 기업들이 꾸준히 나온다. 라스베가스를 가보면 어떤 카지노에서 몇 십만불 잭팟이 터졌다는 뉴스를 쉽게 들을 수 있듯이 주식시장에도 잭팟을 터뜨리는 기업들은 매년 나온다. 매년 열 배 이상 상승하는 대박 종목들이 나왔었고, 그 중에 사라진 기업들도 있고, 살아남아서 위대한 기업이 된 사례도 있다. 그리고 한 해에 열 배 이상 수익나는 주식은 대부분 '고성장 스토리' 또는 '강력한 턴어라운드 스토리'를 갖고 있는 것이 특징이다. 그렇다 보니 이런 인생역전 종목을 꿈꾸는 투자자들은 대부분 '가치투자' 보다는 '성장 또는 턴어라운드 스토리' 주식을 선호하게 된다.

필자는 이런 성장기업과 턴어라운드 기업에 편향된 주식투자 스타

일이 잘못되었다고 얘기를 하는 것은 아니다. 존경하는 피터 린치 역시 '고성장주' '턴어라운드주'를 포트폴리오에 60% 이상 편입했다고 얘기하지 않았는가? 피터 린치가 운용한 마젤란펀드의 전설적인 수익률은 '자산주' '배당주'에서 나온 것이 아니라 포트폴리오에 늘 의미있는 비중을 투자해 온 '성장주'에서 나온 것이다.

그렇다면, 성장주/턴어라운드 주식에만 투자하면 되는데 왜 투자자들은 돈을 잃게 되는 것일까? 왜 몇십 년을 투자해온 그 선배는 벤처기업에 투자해서 큰 손실을 본 것일까?

성장주 투자자가 투자 의사결정을 판단해야 할 때 가장 중요하게 체크해야 할 부분이 매출 및 이익성장에 대한 가시성과 실현가능성이다. 재무관리 교과서에는 나오지 않지만, 필자는 어떤 기업이나 투자자산을 밸류에이션할 때 주가의 배수를 결정하는 가장 중요한 팩터Factor가 바로 이 두 가지 항목이라고 생각한다. 회사가 주장하는 미래의 어떤 대박 사업도 그걸 실현하는 시점이 언제인지, 성공할 확률은 얼마인지, 성공을 예상하는 시점 전까지 경쟁자들의 출현 가능성은 어떤지, 사업에 영향을 줄 수 있는 정책 변수와 매크로 변수는 무엇인지 등을 따져봐야 한다. 즉, 한마디로 얘기하면 기업의 미래 성장가치에 대한 타당성 분석에 누가 얼마나 현실적으로 접근하느냐에 따라 성장주 투자의 결과치가 달라 지는 것이다.

고성장 기업이라고 주장하는 기업들의 매출 및 이익 추정치 재무제표를 보면 '허수'가 많이 보인다. 상품성이 없는 제품이나 신기술로 고전하고 있는 벤처기업 또는 3~4년 연속 적자에 허덕이며 시가 총액이 500억도 안 되는 동전주의 추정 재무제표에서 이런 상상 속의 숫자를 많이 접하게 된다. 이런 기업의 '추정 재무제표'를 보다 보면 자금과 맨파워가 훨씬 앞서는 동종업계 경쟁사보다 얼토당토않은 매출과 영업이익률을 추정한 기업들이 있다. 어떤 기업은 국내에서는 제대로 사업을 성공하지 못했지만, 러시아나 인도네시아, 남미, 아프리카 등에서 대박날 사업 아이템을 찾았다고 한다. 또는 아직 확정되지 않은 '혁신 기업' '혁신 신약 개발 회사'가 이 회사를 인수해서 고성장시킬 것이라고 얘기한다. 어떤 경우는 세계적으로 유명한 투자자나 배우가 이 회사 경영진에 참여해서 회사를 완전 환골탈태시킬 것이라고 주장하기도 한다. 이런 얘기를 듣고 그 회사 사업계획서를 보면 필자의 눈에는 전부 데카르트의 허수로만 보인다. 미래에 존재할 수 없는 숫자를 이상한 공식과 궤변으로 마치 존재할 수 있는 숫자인 양 번듯하게 표기를 해 놓았기 때문이다.

투자는 실수를 줄이는 게임이다. 우리가 장기적으로 투자하면서 실수를 피할 수는 없지만, 큰 실수를 하지 말아야 한다. 아마추어 골퍼가 스코어를 줄이려면, 버디(기준 타수보다 1타수 적은 경우)를 많이 해야 하는 것이 아니라 트리플 보기(기준 타수보다 3타수 많은 경우)Triple Bogey, 양파(기준 타수보다 2배를 더 치면 나오는 더블파)와 같은 큰 실수를 줄여야 하는 원리와 똑같다.

어떤 기업에 투자하기 전에 반드시 생각해보자. 상가, 재건축/재개발 아파트도 마찬가지다. 그 기업의 성장 스토리, 그 지역, 그 상권의 발전 스토리가 얼마나 현실적인 것인지 꼼꼼히 따져봐야 한다. 현실성이 떨어지는 무늬만 성장주를 피하는 것이 성공적인 성장주 투자를 위한 첫 번째 원칙이 되어야 한다.

"

당신이 만약 진리를 추구하는 사람이라면, 생전에 한번 정도는 가능한 한 모든 것을 깊게 의심할 필요가 있다.

— 데카르트 Descartes, 프랑스의 수학자이자 철학자

"

4장

성장주 투자의 핵심
- PEG

피터 린치가 좋아했다는 PEG(성장률대비 순이익배수, Price/Earing to Growth Ratio)개념에 대해 알아보자. 일반적으로 투자자들이 가장 많이 사용하는 PER*(주가수익비율, Price Earning Ratio) 지표는 투자대상 기업의 시가총액을 그 기업이 버는 1년 수익으로 나눈 비율이다. 즉, 1년에 1억 원 버는 회사가 시총 10억 원에 거래가 되고 있으면 PER이 10배다. 이는 부동산에도 적용이 된다. 한 달에 1천만 원 월세를 받는 상가의 매매가격이 12억 원에 거래된다면, 12억 나누기 1.2억 (연 월세 총합)=10배. 즉 이 상가의 PER은 10배다. 참고로 최근 강남권 상가의 기본 수익률이 연 2.5% 수준이니까 10억 원짜리 상가의 연 월세 소득은 2,500만 원. 이를 다시 PER 공식으로 계산하면 2,500/100,000=40배인 것이다.

* 기업이 투자한 자금을 얼마나 단기간에 회수 할 수 있는지 알려주는 지표.

미국 S&P500 PER이 22배, 한국 코스피가 15배인 것을 감안해 보면, 최근 거래되는 상가의 매매가격은 필자에게 그다지 매력적이지 않아서 주식하는 것이 더 낫다고 본다.

하지만 만약 이 상가가 위치한 상권이 10년 전 강남 신사동의 가로수길처럼 '핫플레이스'가 되면서 월세가 3년 동안 매년 40%씩 증가한다고 가정해 보자. 2,500만 원이었던 임대 소득이 1년 뒤에는 3,500만 원, 2년 뒤에는 4,900만 원, 3년 뒤에는 6,860만 원이 될 것이다. 그렇다면 3년 뒤 이 상가는 내가 투자한 원금 10억 대비 연 6.86% 수익이 나는 아주 매력적인 상가가 될 것이다.

반면, 신사동 가로수길에 강남의 핫플레이스 자리를 넘겨준 압구정 로데오 거리의 상권은 갈수록 공실률이 늘어나면서 임대료가 낮아지고 있다. 3년 뒤 임대료가 2,000만 원으로 낮아지고, 만약 임대 자체가 안되고 공실로 계속 남아 있다고 가정해 보면 끔찍해 진다. 상가에 대한 관리비, 재산세 등 비용만 지출이 되고 소득은 없으니 PER이 마이너스 나는 적자 기업이 되는 것이다.

주식투자도 마찬가지다. 지금 당장 그 기업이 버는 이익 대비 주가가 얼마 정도에 형성되는지를 알려주는 PER이 이익 대비 주가의 비싸고 싼지에 대한 밸류에이션을 해줘서 중요하지만, 정작 더 중요한 것은 향후 3~5년 해당 기업의 이익증가율인 것이다. 따라서 연 40%씩 이익증가가 예상되는 기업의 PER 40배는 비싼 밸류에이션이 아니며, 반대로 이익증가가 없는 기업의 PER 5배는 '안전마진을 확보

하고 들어가는 가치주'처럼 보이지만 이익이 계속 줄어들면서 향후 주가가 더 하락할 수 있는 비싼 주식일 수 있는 것이다.

주식투자를 함에 있어 가장 중요한 원칙은 '이익의 확장성'이 있는 기업에 투자하는 것이다. 그리고 주식시장은 그런 성장성을 감안한 적절한 밸류에이션으로 거래된다. 부동산도 마찬가지다. 성장성이 좋은 기업이나 부동산은 PER이 높다는 것을 잊지 말아야 한다. 확장성이 좋은 성장주를 사고 싶다면 고PER 주식을 잘봐야 하는 이유다. 단지, 고성장주를 가장한 '뻥카' 기업을 가려 내는 지혜가 필요한데, 그것이 바로 PEG를 체크하는 것이다.

위 예에서 임대료가 매년 40% 증가하는 A상가의 PEG를 계산해 보면, 'PER 40 / EPS 성장율 40=1'이 나온다. 반면 PER이 5배고 성장성이 1%로 정체상태에 있는 B상가의 PEG를 계산하면, 'PER 5 / EPS 성장률 1=5'가 나온다. 따라서, 단순 PER 지표로만 보면 PER 40배짜리 A상가보다 PER 5배짜리 B상가가 훨씬 싸 보이지만, EPS 성장률과 비교한 PEG 지표로 보면 A상가(PEG 1)가 B상가(PEG 5)보다 투자매력도가 훨씬 높다는 것을 알 수 있다(PEG 역시 낮을수록 매력적이다).

이런 방법으로 최근 5년 동안 급등한 한국/미국 성장주의 PEG를 계산해 보면, 아마존, 테슬라, 마이크로소프트, 엔비디아, 카카오, 삼성바이오로직스 등과 같은 성장주들이 왜 그렇게 높은 PER로 거래되었음에도 비싸지 않은 주식이었는지 알 수 있다. 피터 린치가 포트폴리오의 60%를 '성장주'와 '턴어라운드' 주식으로 과감히 편입할 수 있었던 것은 바로 이 PEG 계산 방식에 의한 든든한 밸류에이션 툴이 있었기 때문이다.

<blockquote>
❝

사람들이 부동산에서 돈을 벌고, 주식에서는 돈을 잃는 이유가 있다. 그들은 집을 선택하는 데는 몇 달을 투자하지만, 주식선정은 수 분 안에 해 버린다.

— 『전설로 떠나는 월가의 영웅 One Up on Wall Street』 (피터 린치Peter Lynch 저, 국일증권경제연구소)

❞
</blockquote>

5장

장기투자와 단기투자
- 투자의 기준

주식을 사고 파는 것이 맞나? 아니면 우직하게 10년 들고 가는 것이 맞나? 과연 뭐가 정답일까? 아마 '오르기 시작할 때 사서, 떨어지기 시작할 때 파는 것'이 정답일 것이다.

그런데 이 말은 마치 시험 보러 가는 학생에게, '정답만 적고, 오답은 피하라'는 말이나 똑같다. 도대체 언제 떨어질지, 언제 다시 오를지 어떻게 알 수 있다는 말인가? 필자 역시 이 수수께끼를 풀기 위해 수많은 기술적지표와 보조지표들을 사용해봤지만, 모든 종목에 적용되는 만능열쇠와 같은 '지표'나 '툴'은 없었다. 물론 '경고 신호'나 '상승 신호'로 유용하게 쓸 수 있는 유의미한 지표들이 몇 가지 있다. 필자도 이런 지표들을 HTS(홈트레이딩시스템)Home Trading System에 띄워놓고 보고 있지만, 100% 확실한 지표가 아니므로 매번 유의미한 신호가 발생할 때마다 고민에 빠지게 된다. '혹시 이번에는 페이크fake 아닐까?' '이러다 내일 신호가 바뀌면 어떡하지?' '지표를 믿고 그냥 살까?' 등.

모든 주식투자가들이 필자와 같은 고민을 매일매일 하고 있을 것이다. 그리고, 이 딜레마dilemma보다 더 나쁜 건 하루나 이틀 뒤, 또는 몇 주 뒤에 나온 주가 움직임의 결과 값을 보고 나서, 자신의 의사결정과 반대의 주가 움직임이 나오면 자학하거나 내 말을 듣지 않은 동료를 질책하게 된다. "봐봐. 그때 팔았어야지!" "왜 알면서도 액션을 안 했어!" "아. 버텼어야 하는데. 난 정말 바보야." "당신은 왜 내 말을 안 듣는 거야! 내가 팔아야 된다고 했잖아." 등.

피터 린치도 저서 『전설로 떠나는 월가의 영웅』에서 이와 비슷한 얘기를 담았다. 10배의 수익이 날 수 있었던 주식을 1~2배만 벌고 너무 일찍 팔았던 얘기와 락 바텀Rock Bottom이라고 생각했던 주식을 어머니께 매수 추천 했다가 반토막 났던 사례를 얘기하면서 주식을 바닥에 사서 고점에 파는 것이 얼마나 어려운지 책에서 자세히 설명했다. 또한 그는 언제 주식을 파는 것이 맞는지에 대해 이린 결론을 내렸다. "기업가치 분석에 의한 목표가 설정 후 매도하는 것보다는 호황이 지속될 경우 비싸다 판단이 되더라도 주식을 계속 보유하는 것이 낫다. 그리고 세 가지 경우에 주식을 줄여야 하는데 업황이 꺾였다고 판단되거나, 또는 강력한 경쟁자가 출현하거나, 또는 이 기업보다 훨씬 매력적인 투자기업을 찾게 되면 주식을 매도하라."

필자는 위 세 가지 중 특히 두 번째 '강력한 경쟁자의 출현'이 매우 중요하다고 생각한다. 왜냐하면 업황이 계속 고성장을 유지하고 있는 가운데에도 이 강력한 경쟁자 출현만으로도 주가는 -30% 이상 하락할 수 있기 때문이다. 예를 들어보자. 신규 아파트 단지에 치킨집이 하나 밖에 없어서 매일 저녁마다 치킨이 불티나게 팔리면, 그 구역에 반드시 경쟁 브랜드의 치킨집이 들어서면서 기존 치킨집의 매출과 마진을 빼앗아가게 된다.

기업도 마찬가지다. 1990년대 후반에 탄생한 닷컴 버블 시기에는 제2의 야후Yahoo를 꿈꾸며 수많은 인터넷기업들이 탄생했고, 2005~2007년 한국의 조선사들이 글로벌 선박시장의 80% 이상을 싹쓸이 하자 수많은 중국 조선소들이 탄생했다. 또 같은 기간 주식시장에서 고성장 산업으로 가장 큰 주목을 받았던 업종은 '풍력/태양광'이었다. 2000년 초 10달러 대의 유가가 2008년 초 140달러 대까지 급등하자 대체에너지 산업이 고성장했고, 국내에서도 풍력/태양광 발전에 쓰이는 풍력 타워, 터빈, 태양광 모듈, 폴리실리콘 등을 제조하는 업체들의 주가가 폭등하자 국내 재벌 그룹을 비롯 많은 기업들이 풍력/태양광 시장에 진출했다. 2013~2014년에는 마스크팩 시장에 혜성처럼 나타나 홈쇼핑 채널을 싹쓸이 했던 '하유미팩'의 돌풍을 비롯해 '동물 마스크팩' '블랙 마스크팩' '닥터 마스크팩' 등이 중국 소비자들에게 큰 히트를 쳤다. 14억 소비시장을 가진 중국에서 '한국 마스크팩을 쓰면 한국 드라마의 주인공처럼 예뻐진다'는 새로운 대유행을 만들어내기도 했다. 그리고 2016년 초에는 국내에만 7,000개가 넘는 마스크팩 제조회사가 영업을 하면서 국내 마스크팩 시장은 빠르게 '레드오션Red Ocean'화 되었다.

> **"마진이 있는 곳에는 반드시 경쟁자가 출현하고,
> 장기적으로 마진은 제로(0)에 수렴하게 된다."**

경제학원론 교과서에 고전학파 경제학자들이 수백 년 전부터 한 얘기다. 지금도 이러한 '시장경쟁 원리'는 작동되고 있다. 아니, 자유무역주의 확산으로 인해 국경의 장벽, 관세의 장벽이 허물어지고 아마존과 같은 거대한 전자상거래 플랫폼을 통한 해외 직구가 가능해지면서 이런 완전경쟁 체제는 더욱 공고해 지고 있다. 필자는 1994년부터 주식시장에서 근무하면서 수많은 기업들이 이런 혹독한 자유경쟁 시장체제에서 흥하고 망하는 과정을 너무나 많이 봐왔다. 한국경제를 주도했던 건 1970년대의 건설업, 1980년대의 상사, 신발, 의류, 식음료, 1990년대 자동차, 전기전자, 금융, 백화점, 2000년대 철강, 화학, 조선, 2010년대 반도체, 바이오, 엔터테인먼트, 배터리, 스마트폰, 전자상거래 등이었다. 이런 산업들이 각 시대별 한국경제를 먹여살리는 기간에는 해당 산업을 주도하는 기업의 주가가 최소 10배에서 많게는 100배 가까이 상승했다. 그래서 주식시장에서 20년 이상투자 경험을 가진 베테랑 투자자들은 "라떼는 말이야~"를 남발하며 "내가 그때 A기업 사서 30배 벌었잖아"라는 영웅담을 많이 얘기한다.

피터 린치가 운용했던 마젤란 펀드처럼 국내외 수많은 자산운용사들이 운용하는 '일반 공모 주식형 펀드'는 주식 편입비를 90% 이

하로 잘 낮추지 않는다. 이 같은 주식형 펀드를 운용하는 펀드매니저들은 주식비중을 확 줄였다가 다시 확 늘리는 '마켓 타이밍'을 노리지 않는다는 뜻이다. 이유는 주식시장 전망을 좋게 보고 펀드에 가입한 투자자들은 내가 직접 투자하는 것보다 펀드매니저들이 나보다 더 좋은 포트폴리오를 구축해서 시장을 이기는 수익률을 달성해 줄 것이다라는 믿음 때문이다. 그래서 주식형 펀드를 운용하는 펀드매니저들은 이미 투자자들이 선택한 '자산배분(즉, 펀드에 가입한 투자자들은 이미 내 전체 자산에서 주식을 얼마의 비중으로 가져가기로 결정하고 주식형 펀드에 가입함)'에 대해 고민하기 보다는 현재 주식시장 상황에서 시장수익률을 웃돌 수 있는 포트폴리오를 구축하는 것에 집중하게 된다. 그렇게 자산배분이 필요없는 주식형펀드를 오랜 기간동안 운용을 해 온 펀드매니저들은 특정 주식을 5년, 10년도 넘게 펀드에 보유하게 되고, 그런 식으로 펀드를 운용하다보면 몇 몇 주식이 30배, 또는 100배짜리 수익이 나기도 한다. 필자 역시 펀드를 운용하는 기간 동안 삼성전자 비중을 10% 미만으로 낮춘 적이 거의 없으므로 '내가 삼성전자 투자해서 100배 벌었다'는 얘기를 할 수도 있다. 하지만 만약 내 돈으로 직접 투자했다면 삼성전자를 과연 25년 동안 팔지 않고 보유할 수 있었을까? 생각해보면 아마 그러지 못했을 듯싶다. 펀드를 운용하는 기간 동안 주식비중을 90% 이상 유지해야 하는 펀드 운용과 '내가 계획한 투자기간 동안 반드시 수익을 내고 나와야 하는 자금'을 운용하는 것은 다른 개념의 투자다.

이런 펀드 운용의 특성 때문에 시장이 강세장일 때는 '자산배분'을 하지 않는 펀드 투자가 좋은 수익률을 기록하게 되고, 반대로 시장이 약세장일 때는 '주식 비중을 줄이지 않는 펀드'는 하락장의 손실을 고스란히 떠안게 된다. 최근 ETF 투자에 관한 관심이 많아졌는데, 이는 코로나19 위기 이후 자산배분을 하지 않고 S&P500 지수나 나스닥100 지수를 100% (또는 레버리지 비율에 따라 200%, 300%) 추종하는 ETF의 수익률이 시장 상승 수익률을 100%, 200%, 300% 그대로 실현시켜 줬기 때문이다. 그리고 혁신 기업이나 성장주에 집중하는 공격적인 ETF도 투자자들에게 많은 관심을 받고 있는데, 이런 성장주 펀드 열풍 역시 과거 강세장에서 늘 있었던 현상이다.

경제위기 이후 도래하는 초기 유동성 장에서는 늘 '성장 주식'의 강세 현상이 나타나고, 이런 주식들이 유동성 장세 내내 시장을 이기는 수익률을 보여줌으로써 투자자들은 '성장주 투자가 정답이야'라는 확신을 갖게 된다. 그리고 이런 대중들의 확신은 성장주 거품을 만들고 가끔씩 닷컴버블과 같은 화려한 피날레를 장식하면서 끝이 난다.

통상 주식이나 특정 시장의 거품은 2년 이상 지속되지 않는다. 효율적 주식시장이 대중의 광기를 2년 이상 용인하지 않기 때문이다. 따라서 성장주 랠리의 후반부에 대중들의 맹신으로 형성되는 화려한 거품 장세는 시장의 색깔이 바뀌거나 유동성이 위축되면 빠르게 소멸된다. 그리고 성장주 ETF나 성장주에 집중 투자하는 펀드들은 한동안 시장을 크게 언더퍼폼하면서 이런 펀드들을 장기적인 관점으로 투자하는 사람들에게 고통의 시간을 주게 된다.

피터 린치는 칵테일 파티라는 비유를 통해 파티 참석자들이 주식을 외면할 때가 기회고, 반대로 참석자들이 모두 주식을 얘기하고 있을 때가 경계의 신호라고 말했다. 행동경제학자인 예일대의 로버트 쉴러 교수는 『내러티브 경제학Narrative Economics』이라는 책에서 비트코인을 대표적인 사례로 들면서 가상화폐가 가진 '이야기'와 '전염성'이 어떻게 비트코인의 가격에 영향을 미치는지 자세히 설명한다. 그는 다양한 이야기로 대중들의 관심을 끄는 자산의 가격은 전염병과 비슷하게 1차, 2차, 3차 감염이 되면서 '확산' 후 '소멸'이 된다고 말한다.

이러한 로버트 쉴러 교수의 주장은 2009년 금융위기 직후 버클리 대학의 조지 애커로프 교수와 공저로 발간한 『야성적 충동Animal Spirits』에서도 비슷한 주장을 한 바 있다. 그는 대중들이 늘 효율적이고 합리적인 판단만 하는 것이 아니라 때로는 스토리에 의한 확신이 강화되면서 비이성적인 의사결정을 내리게 된다는 케인즈의 주장을 행동경제학적으로 아주 명쾌하게 설명해 놓았다.

필자는 이 책을 통해서 늘 합리적이고 이성적인 판단만 할 것 같은 사람들이 지나고 보면 후회할 바보 같은 의사결정을 내리는 이유에 대해 알게 되었다. 그리고 주식시장에서 반복적으로 나타나는 거품 장세나 투매 현상의 메커니즘에 대해서도 깨닫게 되었다. 조지 소로스가 주장한 '재귀성 이론'에서도 주식이나 자산의 가격은 '내재가치'에 머물러 있지 않고 대중들의 인식 변화와 자산 가격의 상호작용으로 인해 자산가격의 거품과 투매가 반복된다고 설명했는데, 이 역시 '스토리와 확신'의 메커니즘으로 바라보면 쉽게 이해가 된다.

자, 이제 '주식투자는 장기적으로 꾸준히 하는 것이 맞는가?'라는 질문을 다시 해보자.

누군가 필자에게 이런 질문을 한다면 이렇게 답하고 싶다.

"주식이나 부동산투자는 평생 하는 것이 맞습니다. 하지만 무한경

순위	1989년	2018년
	30년간 글로벌기업 시가총액 순위 변화	
1	● NTT(일본 1,638억 달러)	애플(미국 9269억 달러)
2	● 일본흥업은행(일본 715억 달러)	아마존(미국 7778억 달러)
6	● 스미토모은행(일본 695억 달러)	알파벳(구글)(미국 7664억 달러)
4	● 후지은행(일본 670억 달러)	마이크로소프트(미국 7506억 달러)
5	● 다이이치칸교은행(일본 661억 달러)	페이스북(미국 5415억 달러)
9	IBM(미국 646억 달러)	알리바바(중국 4994억 달러)
7	● 미쓰비시은행(일본 592억 달러)	버크셔해서웨이(미국 4919억 달러)
8	엑손(미국 549억 달러)	텐센트(중국 4913억 달러)
9	● 도쿄전력(일본 544억 달러)	JP모건(미국 3877억 달러)
10	로열더치셸(영국 543억 달러)	엑손모빌(미국 3441억 달러)
11	● 도요타자동차(일본 541억 달러)	존슨앤드존슨(미국 3413억 달러)
12	GE(미국 493억 달러)	삼성전자(한국 3259억 달러)

출처: 포브스, weeklybiz.chosun.com

쟁 구도에서 지금 1등 기업이 영원히 1등이 될 수 없기 때문에 한 종목을 10년 투자하는 것은 확률적으로도 성공하기 힘듭니다. (30년간 글로벌기업 시가총액 순위 변화 차트 참조) 그리고 주식시장의 거품과 붕괴 현상은 늘 반복되므로 거품 영역에서 주식이나 펀드의 비중을 줄이고 투매 국면에서는 비중을 늘리는 것이 바람직합니다."

우리는 살아남은 기업들의 차트만 보고 장기투자가 정답이라고 말하지만, 제조강국이라고 하는 일본조차도 40년 동안 살아 남는 기업은 5% 밖에 되지 않는다고 한다. 1등 기업의 생존률은 5% 보다는 높겠지만, 1999년 닷컴 신화의 주인공이었던 '야후'나 '다음'이 10년 지나서 어떻게 되었는가? 2005년 스마트폰 시장의 일등이었던 '노키아', 2007년 휴대용 게임기 1등 '닌텐도', 세계 조선업을 석권한 한국 조선소, 중국 소비자를 감동시킨 한국 마스크팩 기업의 10년 주가 차트를 보면 내가 투자한 주식을 무조건 10년 들고 가겠다는 생각이 얼마나 위험한 것인지 알 수 있다.

시장이 언제 조정이 오고 언제 거품이 생기는지는 알 수 없다. 이런 예측은 정말 무의미하고 시간 낭비다. 하지만 현재 내가 투자하고 있는 주식이 비싼지 싼지에 대한 가치측정은 투자자가 가장 기본적으로 해야 할 임무이다. 대중들의 심리와 수급에 의해 야기되는 주가의 변동성은 전문가도 정확히 예측할 수는 없지만, 그런 변동성에 의해 형성된 현재 가격이 투자하기에 매력적인 가격인지 아닌 지에 대한 판단마저도 하지 않는다면 패 안 보고 고스톱 치는 것과 무슨 차이가 있는가? 여의도 펀드매니저 대부분은 본인의 투자 성향을 묻는 말에 이렇게 답한다. "저는 바텀업 어프로치(탐방을 통한 투자종목 발굴, Bottom Up Approach) 스타일의 가치투자자이며 장기투자를 선호합니다."

바람직한 대답이다. 이렇게만 투자하면 되는데 과거 30년 동안 강세장이 도래했을 때 인기를 끌었던 한국의 대표 펀드들은 왜 마젤란 펀드처럼 장기적으로 성공하지 못했을까?

필자는 그 이유를 '좋은 가격을 따지지 않는 투자방식' 때문이라고 본다. 펀드뿐만이 아니다. 주식투자로 실패하는 가장 큰 이유가 '가치보다 비싼 가격' 때문이다. 모든 투자의 기본은 '싸게 사서 비쌀 때 파는 것'인데, 아주 비쌀 때 사도 장기적으로 투자하면 되겠지, 또는 비싸지만 단타매매로 짧게 수익내고 나오면 되겠지 하는 생각이 투자를 망치게 한다. 필자가 작년 상반기 '코로나19로 인한 주식 대바겐세일' 기간에 주식을 공격적으로 사라고 독려한 이유도 주식이 너무나 좋은 가격에 거래되고 있었기 때문이다.

장기투자가 맞냐 단기투자가 맞냐는 내가 투자하는 자산의 '가치와 가격'에 달려 있음을 명심해야 한다. 비싼 영역에서 장기투자 개념으로 접근하는 투자자나 싼 영역에서 단기 투자로 접근하는 투자자는 시장을 이기는 투자를 할 수 없다. 그리고 대부분의 실패한 투자자들은 비싼 영역에서 투자 비중이 가장 높고, 싼 영역에서 비중이 가장 낮다. 만약 내가 가치 측정을 할 수 없다면 매달 꾸준히 적립식으로 투자를 하는 것이 맞겠지만, 가치측정에 대한 기본기가 갖춰졌다면 '투자자산의 가치와 가격 수준에 따른 차별화된 자산배분 전략'을 가져가야 한다. 필자가 아는 모든 주식 고수들은 가치 대비 가격이 싸면 비중을 늘리고 비싸면 비중을 줄인다. 또 너무 비싸면 투자를 잠시 내려 놓고 쉬면 된다. 강세장에서 우리가 Trash(쓰레기)라고 무시한 Cash(돈)는 거의 2년 주기로 King(왕)이 되어 돌아온다는 점을 잊지 말아야 한다.

"

때때로 손에서 일을 놓고 휴식을 취해야 한다. 쉼 없이 일에만 파묻혀 있으면 판단력을 잃기 때문이다. 잠시 일에서 벗어나 거리를 두고 보면 자기 삶의 조화로운 균형이 어떻게 깨져 있는지 보다 분명히 보인다.

— 레오나르도 다 빈치Leonardo da Vinci, 이탈리아의 화가이자 건축가, 조각가

"

투자의 본질

PART 5

♦ ♦ ♦

투자자의
마음가짐

2009년 기축년에 어머니께서 써 주신 가훈이다.
필자의 집 현관문 옆에 걸려 있다.

1장

슬럼프를 극복하는
세 가지 원칙

얼마 전 방송에서 "전무님은 슬럼프를 어떻게 극복하십니까?"라는 질문을 받았다. 인생을 살면서 슬럼프 한번 안 겪는 사람이 있을까? 필자 역시 수많은 슬럼프를 겪었던 사람이다. 어찌 보면, 제대로 된 성공보다 실패가 더 많았던 인생이 아닌가 하는 생각도 든다. 작년 코로나19 위기 장에서 반짝스타가 되었지만, 필자는 그다지 남들에게 귀감이 될 만한 성공을 이룩한 게 별로 없다. 고등학교 2~3학년 때는 슬럼프에 빠져 방황했고, 대학교 1학년 때도 선동열 선수 방어율과 비슷한 1점 대의 학점을 받았다. 대학 졸업 후 취직한 곳도 직원 수가 9명밖에 안 되는 작은 자문사였다. 유학을 준비할 때도 지원한 대학은 모두 떨어져서 유학 재수를 해야만 했다. 1996년 가을 학기 입학에 실패한 필자는 1997년 가을 학기를 목표로 다시 도전했지만 목표로 했던 학교는 대부분 떨어지고 불행 중 다행으로 추가 합격

* 미국 cfa institute에서 자격을 부여하는 공인재무분석사.

자 통보를 받아서 겨우 1997년 가을 유학을 갈 수 있었다.

유학을 하는 도중 필자가 목표로 했던 CFA Chartered Financial Analysts* 1차 시험은 합격했지만 졸업식 날 이루어진 2차 시험에서는 불합격, 그 뒤 한국에 돌아와 2차 시험을 두 번 더 봤지만 결과는 모두 불합격이었다. 귀국 후 운 좋게 펀드매니저 자격시험을 한 번에 붙은 거 말고는 내 인생에 시험 잘 봐서 기분 좋았던 적은 한 번도 없는 것 같다. 운전면허 시험조차도 실기에서 한 번 떨어지는 바람에 두 번 만에 합격했었다. 유학 가기 전부터 오래 알고 지냈던 후배 펀드매니저가 있는데, 지금도 외국계 자산운용사에서 1조 원 이상을 운용하고 있는 실력자다. 후배는 필자에게 "선배는 아쉬운 게 하나도 없는 사람 같아요"라고 말을 한 적이 있다. 그 얘기에 "그렇게 보이니? 내가 얼마나 열등감이 많은 사람인데…"라고 대답해 줬던 기억이 난다.

박세익이라는 사람으로 살아온 50 인생을 되돌아보면, 필자는 참 부끄러운 게 많은 사람이다. 뭐 하나 제대로 성공한 게 없는 인생이었고, 30년 가까이 뒷바라지 해주신 부모님께 한 번도 기대에 부응하는 성과를 보여 드린 적이 없었다. 대학교 2학년 때 미국으로 어학연수를 1년 갔다 오고 나서야 철이 좀 들었는데, 그때 과동기 중에 밤에는 주점에서 일하면서 어렵게 학비를 벌어 학교를 다니는 친구가 있었다. 그때 문득 이런 생각을 했던 게 기억난다. "부모님 도움 없이 힘들게 학비 벌어가며 공부하는 친구들도 있는데, 왜 나는 부모님이 다 서포트해주시는데도 이것밖에 못 하고 있지? 저 친구가 학비를 벌기 위해 일하는 시간에 나는 공부를 조금이라도 더 할 수 있는데 성적도 그 친구보다 못하고 나는 뭐 하는 놈인가?" 이런 고민과 반성을 하면서 다음과 같은 각오를 했다. "내가 만약 저 친구보다 3배 이상 잘되지 못하면 나는 우리 부모님에게도 미안하고 저 친구한테도 면목이 없다."

지금 필자가 그 친구보다 3배나 더 잘되었는지는 모르겠지만, 그 친구도 잘살고 있고 필자도 부모님이나 그 친구에게 부끄럽지 않은 삶을 사는 듯하다. 내가 세상을 삐딱하게 바라보며 방황을 할 때, 내가 가진 것이 얼마나 많은지를 깨닫게 해 준 그 친구에게 평생 고마운 마음을 갖고 산다.

이렇게 별 볼 일 없고 실패투성이 인생을 살아온 나에게 "어떻게 슬럼프를 극복하시나요?"라는 질문은 내가 방송을 하면서 받은 질문 중에 가장 의미심장한 질문이었다. 누구보다 실패를 많이 해 봤기 때문에 할 얘기도 너무 많았고, 무엇보다 반드시 투자자들에게 해 주고 싶은 얘기였다. 당시 방송에서는 시간적 제약이 있어서 나의 실전매매 원칙 중 하나인 "투자를 쉬면서 실패의 흐름을 끊어라"는 전문투자자로서의 답변만 해 주었다.

필자는 인생을 살아가면서 또는 투자를 하면서 이따금 겪게 되는 크고 작은 슬럼프를 극복하는 방법으로 크게 세 가지를 얘기해주고 싶다.

첫 번째, '모든 세상사는 새옹지마다'라고 생각하는 것이다. 어떤 분들은 힘든 일을 겪을 때마다 '이 또한 지나가리라'라는 문구를 읽으며 마음의 안정을 취하기도 하지만, 필자는 '이 어려움도 결국에는 없어질 테니 참고 견디자'라는 마인드셋Mind Set보다는 좀 더 적극적이고 긍정적인 이 말을 더 좋아한다. 실제 인생을 살아보니, 새옹지마와 같은 상황이 너무도 많았다. 한 예로 1996년 대학원에 합격했다면 필자는 우리나라 외환위기의 최정점이었던 1998년 6월에 졸업했을 것이다. 당시 우리나라 금융시스템이 붕괴되고 모든 금융권 채용이 올 스톱된 상태였기 때문에 신한투자신탁과 같은 좋은 회사에 입사할 수 없었을 거다. 그리고 만약 졸업식을 앞두고 미국에서 지원했던 FRB(미연방준비은행)에 최종 합격했다면 필자는 '동학개미의 스승'이라는 명예 역시 얻지 못했을 거다. 인생에 이런 실패의 경험이 전화위복이 된 경우는 너무나 많아서 책 한 권 적어도 모자랄 정도다. 그래서 내가 도전한 일에 실패했다고, 내가 원하는 결과가 나오지 않았다고, 또 내 마음대로 일이 되지 않는다고 절대 좌절할 필요가 없다. 천재 작곡가 볼프강 아마데우스 모차르트가 궁핍한 생활을 하지 않았다면 그의 위대한 작품들 절반은 아마 탄생하지 못했을 거다.

필자가 멘탈mental이 강한 이유는 딱 하나다. "어떤 시련이 닥쳐도 이것이 나중에 새옹지마가 되어 좋은 일이 될 수 있다"라는 긍정적인 생각을 하고, 또 "지금 당장의 성공이나 성취도 그것이 나쁜 결과를 가져 올 수도 있다"라는 생각을 하면서 교만해지지 않는다. 특히 변동성이 심한 주식시장에 근무하면서 매일, 매주, 매달, 매년 투자성과로 일희일비하는 시황산업에 종사하기에 '세상만사 새옹지마世上萬

事 塞翁之馬'라는 이 고사성어를 늘 내 마음속에 담아두고 살고 있다.

두 번째, 열등감을 갖고 겸손한 마음으로 살아야 한다. 주식시장은 거대한 자연과 같다. 에베레스트산처럼 높고, 그랜드 캐니언 협곡처럼 깊다. 평화롭고 잔잔한 바다였다가 집채만 한 파도를 동반하며 폭풍우가 몰아치는 성난 바다가 되기도 한다. 어릴 적 뒷동산에 올라갔다가 길을 헤맨 적이 있는데, 그때 아버지께서 하신 말씀이 "자연 앞에서는 항상 겸손해야 한다"였다. "주식시장이 무슨 자연이야? 사람들이 만들어 놓은 주식매매 시스템일 뿐인데…"라고 반박하는 사람도 있을 수 있다. 하지만 하늘에 날아다니는 새, 아프리카의 세렝게티 초원을 질주하는 거대한 누우 떼, 썰물과 밀물을 만들어내는 달의 인력뿐만 아니라 80억 인구가 만들어 내는 크고 작은 경제 현상도 자연의 일부이고 그런 경제 현상과 맞물려 돌아가는 주식, 채권, 외환, 통화, 상품 시장도 모두 자연의 일부다. 고대 그리스의 철학자 중에는 자연과학 분야의 천재들이 많았다는 점을 생각해 볼 필요가 있다. 인간과 자연을 분리해서 생각하면 안 된다. 특히 인간의 집단행동 현상은 자연의 법칙을 많이 따른다는 점을 투자자들은 명심해야 한다. 질량을 가진 것은 서로 당기는 성질이 있다는 만유인력의 법칙을 비롯하여, 관성의 법칙, 가속도의 법칙, 작용 반작용, 피보나치 수열, 동물적 위험회피 본능, 짝짓기 본능, 군집 본능 등 이 모든 자연의 법칙이 다 작동하고 있는 곳이 주식시장이라는 점을 반드시 명심해야 한다.

다시 말해 주식투자로 성공하는 것은 아주 어렵고 힘든 일이다. 주식시장이라는 거대한 자연 속에서 위험한 사냥을 해야 하고, 힘들게 농사를 짓거나 가축을 길러야 먹고 살 수 있는 곳이다. 총을 제대로 사용하는 방법도 모르면서 멧돼지를 잡으려고 하고, 모내기 시점도 모르면서 벼농사를 지으려 덤벼들면 결과는 뻔하다. 낚시꾼이 물 때를 알아야 하고, 적당한 미끼를 써야 하는 것처럼 주식투자 역시 어느 시점에 어떤 고기가 잘 잡힌다 정도의 촉과 감이 생겨야 돈을 벌 수 있는 '주식꾼'이 될 수 있다. 그리고 배를 띄울 때는 항상 폭풍우를 걱정하며 날씨를 체크해야 하고 또 심상치 않은 바람의 변화에 언제든지 낚시를 접고 철수할 수 있는 '노련함'이 필요하다. 그러기 위해서는 늘 묻고 또 물어야 한다. 주식투자 10년을 했든, 20년을 했든 상관없다. 에베레스트산의 날씨보다 더 변화무쌍한 곳이 주식시장이다. 철석같이 믿고 있는 투자철학이나 원칙 몇 가지로 이 험난한 주식시장에서 편안하게 경제적 자유를 얻을 수 있을 거라는 생각은 에베레스트산을 나홀로 등반하는 것만큼이나 위험하다. 당신의 투자 경력과 아무 상관없이….

노련한 등반대장이나 베테랑 선장은 모두 기본기에 충실하다는 점을 명심할 필요가 있다. 자신들이 도전하는 산과 바다가 얼마나 무서운 곳인지 알기 때문에 어떤 산을 오르든, 어떤 바다에 나가든 그들은 과욕을 부리지 않고 기본을 지킨다. 투자도 마찬가지로 주식시장 앞에서 겸손해야 한다. 투자 의사결정을 할 때마다 주식시장 아이큐는 20,000, 내 아이큐는 80이라는 생각을 하면 겸손해진다. 반면 전문적 지식과 명석한 논리를 뽐내며 '주식시장이 비이성적이다, 시장이

미쳤다'는 표현을 자주 쓰는 사람들을 보면 안타까운 마음이 든다. 왜냐하면 그렇게 주식시장에 맞서다 보면 큰 부상을 당하기 때문이다. 2020년 코로나19 때 큰돈을 잃은 사람은 스스로를 주식 어린이(주린이)라고 얘기한 초보투자자들이 아니라, 왜 지금의 주가 랠리가 비이성적인지를 난해한 병리학적 해석과 해박한 경제 지식으로 비난했던 '주식 전문가'들이었음을 기억해야 한다. 주식시장에서 나를 슬럼프에 빠지게 만드는 가장 큰 원인은 '교만'이며, 나를 슬럼프에서 끄집어 내줄 수 있는 구세주의 이름은 '겸손'이라는 점을 명심하자.

세 번째, 절대 남 탓하지 않는다. 그리고 '실패는 성공의 어머니'라는 말을 많이 한다. 실패의 경험이 성공의 자산이 되기 위해서는 '냉정한 자기 반성'이 반드시 필요하다. 우리가 속해 있는 조직이나 공동체에서 늘 불평불만이 많고 남을 험담하고 비난하는 것이 일상생활화가 되어 있는 사람치고 성공한 사람은 없다. 작년 2020년 500명이 넘는 개인투자자들에게 무료 상담을 진행했었는데 그 중 30% 정도는 한 시간 내내 '누구 때문에 부동산도 못 샀고요. 누구 때문에 주식투자도 실패했어. 누구 때문에 하려다 못 했고요'라는 말만 했다. 그 분들 말씀에는 '자기반성'은 없고, '비난'과 '후회'만 가득했다. 그런 분들과 대화를 나누다 보면 '박세익'도 나중에 비난의 대상이 되겠구나 하는 생각이 든다.

성공하는 사람의 인생은 수많은 도전과 실패에서 얻은 경험을 반성이라는 자기 성찰 과정을 통해 나의 실력과 인격이라는 자산을 만들어 가는 과정이라고 생각한다. 위에서 언급했듯이 필자는 학창시절이나 사회에서 자랑스럽게 얘기할 만한 성공담 하나 없는 사람이다. 다만 청년 시절 부모님의 농담 반 진담 반 충고처럼 "누가 좀 말려라. 세익이는 왜 저렇게 일 벌이는 것을 좋아하나?"라고 하실 정도로 '새로운 도전'을 누구보다 무모하게 많이 해 본 사람이다.

대학교 2학년 때는 배낭 하나 메고 베를린 장벽이 무너지며 어수선했던 독일을 포함한 유럽 9개 국가를 한 달 동안 대부분 노숙하면서 여행한 적 있다. 돈 아낀다고 만년설이 덮여 있는 스위스의 융프라우Jungfrau산을 걸어서 올라가려다가 낭떠러지 앞에서 생명의 위협을 느끼고 다시 기어 내려오기도 했고, 미국에서 어학연수를 마치고 귀국하기 전에는 군대를 막 제대하고 미국으로 건너온 형과 단 둘이 렌터카 빌려서 3주 동안 16,000km에 달하는 미국 자동차 일주를 하기도 했었다. 당시 자동차에서 먹고 자기 위해 트렁크에 침낭이랑 라면 끓여 먹을 버너랑 죽도竹刀 하나 넣고 다녔는데, 깜깜한 고속도로 휴게소Rest Area에서 주로 먹고 자고 하면서 큰 사고 한번 없이 여행을 했던 게 지금 생각해보면 신기할 정도다.

증권업계 사람들과 비교해봐도 필자는 무모한 사람 축에 속한다. 우리나라에 도입되기도 전에 '주가지수선물(파생상품의 일종)'을 공부했고, 위험하다는 '선물/옵션 트레이딩'도 이 업계에서 누구보다 빨리 시작했다. 부동산투자, 벤처기업투자뿐 아니라 외식업에도 겁없이 투자를 많이 해봤다. 첫 옵션 투자에서는 당시 연봉의 1.5배를 석 달 만에 날리고, 외식업투자는 후배의 충고대로 1원 하나 건지지 못하고 강북의 20평 대 아파트 한 채 값을 전부 날려 버렸다. 그럴 때마다 투자 실패를 남의 탓으로 돌린 적은 한 번도 없다. 대신 두 번 실수하는 것을 아주 싫어하기 때문에 냉정하고 객관적인 원인 분석과 향후 대응 매뉴얼을 만들어 놓는다. 예를 들면, 옵션 투자 실패에서 얻은 교훈을 바탕으로 다음과 같은 옵션투자 매뉴얼을 만들었는데, '옵션의 시간 가치와 변동성을 이해하고 시장 상황에 가장 유리한 전략 포지션을 구축하되, 변동성이 심한 만기 주에는 모든 포지션을 청산하고 쉰다'와 같은 원칙이었다. 그리고 외식업투자 실패의 경험을 통해서는 '내가 잘 모르는 비즈니스, 내가 컨트롤 할 수 없는 비즈니스, 내가 원할 때 유동화시키기 어려운 투자자산에는 투자하지 말라'는 원칙을 만들게 되었다. 이러한 원칙 설정이 똑같은 실수를 되풀이하지 않게 하는 든든한 투자 노하우가 되었다고 생각한다. 자기반성 없는 실패는 자산이 되지 못한다. 똑같은 실패를 반복하게 만드는 나의 약점을 파악하고, 거기에 맞는 대응 원칙을 세우는 것이 현명한 투자자의 자세다.

> **"**
>
> 내가 인생에서 이룩한 성공은 아는 것보다는 알지 못하는 것에 어떻게 대응해야 하는가를 이해하는 것에서 비롯되었다. 내가 배운 가장 중요한 것은…
> 원칙에 근거한 인생에 대한 접근법이다.
>
> ─ 「원칙 PRINCIPLES Principles」 (레이 달리오Ray Dalio 저, 한빛비즈)
>
> **"**

2장

실패가 주는 선물

실패를 두려워해서 도전하지 않는 사람 중에 성공하는 사람은 없다. 알리바바 창업주 마윈은 이렇게 말했다. "게으른 자는 자유를 주면 함정이라 하고 작은 비즈니스를 얘기하면 돈이 안 된다고 하고 큰 비즈니스를 얘기하면 돈이 없다고 한다. 새로운 것을 시도하자고 하면 경험이 없다 하고, 정통적인 비즈니스라고 하면 어렵다고 하고 새로운 사업을 시작하자고 하면 전문가가 없다고 한다. 그들은 대학교수보다 더 많은 생각을 하지만, 장님보다 적은 일을 한다. 그들의 인생은 기다리다가 끝이 난다."

필자는 스스로를 '무대뽀(막무가내) 정신 하나로 이것저것 많은 경험과 실패를 거듭하면서 배운 노하우를 코로나19 위기에 유튜브라는 지식 플랫폼을 통해 전파하다가 반짝스타가 된 사람'이라고 생각한다. 수많은 투자 고수들 앞에서 필자의 얄팍한 지식을 그동안 방송을 통해 얘기한 것 자체도 참 무모한 행위였다고 생각된다.

인생에 있어서 큰 실패를 경험한 분들이나, 투자에 있어서 슬럼프를 겪고 좌절하신 분들은 본인들의 경험이 얼마나 소중한 자산인지를 알아야 한다. 필자 주변의 위대한 슈퍼개미들은 대부분 여러 번의 큰 실패와 좌절을 맛본 사람들이다. 반지하까지 내몰렸다가 몇백억의 자산가가 된 사람들이 많다. 영화에서나 나올 법한 얘기지만 사실이다. 그들은 실패하면 인생이 망가질 수도 있는 과감한 '리스크 테이킹Risk Taking'을 여러 번 해봤기 때문에 큰 실패도 겪고 또 성공하는 투자의 방정식도 발견해낸 사람들이다. 그들은 그렇게 피를 흘리며 비싼 수업료를 냈고, 또 그렇게 자기 실패의 경험을 통해 황금 캐는 방법을 찾은 것이다. 그래서 실패했다고 슬럼프에 빠졌다고 절대 포기해서는 안 된다. 터진 만큼 배우게 된다. '실패를 겸허히 받아들이고, 복기하고, 반성하고, 비슷한 케이스에 대한 올바른 대응 원칙을 세우고 그것을 내 몸에 익히는 것'이 슬럼프 극복을 위한 최고의 처방이다.

"

깨달음이란 성공보다 실패나 실수에서 오는 경우가 훨씬 많다. 실패와 실수란 게 자기의 못난 모습을 자각하게 되는 거라 그렇다. 실패해 놓고 남에게 책임을 전가한다거나 조건을 탓하면 실패와 실수가 주는 선물을 걷어차는 것이다. 교과서 같은 말을 해서 죄송하지만, 다르게 설명할 방법이 없다. 필자는 절대 남 탓하지 않는다. 자신의 열등감을 정면으로 바라본다는 건… 고통스럽고 힘들다. 그러나 그것만큼 내일來日을 성실하게 만드는 건 없다.

왕성한 에너지를 가진 모든 사람의 시작은 열등의식의 반작용이다. 나 역시 마찬가지다. 내세울 것 없는 초라한 젊은이였다. 눈앞에 닥친 과제가 있으면 그 과제를 성실함을 넘어서 과도하게 밀어붙여 온 고단한 인생의 연속이다. 내가 열등하다는 자각 때문에 부족한 지식, 경험, 안목 등을 주변의 말을 경청해 채우려 노력했다. 그러다 보니 얼떨결에 '스타 감독' 타이틀을 부여 받은 거다. ― 이준익, 영화감독

"

3장

투자는 예술이다

주식투자 격언 중에 '사는 것은 과학이고, 파는 것은 예술이다'라는 말이 있다. 주식투자의 본질을 정확히 얘기해 주는 말이라 생각된다. 주식을 살 때는 그 기업의 적정한 현재가치를 평가해보고, 또 그 기업이 처해 있는 경제 상황과 경쟁구도, 제품수명주기 등 기업의 미래 가치에 영향을 줄 수 있는 여러 가지 항목들을 분석해서 그 기업에 대한 적정 기업가치를 평가Valuation한 후 합리적인 가격에 주식을 사라는 얘기다. 그리고 '파는 것은 예술이다'라고 하는데, 이 말인즉 '주식은 이성적으로 사서, 예술적으로 팔라'는 뜻이다. 그런데 예술적으로 판다는 말이 무엇인가? 예술藝術적으로! 너무 광범위하고 모호하지 않은가?

일단, 예술의 정의를 검색 포털사이트에서 찾아보았다.

예술 [art , 藝術]

미적美的 작품을 형성시키는 인간의 창조 활동. [네이버 지식백과]

원래는 기술과 같은 의미를 지닌 어휘로써, 어떤 물건을 제작하는 기술 능력을 가리켰다. 예술이라는 한자에서 '예藝'에는 본디 '심는다種·樹·數'는 뜻이 있으며, 따라서 그것은 기능機能, 기술技術을 의미하며 고대 동양에서 사대부가 필수적으로 갖춰야 했다. 육예六藝: 禮·樂·射·御·書·數에서의 '예'는 인간적 결실을 얻기 위하여 필요한 기초 교양의 씨를 뿌리고 인격의 꽃을 피우는 수단으로 여겼던 만큼 거기에는 인격도야의 의의도 있다.

그리고 '술術'은 본디 '나라 안의 길邑中道'을 의미하며, 이 '길道途'은 어떤 곤란한 과제를 능숙하게 해결할 수 있는 실행방도實行方途로서 역시 '기술'을 의미하는 말이다. 이와 같은 뜻을 지닌 '예술'이라는 말은 고대부터 동양에 존재했으며, 《후한서後漢書》〈안제기安帝紀〉에 이미 '백가예술百家藝術'이라는 기록이 나타난다.

한편 예술에 해당하는 그리스어 테크네techné, 라틴어 아르스Ars, 영어 아트Art, 독일어 쿤스트Kunst, 프랑스어 아르Art 등도 일반적으로 일정한 과제를 해결해낼 수 있는 숙련된 능력 또는 활동으로서의 '기술'을 의미했던 말로서, 오늘날 미적美的 의미에서의 예술이라는 뜻과 함께 '수공手工' 또는 '효용적 기술'의 의미를 포괄한 말이었다. 이러한 기술로서의 예술의 의미가 예술활동의 특수성 때문에 미적 의미로 한정되어 기술 일반과 예술을 구별해서 '미적 기술Fine art'이라는 뜻을 지니게 된 것은 18세기에 이르러서다.

출처 : 두산백과

위 사전의 내용뿐 아니라 예술에 관한 이런 저런 조사를 해 본 결과, 필자는 예술을 '아름다움을 만들어내는 기술'이라고 요약할 수 있었다. 기술은 말 그대로 테크닉이다. 그런데 그냥 테크닉이 아니라 우리가 감탄할 수 있는 기술이어야 예술이라고 말한다. 프로 골퍼 타이거 우즈가 전성기 때 보여줬던 진기명기한 샷과 축구선수 리오넬 메시의 환상적인 드리블 기술을 보면서 우리는 "정말 예술이다"라고 환호했다. 올림픽 결승전에서 보여줬던 우리나라 양궁 선수들의 양궁 실력이나 국기원 소속 태권도 시범단들이 보여주는 묘기에 가까운 발차기 등도 모두 예술이라고 평가한다. 그래서 아마 예체능은 입시 때도 그렇고, 방송에서도 함께 분류되는 듯하다. 일반인들이 하기 어려운 능력을 갈고닦고 창조적인 작품을 만들어 내는 사람들이 예술인이고 또 체육인들인 것이다.

그렇다면 다시 본론으로 돌아가서 '주식을 사는 것은 과학이고, 파는 것은 예술이다'라는 말은 주식은 이것저것 열심히 공부해서 합리적으로 사고, 팔 때는 어려운 기술을 이용하여 팔아야 한다는 뜻으로 풀어 쓸 수가 있다. 그리고 이 말에는 주식을 파는 것은 조성진 피아니스트가 세르게이 라흐마니노프의 〈피아노 협주곡 제 2번〉을 연주하는 것처럼, 성악가 조수미가 부르는 모차르트의 마술피리 〈밤의 여왕 아리아〉처럼, 바티칸의 성 베드로 대성전에 보관되어 있는 미켈란젤로의 〈피에타〉 조각처럼 일반인들이 흉내내기에는 아주 어려운 것이다라는 뜻이 내포되어 있다.

필자는 '주식은 사는 것도 예술이고, 파는 것도 예술이다'라고 말하고 싶다. 주식을 살 때 기업의 펀드맨탈 분석을 많이 해야 하기 때문에 '사는 것은 과학'이라는 말을 사용했다고 하더라도 팔 때 역시 지금 이 가격이 기업의 내재 가치 대비 상당히 고평가 되어 있는지 아닌지를 분석을 하고 팔아야 한다. 그래서 어찌보면 주식을 사고 팔때 펀드맨탈 분석은 당연한 거다. 수많은 투자자들이 2020년 코로나19 위기 때나, 2008년 금융위기 때 과연 과학적 분석으로 쉽게 주식을 살 수 있었나 생각해보면 '사는 것도 예술'이어야 한다는 점에 아마 동의하실 거라 본다. 즉, 사는 것도 아주 어렵다는 뜻이다.

코로나19 위기 때 국내외 우량한 기업들의 주식이 대바겐세일을 하고 있을 때 초보투자자뿐만 아니라, 증권업계에 오래 종사한 전문가들조차도 '저가 매도' '인버스 투자' '곱버스 투자' '주식팔고 안전자산으로 도피' 등 많은 투자 실수를 했다. 보통주 주식평가모형, 현금할인모형(DCF), 자본자산가격결정모형(CAPM), SWOT(Strength, Weakness, Opportunity, Threat) 분석 등과 같은 과학적 투자분석법에 능통한 투자전문가들이 2008년 금융위기 후 12년 만에 도래한 '우량주식 대바겐세일'의 매수 기회를 제대로 대응하지 못한 것이다. 단언컨대, 주식을 사는 것도 분명 예술이다.

21세기에 들어와서 주식시장에는 '금융공학financial engineering'이라는 단어가 유행하기 시작했고, 각종 알고리즘을 바탕으로 한 AIArtificial Intelligence 투자시스템이 개발되었다. 그리고 또 이런 알고리즘을 이용한 시스템 펀드뿐만 아니라, 펀드매니저의 주관적 판단을 완전히 제거하고 벤치마크 지수를 일방적으로 추종하는 패시브 펀드Passive Fund

들이 우후죽순처럼 생겨났다. 이런 기계에 대한 의존도가 높아진 펀드들이 템플턴운용, 피델리티자산운용 등이 주도해온 액티브Active 뮤추얼 펀드Mutual Fund 시장을 빠르게 잠식하고 있다. 이렇게 피터 린치와 같은 유명한 펀드매니저들이 운용하는 액티브 펀드에서 기계군단들이 운용하는 시스템 펀드로 자산운용업계의 패러다임이 바뀌는 이유는 '액티브 펀드의 수익률 부진'이 주요 원인이다. 통계자료를 보면 최근 10년 동안 벤치마크를 이기는 펀드는 20%도 안 된다. 미국 시장이나 한국시장이나 다를 바가 없다. 1977~1990년 동안 마젤란 펀드를 운용하면서 연평균 29.2%의 경이적인 수익률을 기록한 피터 린치 같은 스타 매니저들이 점점 사라지고 시장을 이기는 펀드의 숫자가 계속 줄어들면서 실망한 투자자들은 '최소한 시장은 쫓아가는 ETF'로 눈을 돌리고 있다. 마치 알파고를 이기는 인간계 바둑기사가 점점 사라지는 느낌을 받는다.

이렇게 주식투자는 갈수록 어려워지고 있다. 오랫동안 주식시장에 종사한 전문가들을 바보로 만들고 집으로 돌려보내고 있다. 우수한 성적으로 좋은 학교를 졸업하고 각종 투자이론을 줄줄 외우면서, 한국의 워런 버핏과 피터 린치를 꿈꾸던 수재들이 부진한 수익률로 좌절하고 이 업계를 쓸쓸히 떠나고 있다. 정신병을 얻고 고생한 매니저들뿐만 아니라 과도한 스트레스로 운명을 달리한 분들도 있었다.

주식바닥뿐만 아니라 일등 그룹Top tier에 속하지 못하면 형편없는 보수를 받는 예체능 분야에서도 비슷한 일들이 발생한다. 모든 피겨 스케이트 선수가 김연아가 되지 못하고, 모든 축구 선수가 박지성이 되지는 못 한다. 많은 예술인과 체육인들이 정상을 향해 도전하지만 실패 후 좌절하고 업계를 떠난다. 주식투자도 마찬가지다. 상위 5%를 꾸준히 유지한다는 것이 몹시 어려운 분야다. 심지어 경쟁자도 너무 많다. 국내 프로야구, 프로축구, 프로농구 등은 외국인 선수를 제한하는 '외국인 쿼터제도*'라도 있지 않은가? 주식시장은 무한 경쟁이다. 몇백조도 아니고, 몇경의 투자금이 국경을 넘나들면서 '수익률 게임'을 하고 있다. 뛰어난 선수 외에도 영화 속에 나올 법한 기계군단들

* 어떤 제한을 할 때 특정부문, 집단, 개인에 대해 주어지는 할당.

이 인간의 수익을 파괴시키기 위해 주식바닥에 침투하고 있고, 국내 시장에서도 벌써 작동하고 있다. 이것이 바로 우리가 경제적 자유를 얻고자, 또는 노후를 대비하기 위해 기웃거리고 있는 주식시장의 실체다. 최근 주식을 시작했다고 하는 '주린이'들은 이렇게 무시무시한 시장에 발을 들여 놓은 거다.

최근 FED의 유동성 공급정책으로 자산시장이 급등했다. 부동산, 주식, 원자재뿐만 아니라 가상화폐 시장까지 초강세 현상을 보이며 용감하게 뛰어든 투자자들에게는 달콤한 수익을 맛보게 해 주었다. 솔직히 과학적 분석도 필요 없다. 늘 그렇지만, 강세장에서는 각 시장의 주도주만 용감하게 올라타면 된다. '뛰는 말에 올라타라'는 말처럼 뛰고 있는 말에 용감하게 올라탄 사람은 이번 강세장에서 짭짤한 수익을 맛보았을 것이다. 얼마 전 모임에서 친한 지인이 승마 얘기를 꺼냈다. 승마하면서 어디 한번 안 부러진 사람 없을 거라고 말이다. 대부분의 스포츠가 다 그렇지만, 아주 초보자일 때는 잘 안 다

친다. 왜냐하면 처음에는 다들 조심하니까. 그러나 대부분의 큰 사고는 어설프게 '아, 이제 말 타는 법을 대충 알겠어.' '이거 몇 번 타 보니까 별거 아니네.' '나도 1년 이상 탔어. 괜찮아.' 하는 수준에서 발생한다.

주식투자도 마찬가지다. 부동산과는 달리 '변동성이 큰 자산'이라 부상을 당할 위험이 크다. 예를 들어 초보자가 스키를 타면 스피드를 내는 건 쉽다. 심지어 선수보다 더 빨리 갈 수도 있다. 단지, 멈추지 못해서 사고가 난다. 스키 엣지를 이용한 제동방법을 모르고 '상급코스'를 올라가는 스키 초보자를 상상해 보라. 평평한 초급자 코스는 부상위험은 낮지만, 재미가 없다. 그렇다고 산이 높고 급경사가 심한 상급 코스에 가면 초보자들의 부상은 치명적이다.

주식투자 역시 강세장에서는 리프트를 타고 눈 덮인 슬로프를 감상하며 정상으로 올라가는 것이다. 이때는 초보자나 전문가나 별 차별화가 안 된다. "뭐야. 나도 60% 수익을 냈는데, 펀드매니저들은 몇백 퍼센트 수익 낼 줄 알았는데 별 차이 없네"라고 생각하는 사람들도 많을 거다. 문제는 리프트에 내려서 스키를 타고 내려올 때다. 슬로프가 가파를수록, 울퉁불퉁한 모글Mogul이 많을수록 초보자들에게는 스키가 고역이 되고 위험해진다. 주식시장은 변덕이 심한 곳이고 예측이 어려운 시장이다. 언제 하락장이 시작되는지, 언제 변동성이 심해지는지 친절하게 알려 주지 않는다. 그러니 내 실력이 안 되면 상급자 코스는 피하는 것이 최선의 방법이다.

스포츠든 예술이든 그 분야의 전문가일수록 기본에 충실하고 신중하다. 그들은 초중급자일 때 겪었던 경험을 바탕으로 '리스크'를 경고하고 '기본'을 강조한다. 조기 축구를 가봐도 '선수 출신'들은 반드시 몸을 제대로 풀고 경기를 뛰는데, 실력이 미천한 사람일수록 몸도 안 풀고 경기만 뛰려고 안달이다. 대가들일수록 모든 경기에 신중하고 기본 원칙을 철저하게 지키며 경기에 임한다는 것을 명심해야 한다.

성공한 투자자가 되어 경제적 자유를 누리고 노후를 준비하는 것은 우연히 되는 것이 아니다. 투자로 경제적 자유를 얻는 실력이 되려면, 투자 관련서 몇 권 읽고 유튜브 몇 달 보는 수준이 아니라 예술의 경지에 이르러야 투자로 먹고 사는 실력이 된다. 아이작 뉴턴 같은 천재도 실패한 곳이 바로 주식시장이다. 투자의 베테랑들이 잠깐 방심하면 10년 모아온 재산을 한방에 날려 먹는 곳이 주식시장이다. 필자가 이 업계에 일하면서 26년 동안 여러 가지 투자의 원칙과 방법을 적어 놓았는데 "내가 주식시장에서 투자의 귀재가 되었다고 생각되는 순간이 늘 상투였다"라는 구절이 있었다. 주식투자에 성공하고 싶다면, 이 구절을 깊이 새겨두었으면 한다.

코로나19 위기 이후 강세장에서 돈을 벌었다고 교만해지면 안 된다. 투자를 함에 있어서는 늘 겸허한 마음으로 꾸준히 배우고 공부하고 투자 실력을 쌓아가야 한다. 모든 분야의 대가들은 공통점이 있다. 철저한 자기관리 속에 초심을 잃지 않고 엄청난 집중과 노력을 했다는 점이다. 국보 센터 농구 선수 서장훈이 청년들을 위한 강의에서 이런 말을 한 것이 기억난다.

"뭐? 즐기면서 하면 성공한다고? 나는 즐기면서 경기한 적이 한 번도 없다. 모든 경기를 이기려고 악착같이 했고, 경기에 이기고 온 날도 경기 비디오를 다시 분석하면서 내가 왜 그렇게 밖에 못했나 자책하면서 또 연습했다. 난 정말 힘들게 운동을 했다. 즐기면서 설렁설렁하면 절대 성공 못 한다." 서장훈 선수뿐이겠는가? 김연아, 박지성, 박태환, 박찬호, 조성진 등 예체능계 대가들의 공통된 성공 방정식은 '성공에 대한 긍정적 상상 속에 피나는 노력을 꾸준히 하는 것'이라고 생각한다.

이 책을 읽는 독자들 중에 이번 강세장에 짭짤한 수익을 기록하면서 '아, 이제서야 주식투자가 뭔지 알겠어'라는 생각을 하는 투자자가 있을 것이다. 죄송한 얘기지만 "주식투자는 이제부터 정말 조심하셔야 됩니다"라고 충고해드리고 싶다. 왜? 돈은 시장이 벌게 해 준 거지 여러분의 실력으로 번 것이 아니기 때문이다. 필자 역시 이번 반등장에 고객들에게 좋은 수익을 안겨 줄 수 있었던 것은 필자의 실력보다 경제 위기 직후에 늘 반복된 급반등장이 있었기 때문이며, 또한 필자 곁에 있는 훌륭한 팀원들이 급변하는 주식시장에서 주도주 발굴과 매매를 잘 해주었기 때문이다.

코로나19 위기 직후 1년 만에 코스피가 1,430에서 3,250까지 급반등하는 이런 강세장이 없었다면, 절대 1년 은행이자의 60배나 되는 수익을 벌지 못했을 거다.

필자는 세계 최강의 수비수들을 다 뚫고 골을 넣는 축수 선수 리오닐 메시처럼 조정장에서도 수익을 내고, 하락장에서도 수익을 낼 수 있는 그런 '신의 영역'의 선수가 아니다. 필자는 시장분석에 특기가 있는 투자자일 뿐이다. 그리고, 2020년 코로나19 위기와 같은 '특정 이벤트에 의한 약세장'은 필자가 가장 좋아하는 '급락 후 급등하는 패턴'을 가진 시장이었기에 마치 수학경시대회에서 아는 문제를 푸는 느낌이었다. 하지만, 코스피 지수가 3,200 포인트를 넘어가고, S&P500지수가 4,400 포인트를 넘나드는 지금 시점에서는 시장분석이 너무 어렵다. 필자가 예측할 수 없는 영역으로 시장은 이미 들어섰다.

그래서 '갓세익'이라는 애칭은 필자에게 어울리지 않다. 필자는 투자자로서는 앞서 언급한 대한민국의 위대한 체육인이나 예술가와는 비교도 안 되는 평범한 펀드매니저 중 한 사람일 뿐이다. 필자는 그냥 대한민국 개인투자자들의 주식교사로 호칭되는 것만도 너무나 감사하다.

"

인생은 짧고, 예술은 길며, 기회는 순식간에 지나가고, 경험은 유동적이며, 판단은 어렵다. — 히포크라테스Hippocrates, 서양의학의 선구자

"

4장

투자자의 자화상

1999년 11월에 유학을 마치고 한국에 들어와서 신한투자신탁운용(현 신한자산운용) 주식팀으로 입사했다. 유학을 가기 전에 2년 반 동안 투자자문사에서 애널리스트를 했기 때문에 대리 직책으로 업무를 시작했다. 그리고 이듬해 2000년 5월 펀드매니저 자격시험에 해당하는 '운용전문인력' 시험에 합격을 하고 난 후 본격적으로 펀드매니저 생활을 시작하게 되었다. 그때 훗날 나의 재테크 스승 역할을 해 준 외국계 은행 외환딜러인 친한 형님은 필자에게 이런 충고를 해 주었다.

"세익아. 큰돈 굴리는 펀드매니저 하다 보면 영혼이 타락할 수가 있다. 법인 영업하는 세일즈맨들이 맨날 펀드매니저한테 전화하고 접대하고 간, 쓸개 다 줄 것처럼 비위 맞춰주다 보면 사람이 교만해진다. 그리고 매일같이 돈을 다루는 일을 하다 보면 사람의 가치관이 돈이 기준이 되고, 그러면 사람이 망가진다. 너는 절대 그렇게 되지 마라."

그 형님에게 충고도 듣고 자문도 받으면서 생애 첫 집을 사게 되었고, 그 외에도 파생상품에 관한 매매, 장외투자 방법, 트레이딩과 리스크 관리 방법 등 많은 것을 배웠다. 하지만 필자에게 가장 소중한 가르침은 바로 위에서 얘기한 '영혼 관리'에 대한 충고였다. 그 충고를 지금도 마음속에 새겨놓고 직원들뿐만 아니라 상담해 주는 투자자들에게도 강조한다.

필자는 운이 좋게도 이런 충고를 해 줄 수 있는 투자 고수들과 호형호제하며 지낼 수 있었는데, 신한투자신탁운용에서도 좋은 보스를 만났었다. 신한투자신탁운용에 입사하는 날에 필자와 같이 주식팀으로 입사했던 P팀장님은 실력과 인품이 정말 뛰어난 여의도 최고의 펀드매니저였다. 아직도 기억나는 것은 2001년 지수 500 포인트 근처에서 집행되었던 한 연기금 펀드의 수익률이 계속 부진을 면치 못해서 자금 회수 조치를 당하게 될 상황이 되자, 당시 CIO(운용책임자, Chief Investment Officer)가 펀드 담당자를 P팀장님으로 급히 바꿨었다. 그리고 P팀장님이 펀드를 맡고 나서 3개월 만에 펀드수익률은 총 20개 회사 중 2등을 기록하면서 자금 회수 조치를 모면할 수 있었다. 당시 필자가 P팀장님의 매매에 대한 트레이더 역할을 했기 때문에 그때 팀장님이 어떤 시장 상황에서 어떤 매매를 하셨는지 기억이 생생하다. 20년이 지난 지금 필자가 만약 그 펀드를 맡았다고 상상을 해봐도 2001년과 같은 박스권 횡보장에서 그런 탁월한 수익률을 단기간에 올릴 자신은 없다. 지금도 필자가 아는 전·현직 여의도 매니저 중에서는 P팀장님이 최고 고수라고 생각한다.

그런데 이렇게 탁월한 실력에도 불구하고 P팀장님은 특이한 점이 있었다. 우리 주식팀을 출입하는 증권사 법인영업 세일즈맨(통상 '법인 브로커'라고 호칭한다)들에 대한 태도였는데, 기관 고객을 상대하는 증권사 브로커들이 최근 발간된 애널리스트 리포트 자료를 들고 와서 인사를 하면 P팀장님은 지체 없이 그 자리에서 벌떡 일어나 70도로 인사를 하고 두 손으로 공손히 그 자료를 받는 것이었다. 그리고 브로커들이 자료에 대한 내용을 설명하면, P팀장님은 마치 선생님에게 훈계를 듣는 학생처럼 바른 자세로 고개를 끄덕이면서 10분이든 20분이든 얘기를 들으셨다. 한 번은 우리 팀원 중 한 명이 "팀장님! 저희는 팀장님이 야단맞고 계시는 줄 알았어요. 바쁘실 텐데 얘기 좀 끊으시지, 그걸 왜 긴 시간 동안 서서 다 듣고 계세요?"라고 불만을 얘기한 적도 있을 정도였다.

필자는 당시 P팀장님을 본받아 지금도 증권사 법인 영업하시는 분들이 찾아오면 항상 일어나서 자료를 받는다. 이런 태도가 펀드 운용을 하는 것과 무슨 상관이 있냐 싶겠지만, 이런 자세를 견지하는 이유는 주식시장은 교만한 자의 무덤이기 때문이다. 큰 자금을 운용하는 펀드매니저가 되면 매매 주문을 받기 위해 50개가 넘는 증권사의 브로커들이 매일 전화를 하거나 찾아온다. 그리고 증권사 리서치 애널리스트들은 해당 섹터의 '베스트 애널리스트'가 되기 위해 투표권을 많이 갖고 있는 큰 운용사 펀드매니저들에게 자료가 나올 때마다 따끈따끈한 리포트의 내용을 전해주기 위해 전화를 하거나 세미나를 제안한다. 이런 대접 받는 생활을 몇 년, 몇십 년 하다 보면 펀드매니 저들은 교만한 마음이 들지 않을 수가 없다. 필자 역시 이런 고급 정보들을 매일같이 쉽게 전해 듣다 보면, 치열한 경쟁에서 살아남기 위해 수십 시간을 준비해서 만든 애널리스트들의 리포트를 아침 신문에 끼워져 있는 식당 광고 찌라시 보듯이 책상에 툭 던져 놓든가, 이런 리포트를 정성껏 요약해서 얘기해 주는 브로커들의 모닝콜을 '보험 가입을 권유하는 스팸 전화' 받듯이 귀찮아할 때가 있다. 이렇게 교만이 자라나는 것을 방지하기 위해서라도 필자는 P팀장님에게 배운 '일어나서 자료 받기'를 지금도 실천한다. 그동안 많은 사람들을 만났지만, P팀장님은 필자가 주식시장에서 살아남기 위한 가장 큰 덕목을 몸소 가르쳐 주신 분이다.

"팀장님, 정말 존경하고 감사드립니다. 팀장님이 어디서 무엇을 하시든 저에게는 팀장님이 여의도 최고의 승부사셨고 저의 영원한 스승이십니다."

(이 글을 쓰면서 생각해보니 요즘은 70도 인사를 잘 안 하고 있는 듯하다. 고개를 푹 숙이고 인사하는 문화가 좀 없어져서 그런 건지, 출입하는 브로커나 애널리스트들의 나이가 이제 다 나보다 어려서 그런 건지, 아니면 내 마음이 교만해져서 안 하는 건지 반성을 조금 해야겠다.)

한편, 위에서 P팀장님을 훈계하듯이 거의 한 시간 동안 '주식 썰'을 풀고 갔던 브로커가 무슨 얘기를 했었는지 필자는 여전히 기억한다. 지금은 '현대모비스'로 이름이 바뀐 '현대정공'이라는 주식이었고, 현대정공 주식을 왜 사야 하는지를 얘기했었다. 그 이후 현대정

현대모비스 주가 추이(2000~2006)

출처: 대신증권 CYBOS

공은 사명도 현대모비스로 바뀌었고, 10배가 넘는 상승을 보이면서 2005년까지 최고의 주도주 역할을 했다.

필자의 투자노트에는 이렇게 적혀 있다.

"주식은 똑똑한 사람이 돈을 버는 것이 아니라, 귀를 열고 있는 자가 돈을 번다."

펀드매니저의 업무는 '이 주식을 사면 수익을 낼 수 있느냐 없느냐'에 관한 투자 의사결정 판단을 하는 것이다. 한마디로 돈이 되냐 안되냐에 대한 판단이다. 좋게 표현하면 직업 정신이지만, 라면을 먹어도 내가 먹는 라면이 어느 회사 제품인지를 확인하게 되고, 주말에 채널을 돌리면서도 홈쇼핑에서 요즘 어떤 제품을 파는지를 유심히 보게 되고, 요즘 핫한 드라마 제작사는 어딘지, 그리고 그 드라마

주인공 소속사는 어딘지를 확인하게 된다. 식사를 하면서도 온통 투자 관련 얘기를 하고, 사적인 자리에서도 대부분 주식 아니면 부동산, ETF나 장외 벤처기업 투자 얘기다.

이렇게 하루 종일 투자에 관한 생각을 하다 보면, 사람의 가치관도 반드시 영향을 받게 된다. 매일 난폭한 게임을 즐기는 사람이 난폭한 성격으로 바뀌고 충동 범죄를 저지를 확률이 높아지는 것과 똑같다. 24시간 투자에 관한 고민을 하다 보면, 친구를 만나거나 모임을 할 때도 '투자수익률 관점'으로 판단하게 된다. '오래 전 친구가 찾아오는데, 나한테 별 도움도 안 되는 친구인데 만날까 말까?' 그리고 옛 직장 동료의 경조사 연락이 오면 '내가 걔한테 도움 받을 것도 없는데 가지 말까?' 이런 고민에 빠지게 된다.

반면 나에게 갑이고 우리 가족에게 도움을 줄 수 있는 위치에 있는 사람의 경조사 소식을 듣게 되면 '저 사람은 꼭 가서 얼굴 도장 찍고 와야 해' 하며 만사 제쳐놓고 달려갈 생각을 하게 된다. 이렇게 직업상 투입된 노동이나 자본 대비 결과물이 좋은지 안 좋은지로 매일 고민하다 보면 투자뿐만 아니라, 모든 인간관계의 의사결정 기준도 '수익성'을 따지게 된다. 영화 《친구》에서 보스를 배반한 건달 '차상곤 (이재용)'이 '동수(장동건)'에게 이렇게 말하는 장면이 있다. "니, 의리가 뭔지 아나? 이기 바로 의린기라. (그리고 수표를 펼쳐 보여 준다) 필요할 기다. 갖다 써라."

건달도 '신의'를 중요시 여기는 의리파 건달이 있는가 하면, 자본주의 꽃이라는 증권시장에도 '돈이 의리'라는 오염된 가치관을 가진 사람들이 있다('있다'보다는 '많다'라는 표현이 좀 더 정확할 듯하다).

버나드 메이도프는 나스닥 증권거래소 비상임 회장을 지낸 월가의 거물이었지만, 장기간의 폰지사기*로 영화감독 스티븐 스필버그, 영화배우 케빈 베이컨 등 그를 믿고 돈을 맡긴 투자자들에게 650억 달러에 달하는 천문학적인 피해를 안겨 주었다. 그는 2008년 수감되었다가 지난 2021년 4월 미국 노스캐롤라이나에 있는 한 감옥에서 숨졌다.

> * 신규 투자자의 돈으로 기존 투자자에게 수익이 났다고 하며 이자나 배당금을 지급하는 방식의 다단계 금융사기.

최근 한국에서는 'L사, O사 사모펀드 사태'가 발생하면서 펀드매니저가 지켜야 할 '고객 자산의 충실한 관리자 의무Prudent Man Rule'를 저버리고 눈앞에 사리사욕을 쫓는 영혼이 오염된 펀드매니저가 우리 자본시장에도 활개를 치고 있음을 보여줬다.

100세가 넘으신 김형석 명예교수님은 저서 『100세 철학자의 인생, 희망 이야기』(김형석 저, 열림원)에서 이렇게 말씀하셨다.

"지금도 나는 학생들에게 충고하는 때가 있다. 20대 전후가 되어서는 50~60대가 되었을 때 내가 어떤 직업을 갖고 봉사하는 사람이 될지 자화상을 그려 보라는 권고이다. 그 꿈이 있는 사람과 없는 사람의 차이는 성공과 실패에서는 물론 인생의 의미가 결정되는 것에서도 달라지기 때문이다. 대학생이 되거나 성인이 된다는 것은 목적이 있는 삶의 출발에서 시작된다. 무엇을 위해 어떻게 살아야 하는지 묻지 않는 사람은 자기 인생의 성공을 거둘 수가 없기 때문이다."

목적이 있는 삶… 우리 스스로에게 한번 물어보자. '나는 무엇을 위해 투자를 하고, 어떻게 살려고 하는가?' '내가 돈을 어느 정도 벌면, 나는 우리사회를 위해 어떤 봉사를 하고자 하는가?'

우리가 어렸을 때는 '너는 커서 어떤 사람이 되고 싶어?'라는 질문을 수없이 듣고 자랐다. 그때 뭐라고 대답했는지 기억을 되살려 보자. '커서 훌륭한 사람이 될 거예요.' '간호사가 되어서 환자를 돌볼 거예요.' '슈바이처 박사 같은 의사가 될 거예요.' '에디슨과 같은 과학자가 되고 싶어요.' '사람들을 감동시키는 위대한 예술가가 되고 싶어요.'

어찌 보면 어렸을 때 이미 어떤 직업을 갖고 어떻게 살아야 하는지에 대한 훌륭한 자화상을 가지고 있었던 것 같다. 그래서 어린이는 어른의 스승이라는 말이 있나 보다. 부모들은 아이들에게 "시험 잘 봐라." "좋은 학교 가라." "좋은 직장 들어가라." "좋은 친구 만나라."라는 잔소리를 자주 한다. "이게 다 너 잘 되라고 하는 얘기야"라고 말하며 그런 충고가 아이의 행복한 삶을 위한 조언이라고 자부한다. 그렇다면 그런 '행복한 삶의 방법론'을 잘 알고 있는 우리 기성세대들은 과연 행복한 삶을 살고 있는가? 가정에서 나는 우리 가족에게 무한한 행복감을 주는 존재인가? 내가 속해 있는 직장에서 나는 과연 존경받는 직장 동료인가? 내가 속해 있는 여러 공동체에서 나는 그들에게 선한 영향력을 주는 존재인가? 우리 사회의 정의와 공정을 외치면서 과연 나는 정의로운 삶을 살고 있는가? 부자들의 희생과 나눔을 요구하면서 나는 어떤 희생과 나눔을 실천하고 있는가?

김형석 교수님의 충고는 10대, 20대 청년보다는 어릴 때 꿈꾸었던 소중한 자화상을 잃어가며 경제적 자유만 쫓으며 살아가고 있는 우리 40대, 50대, 60대 기성세대에게 오히려 필요한 듯하다. 각박한 세상에서 치솟는 물가와 치열한 경쟁을 뚫고 사느라 우리 삶의 여유가 많이 사라졌지만, 한번 살다가는 소중한 나의 인생에 나는 어떤 사람으로 기억될 것이며, 또 어떤 가치를 남겨주고 갈지 생각해 봐야 한다.

　'내가 투자로 돈을 벌어서 경제적 자유를 성취하면 나는 어떤 삶을 살 것인가?'라는 질문에 답을 할 수 없다면 김형석 교수님 말씀처럼 투자에서 돈을 벌 수는 있지만, 인생에서 진정한 성공을 거둘 수가 없는 건 아닐까? 수많은 로또 당첨자의 말로가 대부분 비참했다는 점을 생각해 볼 필요가 있다. 3~4년 전 청년들의 우상이었던 '○○동 주식부자'도 마찬가지다. 왜 그들은 모두가 원하는 짧은 시간에 경제적 자유를 성취한 벼락부자가 되었음에도 결과가 좋지 않던 걸까?

　우리가 투자를 하는 이유는 '돈의 가치가 하락하는 것을 헤지하기 위해…' '나의 노동소득을 자본소득으로 전환시키기 위해…' '경제적 자유를 얻기 위해…' '안정적인 노후를 위해…' 등 목적을 달성하기 위해서다. 이런 목적들이 우리가 반드시 투자를 해야 하는 이유가 맞다. 하지만 정작 중요한 것은 그런 경제적 목적을 달성하고 나서 '나는 내가 속해 있는 가정과 직장과 소속된 공동체에서 어떤 사람으로 살 것인가?'에 대한 나의 자화상이다.

　기업도 마찬가지인 것 같다. 기업은 '주주가치를 극대화하는 경영'

을 해야 한다고 경영학 교과서에서는 얘기한다. 필자는 이런 '경영 원칙'은 자본주의 시스템의 기득권층이 만들어낸 '회사를 통솔하는 지배 논리'라고 생각한다. 왕이 나라를 통치하는 조선시대에 백성들의 충성을 유도하기 위해 '군사부일체君師父 一體'라는 '가치관'을 강조한 것과 별반 차이가 없다고 본다.

현대 자본주의 시스템은 자본가의 수익을 극대화시키기 위해 뛰어난 전문 경영인을 영입하고 그들에게 '주주가치 극대화가 경영의 최고 목적'이라고 가르친다. 직접 경영을 하는 기업가도, 주주들에 의해 선임된 전문 경영인도 주주가치 극대화를 위해 일하는 것은 당연하다. 그런데 그다음 그림은 무엇인가? 우리 사회에 어떤 공헌을 한 기업으로 기억될 것인가?

코로나19 위기 발생 후 시장은 롤러코스터 장세를 연출했다. 그리고 1년이 넘게 강세장의 파티가 벌어졌다. 주식뿐만 아니라 부동산, 가상화폐 시장 등 대부분의 자산이 '급등 랠리'를 보이며 적극적으로 동참한 투자자들에게 큰 수익을 안겨 줬다.

필자는 독자들에게 이렇게 제안하고 싶다. 지금 잠시 투자에 대한 생각을 내려 놓고, 이번 투자 수익으로 어떤 봉사를 할 것인가 고민해 보는 시간을 가졌으면 좋겠다. 실천하기 힘든 거창한 기부보다는 지금 바로 실행할 수 있는 작고 구체적인 봉사계획을 세워보자. 주식으로 번 돈으로 가족들과 외식도 하고, 그동안 코로나19로 수입이 줄어 힘들었던 식당종업원들에게 만 원짜리 팁 한 장 건네 주는 것도 봉사의 시작이라 생각한다.

지난 1년 반 동안 내가 보유한 주식과 부동산의 수익률을 크게 향상시켜 준 가장 큰 공로자는 '코로나19 경제 위기'였다. 코로나19로 인한 경제 위기가 없었다면, FED는 돈을 풀지 않았을 거고, 2020년 2분기부터 글로벌하게 펼쳐진 강력한 금융 장세는 없었을 거다. 코로나19 위기로 수많은 사람들이 실직하고, 수많은 식당과 호텔, 가게, 극장, 항공사 등이 망하지 않았다면 이번 급등장은 절대 존재하지 않았을 거다. 주식으로 돈을 번 투자자들은 코로나19 피해기업과 그 종사자들에게 큰 빚을 졌다. 번 돈의 일부를 코로나19로 고통 받은 사람들에게 돌려주자. 실천에 대한 선택과 방법은 각자의 몫이다.

"

돈의 가치를 알고 정당한 사회의식을 갖추게 된다면 재물 때문에 오는 개인이나 사회의 불행은 크게 줄어들 수 있을 것이다.

— 「100세 철학자의 인생, 희망 이야기」 (김형석 저, 열림원)

"

5장

어떤 투자자가
될 것인가?

판타지 영화의 끝판왕으로 평가 받는《반지의 제왕 The Lord of the Rings》
에는 절대권력의 반지가 등장한다. 암흑의 군주 사우론이 만든 절대
반지는 아주 강력한 힘을 가졌지만, 반지를 가진 사람이나 요정의 영
혼을 사악하게 만들기 때문에 '악마의 반지'로 묘사된다. 영화의 줄
거리는 절대권력의 반지를 다시 차지해서 세상을 지배하려는 사우론
과 이를 막기 위해 반지를 운명의 산의 불구덩이에 던져 영원히 파괴
시키려는 반지원정대의 여정에 관한 이야기다.

영화를 좀 더 자세히 들여다보면, '절대권력의 반지'라는 '엄청난
재물'을 두고 싸우는 영화 속 주인공과 반지에 대한 다른 목적을 갖
고 있는 악당이 있다는 것을 알 수 있다. 사우론은 절대권력을 이용
해 세상을 파괴하고 지배하려고 하고, 반대로 프로도와 그의 원정대
들은 악의 세력으로부터 세상을 지키기 위해 그들이 이미 취하고 있

는 그 엄청난 재물을 기꺼이 파괴시키고자 한다. 그러나 반지를 파괴시키는 과정도 쉽지 않았다. 왜냐하면 이 엄청난 재물을 보면 탐욕이 생기고, 탐욕으로 오염된 마음은 '세상을 구하자는 공의公義'의 목적을 가진 원정대원들의 영혼마저도 타락시켜서 프로도가 갖고 있는 반지를 훔치려는 일이 자주 발생했기 때문이다.

절대권력 관련한 두 번째 영화는《글래디에이터Gladiator》다. 남자라면 아마 최소 두 번 이상은 봤을 것이다. 줄거리는《반지의 제왕》과 완전히 다른 영화지만, '로마의 황제'라는 절대권력을 차지하기 위해 아버지를 살해한 아들 코모두스와 그의 협조를 거절한 충직한 로마군의 장군 막시무스의 싸움과 복수의 과정을 그리면서 이 영화 역시 '절대권력에 대한 다양한 인격과 선善의 승리'라는 동일한 메시지를 준다.

사람들은 학창시절 권력과 부를 쟁취할 수 있는 직업을 갖기 위해 열심히 공부한다. 하지만 인격을 갖추지 못한 권력은 반드시 파멸된다. 예를 들어 요리를 할 때 아주 유용하게 쓰이는 식칼은 어린 아이에게는 매우 위험한 도구가 된다. 비단 어린이에게만 해당되는 얘기가 아니다. 일식집 장인이 갖고 있는 예리한 사시미 칼은 식도락의 행복감을 선사해 주지만, 조폭이 들고 있는 사시미 칼은 사람들을 위협하고 공포감을 준다. 좋은 칼일수록 양면성이 뚜렷하고, 칼이 지니고 있는 가치의 양면성을 결정하는 것은 바로 그 칼을 사용하는 사람의 '인격'이다. 그렇기 때문에 인격을 갖추지 못한 권력은 파괴된다고 설명한 것이다.

영화《글래디에이터》의 코모두스처럼 성숙되지 못한 인격의 그릇에 권력을 담으면 그 그릇은 반드시 깨지게 되고 그 파편은 그와 가장 가까이 있는 사람들에게 상처를 주게 된다. 독일의 정치가이자 독재자로 불리는 아돌프 히틀러와 같은 인격을 갖추지 못한 권력자의 파멸 스토리는 동서고금의 역사에서도 확인할 수 있다.

앞 장에서 얘기한 버나드 메이도프나 아돌프 히틀러의 말로末路가 좋지 않았던 것처럼 인격을 갖추지 못한 사람에게 돈과 권력은 행운이 아니라 재앙으로 작용한다. 그리고 권력을 쟁취하거나 돈을 버는 방법이 정직하지 못하고 악할 수록 재앙의 크기는 비례해서 커진다. 세상을 살아가는 가치관이 권력쟁취나 돈인 사람들은 본인들의 잘못된 가치관이 왜 다시 부메랑이 되어 그들 스스로를 파멸시키는지 아마 모를 거다. 신용과 의리를 저버리고 거짓말과 배신으로 당장 눈앞의 이익과 권력을 취하게 되면 지금 그 순간은 본인들에게 이익이라고 생각하지만, 그것이 왜 장기적으로 스스로의 가치를 파괴시키는 행위인지 우리는 알아야 한다.

미시간대학교 정치학과 교수인 로버트 엑설로드의 저서인『협력의 진화The Evolution of Cooperation』를 보면, 왜 우리 사회에서 신의를 지키는 착한 사람이 성공을 하고, 반대로 당장 눈 앞의 이익을 위해 배신하는 사람은 서서히 사회에서 퇴출되는 지를 과학적으로 잘 설명해 놓았다. 책의 내용을 요약하면 다음과 같다.

1979년 로버트 엑설로드 교수는 우리가 잘 아는 '반복적 죄수의 딜레마Iterated Prisoner's Dilemma' 실험, 줄여서 IPD 실험을 선보였다. 컴퓨터 프로그램이 서로 게임을 해서 가장 짧은 수감기간을 얻어 내는 프로그램이 승리하는 가상 게임대회다.

본래 '죄수의 딜레마'는 범죄 혐의로 수감된 두 죄수 A, B가 체포되어 서로 다른 취조실에서 격리되어 심문을 받는다. 이들에게 자백여부에 따라 다음의 선택이 가능하다. 둘 다 자백하면 각각 5년씩 구형, A만 자백하고 B는 침묵하면 A는 석방, B는 10년 수감, 둘 다 침묵하면 증거 불충분으로 둘 다 1년 수감된다.

만약 이런 제안을 받은 두 죄수가 소통을 할 수 있는 상황이라면, 두 죄수는 서로 협의하여 합산 수감기간이 가장 적은 '둘 다 침묵'을 선택할 것이다. 그러나 게임이론에서는 죄수들의 소통을 허락하지 않기 때문에 두 죄수는 딜레마를 겪게 된다. 본인은 침묵을 지키는데 만약 상대가 배신을 하게 되면 10년 구형을 받게 되고, 내가 자백을 하더라도 상대 역시 자백을 하게 되면 둘 다 5년씩 꽤 긴 구형을 받게 된다. 이런 죄수의 딜레마를 과학적으로 해결하기 위해 엑설로드 교수는 IPD 토너먼트를 열어 죄수의 딜레마를 가장 효율적으로 해결할 수 있는 프로그램 알고리즘을 찾고자 했다.

1차 대회에는 15개의 프로그램들이 참가했고, 2차 대회에는 62개나 되는 프로그램들이 참가해 경합을 벌였다. 이 게임은 참가한 프로그램들이 각각의 죄수가 되어 상대 프로그램과 1:1 경쟁을 벌이는 방식으로 게임이 진행되었다. 단, 한 쌍의 죄수들이 단 한번의 경쟁으로 끝나는 것이 아니라 서로 200번의 게임을 벌이게 되고, 200번의 경기가 끝나면 또 다른 프로그램과 또 다시 200번의 1:1 매칭 경기를 하게 된다. 이렇게 모든 프로그램과 1:1 매칭 경기를 한 후 가장 짧은 수감 기간을 얻어 내는 프로그램이 우승하게 되는 게임이었다.

인간의 감정을 배제시킨 컴퓨터 프로그램들이 경쟁하는 대회라서 '죄수의 딜레마를 해결하는 가장 최적의 솔루션'이 무엇인지를 알 수 있는 대회였는데, 놀랍게도 1, 2차 대회를 모두 석권한 프로그램은 'Tit for Tat'이라는 아주 간단한 프로그램이었다. 'Tit for Tat'이란 우리에게 익숙한 함무라비 법전의 'an eye for an eye, a tooth for a tooth(눈에는 눈, 이에는 이)와 동일한 '동해보복同害報復' 방식이다. 즉, 내가 받은 대로 돌려주는 방식이다.

캐나다 토론토대학의 심리학과 교수인 아나톨 라포트가 개발한 'Tit For Tat' 프로그램은 게임전략이 한마디로 단순 무식이었다. '죄수의 딜레마 게임'이 시작되면 일단 첫 경기에서는 무조건 '침묵'을 선택한다. 그리고 두 번째 경기부터는 상대가 첫 경기에서 배신으로 나왔으면 무조건 배신으로 대응하고, 첫 경기에서 침묵으로 나왔으면 계속 침묵으로 대응하는 전략이다. 이런 전략으로 모든 상대와 200번씩 경기를 하게 되면, 침묵하는 상대와는 200번 모두 1년 수감이라는 최선의 결과가 도출되고, 배신을 선택한 상대와는 첫 경기는 10년 구형을 받더라도 남은 199번의 경기에서는 최대 5년의 구형을 받게 되므로 최악은 피하게 된다.

'Tit For Tat' 프로그램이 두 번의 대회에서 모두 우승할 수 있었던 이유는 아주 간단하다.

(1) 상대를 배려하는 '침묵' 전략은 좋은 상대를 만나면 서로에게 최선의 결과를 도출하게 된다. (둘 다 1년 수감)

(2) 이기적인 전략들은 서로 이기적인 선택을 하면서 차악次惡의 결과만 만들어 낸다. (둘 다 5년 수감)

(3) 무조건 침묵하는 착한 전략은 이기적인 상대를 만나면 최악의 결과만 도출하므로 이기적인 상대를 만나면 이기적 전략으로 대응을 해 줘서 '독박'을 면하게 된다. (처음에만 혼자 10년 수감)

엑설로드 교수는 우리 사회 구성원들이 서로 공존하고 협력하는 과정에서 자연스럽게 'Tit For Tat' 프로그램과 같은 전략을 구사하고 있다고 주장한다. 학교나 직장, 각종 모임, 동호회 등에서 우리는 수많은 사람들을 만나고, 그 커뮤니티 내에서 크고 작은 협력을 하게 된다. 이때 공익을 우선시하며 적극적인 협력을 하는 사람과 공익을 무시하고 사익을 먼저 추구하는 사람과의 갈등이 종종 발생한다. 당장 눈 앞의 이익을 위해 신의를 저버리고 사리사욕을 택하는 사람들로부터 착한 사람들이 피해를 보게 되고 마음의 상처를 입게 된다. 그리고 이런 사람들의 가치관은 바뀌지 않기 때문에 비슷한 업무나 일이 발생하면 그들은 늘 똑같은 '사리사욕'을 선택하게 된다. 그래서 그들은 늘 '이익'이고 착한 사람들은 늘 '손해'를 보는 느낌을 받는 것이다.

만약 이런 이기적인 사람들이 계속 성공하는 메커니즘이 우리사회에서 지속적으로 작동이 된다면 우리 사회는 '악당들이 지배하는 세계'가 되었을 것이다. 하지만 우리가 살아가는 이 세상은 '악의 논리'로 작동하지 않는다. 왜냐하면 능력 있는 착한 사람들은 혼자만의 이득을 반복적으로 선택하는 나쁜 사람들을 그 커뮤니티에서 배제시키기 때문이다. 이기적인 사람들은 소중한 인간관계를 유지하려고 하기 보다 당장 눈앞의 사리사욕을 채우기 급급하다. 그들은 당장의 이익을 위해 동료를 배신하고 친구를 배신하고 때로는 가족도 배신한다. 그런 사람들이 일시적으로 잘사는 것처럼 보일 수 있지만, 그들이 인생의 가치관으로 갖고 있는 이기적인 전략의 결과는 장기적으로 '소탐대실'로 끝나게 된다.

그런 면에서 최근 발생한 'L사, O사 사모펀드 사태'는 자산운용업의 '신뢰'를 한방에 무너뜨린 엄청난 재앙이다. 이 사모펀드 사태는 단순히 이 펀드에 가입한 투자자들에게만 피해를 준 것이 아니라, 엄청난 사회적 비용을 발생시키고 있다. '불신'에 '불신'으로 대응하는 'Tit For Tat' 전략이 작동하면서 이제 이런 사모펀드에 가입하는 절차가 두 배, 세 배 더 강화되었고 이런 펀드의 수탁 업무를 맡고 있는 은행들이 수탁을 거부하면서 동종업계에 종사하는 수많은 '사모자산운용사'들이 큰 피해를 보고 있다. 클릭 몇 번으로 다 해결되는 4차산업시대에 펀드 하나 가입하기 위해 최소 40분 이상 대면 상담을 해야 하는 엄청난 사회적 비용을 초래하며 금융업 종사자와 투자자들에게 고통을 주고 있다. 대한민국의 위상에 비해 현재의 금융시장이 겪고 있는 이런 '성장통'은 정말 부끄럽고 원통하다. 다 큰 성인이 반복적으로 '수두'에 걸리는 듯한 이런 부끄러운 성장통은 이제 정말 근절

되어야 한다.

우리나라가 금융강국이 되려면 '신뢰'를 업으로 삼는 금융기관의 '신뢰구축'이 가장 우선시 되어야 하지만, 투자자들이 투자하는 기업도 '신뢰관계' 구축에 신경을 써야 한다. 그동안 주식시장에서 일을 하면서 수많은 기업들의 흥망성쇠를 봐왔는데, 올바른 윤리 의식을 가진 기업이 장기적으로 성공한다는 것을 필자는 알 수 있었다. 혁신적인 기술개발도 중요하지만, 그런 혁신이 발생하고 유지되기 위해서는 '착한 협력이 지속될 수 있는 기업 문화'가 만들어져 있어야 하고, 착한 협력의 가장 기본은 바로 '신뢰'이기 때문이다. 오랜 기간 동안 사랑받고 존경받는 위대한 기업들은 경영진과 종업원과의 신뢰, 협력업체와의 신뢰, 소비자와의 신뢰, 그리고 소액주주와의 신뢰가 형성된 기업이다. 이런 눈에 보이지 않는 '신뢰'가 바로 소비자들의 '제품에 대한 충성도'가 되고, '종업원들의 회사에 대한 충성심'으로 나타나며, '투자자들의 회사에 대한 믿음'이 된다. 이렇게 형성된 '강건한 믿음들'이 재무제표에는 나타나지 않는 '무형의 자산'이 되어 주가의 하이멀티플High Multiple로 작용을 하게 된다. 워런 버핏이 기업에 대한 투자를 하면서 포트폴리오에 의미 있게 큰 비중을 담았던 '코카콜라'나 '애플'과 같은 주식들은 모두 소비자들이나 투자자들이 기업에 대한 강력한 믿음과 로열티를 가진 회사였다는 것을 알수 있다.

우리나라 주식시장의 멀티플이 글로벌 주식 시장의 평균 PER이나 PBR*에 비해 너무 낮아

* 주가가 1주당 순자산 대비해서 몇 배로 거래되고 있는지를 나타내는 지표.

서 투자자들은 오랫동안 코리아 디스카운트의 원인에 대해 분석을 많이 해왔다. 휴전상태인 남북관계가 가장 큰 원인으로 지적되기도 하고, 취약한 내수시장과 세계 경기에 민감한 경제구조를 얘기하는 사람도 있다. 이런 부분들이 분명 디스카운트 요인으로 작용을 하기는 하지만, 필자는 코리아 디스카운트의 가장 큰 요인은 '심각한 불신 문화에 의한 지나친 사회 비용 발생'을 원인으로 지적하고 싶다. 자본주의 시대의 스마트머니Smart Money는 생산성을 향상시키는 나라와 기업을 찾아 다닌다. 비용을 줄이고 생산을 늘릴 수 있는 기술을 개발하는 나라와 기업을 사냥개처럼 찾아다니고 투자를 한다. 미국 주식시장의 멀티플이 높게 형성되는 이유는 기업이나 정부가 끊임없이 '비효율적인 고비용 요소'를 제거하고 '생산성 향상'에 노력하기 때문이다. '창조적 파괴'를 통해 효율성이 떨어지는 기술이나 기업은 과감히 퇴출시키고 생산성을 향상시키는 기술을 적극적으로 받아들인다. 기득권을 유지하고자 하는 기업이나 노동자들의 저항에도 불구하고 미국 정부는 2차 산업, 3차 산업, 4차 산업의 기술적 패권을 유지하기 위해 기술 혁신을 주도하는 기업을 육성한다. 그리고 FED와 미국의 금융시장은 그런 기업들에게 자금을 공급해 주는 '기업의 탯줄' 역할을 하면서 미국 기업이 세계 최고의 경쟁력을 가질 수 있도록 든든한 자금줄 역할을 해 준다. 이것이 바로 미국시장이 높은 멀티플을 받는 이유다.

그동안 우리나라의 정치인들은 주식투자를 하지 않는 것을 '청렴결백淸廉潔白'의 상징인 양 자랑스럽게 얘기했다. 그만큼 우리나라 주식시장이 '불신이 가득한 시장'이었기 때문이기도 하다. 우리나라 주식시장은 기업들의 편법상속의 수단으로 이용되고, 기관 투자자들이 개인 투자자를 등쳐먹는 시장으로 여겨졌고, 돈 많은 작전꾼들이 거짓 루머를 퍼뜨리며 개미투자자들의 피를 빨아먹는 그런 곳으로 인식되었기 때문일 거다. 아직까지도 소액투자자를 무시하고 '대주주를 위한 기업 분할' '대주주 특수관계인을 위한 전환사채 발행' '대주주를 위한 기업 합병' '대주주를 위한 자회사 설립 또는 매각' 등이 버젓이 이루어지고 있다.

미국은 SEC(증권감독국, U.S. Securities & Exchanges Commission)의 권한이 아주 강력하여 체포권도 가지고 있다. 이런 강력한 권한을 부여한 이유는 미국의 금융시스템에 불신不信의 싹이 자라는 순간 미국 금융시스템이 붕괴되고 이는 미국 경제의 몰락을 의미하기 때문이다. 필자가 처음 미국으로 어학연수를 갔던 1991년, 가장 큰 문화적 충격은 '개인 수표Personal Checks 시스템'이었다. 식당이든 은행이든 필자 같은 유학생도 개인 수표에 100.00달러라고 적고 직접 사인해주면 다 믿고 받는다. 인감도장도 필요 없고, 인감증명서도 필요 없다. 본인의 사인이 곧 내 신용이고, 내가 부도를 내지 않으면 그들은 사인이 들어간 수표를 감사히 받아간다.

30년이 지난 지금 과연 우리는 어느 정도 '신용사회'가 되었나? 지금도 우리는 서로가 서로를 믿지 못해 온갖 증명서, 인증서에 엄청난 시간과 노력을 빼앗기고 있다. 인감증명서, 가족관계증명서, 공인인

증서 등 미국과 같은 신용사회에서는 필요 없는 엄청난 인력과 노력, 시간을 말이다. '서로에 대한 불신'의 벽을 넘지 못해서 지금도 '배신'에 '배신'으로 보복하는 '협력의 퇴보' 현상을 보이고 있다. 이 악순환의 고리를 끊어야 '진정한 금융강국'이 된다.

필자는 세계 최빈국에서 눈부신 산업화를 이룩해 주신 아버지 세대에 감사하고, 세계 최고의 자유민주주의 시스템을 구축해 주신 우리 형님들 세대에게 감사하다. 그리고 우리 세대가 나의 자식세대에게 세계 최고의 금융시스템을 구축해서 물려줬으면 한다. 그러려면 이 엄청난 '불신의 장벽'을 허물어야 하는데, 과연 우리 세대에 그걸 해소할 수 있을지 의문이다. 하지만 희망이 보이는 것은 온갖 불신의 선입관을 갖고 있는 우리 세대보다는 오히려 우리 자식들 세대가 훨씬 긍정적이고 예의도 바르고 서로를 신뢰한다. 그래서 우리 자식들 세대에서 '세계적인 스타'들이 탄생하는 듯하다. 아이돌그룹 블랙핑크나 BTS(방탄소년단)와 같은 스타덤을 살펴보면 '스타와 팬들 간의 무한한 신뢰'가 형성되어 있다는 것을 알 수 있다. 기획사와 가수들은 '완벽한 공연'을 위해 피나는 노력을 하고 또 그런 가수들을 팬들은 믿고 기다리고 환호한다. 우리 동생들과 자식들 세대가 우리보다 훨씬 더 '신뢰'의 가치를 소중히 여기는 것 같아 약간 부끄럽기도 하지만 큰 희망이 보여서 뿌듯하다.

불교에서는 '인과응보因果應報'라는 말이 있고, 성경에는 "사람이 무엇을 심든지 그대로 거두리라"(갈라디아서 6:7)라고 적혀 있다. 한마디로, '모든 것은 자업자득自業自得'이라는 뜻이다. 우리가 어릴 때 배운 나쁜 짓을 한 사람은 벌을 받고, 착한 일을 한 사람은 복을 받는다는 말이 냉혹한 현대 자본주의 사회에서도 여전히 작동하고 있다. 아니, '협력의 진화'를 통해 오히려 강화되고 있다. 세상에는 영악한 사람들이 더 돈을 벌고, 신의信義를 지키면서 우직하게 일하는 사람은 맨날 손해보면서 가난하게 사는 것 같지만 그렇지 않다. 2천년 전의 부처님과 성경의 가르침처럼 세상은 긍정의 에너지와 선한 영향력을 주는 사람들에 의해 진화해왔고, 또 그런 사람들에 의해 풍요로워 질 것이다.

"

장사는 이문을 남기는 것이 아니라 사람을 남기는 것이다. 상업이란 이익을 추구하는 것이 아니라 의義를 추구하는 것이다. 소인小人은 장사를 통해 이윤을 남기지만 대인大人은 무역을 통해 사람을 남긴다.

— 『상도(거상巨商 임상옥)』 (최인호 저, 여백출판사)

"

6장

위대한 기업의
조건

필자는 투자자문사를 2년 반 동안 다니다가 1997년 회사를 관두고 그해 가을 미국 콜로라도 덴버에 있는 덴버대학교에서 재무학 석사 과정을 시작했다. 첫 1년은 대학시절에 배운 내용과 겹치는 과목도 많았고, 당시 CFA 시험을 준비하고 있었던 덕에 필자에게 수업은 그닥 도전적일 만큼 어렵지 않았다. 하지만 학점이 인색하기로 악명 높은 과목이 하나 있었는데, 그 수업 이름은 'Value(가치)'였다. 공정한 사회시스템, 도덕적 가치 등과 같은 내용을 학생과 교수와의 토론을 통해 배우는 수업이었다. 토론 수업에 익숙지 않았던 한국 유학생들에게는 아주 곤혹스러운 수업이었고, 최근 몇 년 간은 한국 유학생 중 한 명도 A를 받은 학생이 없어서 어떤 학생은 그 담당 교수님이 인종차별주의자Racist 라고까지 말했었다.

Value과목은 전공필수였기 때문에 필자도 2학년 첫 학기에 신청

해서 들었다. 경영학 용어보다는 인문·사회과학 용어가 많이 나와서 수업 중에 이해를 못해 따라가지 못한 부분도 있었던 기억이 난다.

어느 날 Value수업에서 교수님이 '적극적 우대조치Affirmative Action'를 주제로 토론을 시켰다. '적극적 우대조치'는 인종이나 경제적 신분 간 갈등을 해소하고 과거의 잘못을 시정하기 위해 특혜를 주는 사회 정책을 말한다. 단순히 차별을 철폐하고 공평한 대우를 하는 것보다 좀 더 적극적인 가산점을 주는 형태로 이뤄진다. 여성고용할당제, 북한 이탈주민 또는 장애인 의무고용 등이 적극적 우대조치의 예이다.

흑인 인권 문제로 오랜 갈등을 겪은 미국에서는 중·고등학교와 대학교 교과서에 늘 단골 메뉴로 등장하는 내용이지만, 경영대학원에서도 이 주제를 다룰지는 몰랐다. 우리는 대학교 입학 때나 기업의 인력채용 때 적용되는 '소수자 의무고용 제도'를 비롯해 여러 가지 적극적 우대조치의 타당성에 대해 활발한 토론을 했다.

그때 한 백인 학생이 약간 짜증스러운 말투로 이렇게 얘기를 했다. "사실 이런 법안들이 다 제로섬 게임 아니야? 쿼터를 올리면 반대쪽이 손해를 보고, 쿼터를 내리면 소수자가 손해를 보고… 누가 가점을 얻게 되면, 누가 손해를 보게 되고, 결국 제로섬 게임인 것 같은데 정답이 어디 있어?" 그 말을 듣자마자 나는 손을 들고 이렇게 이야기했다. 이건 제로섬 게임이 아니라, 모두가 피해를 볼 수 있다고. 이런 적극적 우대조치가 나오게 된 배경이 부당한 인종 차별 때문인데 소수자 차별을 통해 이득을 볼 것으로 생각하는 다수집단조차 피해를 볼 수 있다고 말이다.

한번 상상해 보자. 어느 고등학교에 수학 선생을 뽑아야 하는데, 아주 우수한 흑인 선생과 그저 그런 실력의 백인 선생이 후보로 경합을 하게 되었다. 만약 백인들로 구성된 이 학교 이사회에서 편견과 차별 때문에 그저 그런 실력의 백인 선생을 뽑았다고 하면, 그 흑인 후보 선생만이 희생자일까? 아니다. 그 학교 학생들이 가장 큰 희생자이고, 그 학생들의 부모일 수도 있는 그 학교 이사회 구성원들도 희생자가 되는 것이다. 이것이 바로 우리가 부당한 '차별'을 없애야 하는 이유다. 제로섬 게임이 아니다.

그 수업에서 좋은 학점을 받으려면 토론에 적극적으로 참여하고 말을 많이 해야 한다고 했지만, 필자를 포함한 한국 학생들이 영어로 진행되는 수업에서 발표를 많이 하기란 여간 곤혹스러운 게 아니었다. 그래서 "한국에는 어떤 사회적 합의social contract가 있냐"라는 교수의 질문에도 "Um…I don't know.(음… 잘 모르겠어요)"라고 답했던 기억이 난다. 필자는 그 학기가 끝나고 이 수업은 좋은 학점 받기 힘들겠다고 생각하고 있었다. 다른 한국 유학생들처럼 B학점 받으면 다행이라고 생각했는데, 막상 학점을 받아보니 A학점을 받아서 깜짝 놀랐었다. 아마 '차별'에 관한 내 이야기를 듣고 그 교수님이 좋은 점수를 준 듯하다.

주식투자를 하든 안 하든 마이크로소프트를 모르는 사람은 거의 없을 것이다. 2021년 7월 말 기준으로 시가총액이 국내 코스피 기업 전체 시가총액보다 많은 2,400조 원을 기록하고 있고 임직원 수도

15만 명이 넘는 글로벌 초우량기업이다. 이런 MS도 위기가 있었다. 1998년 반독점법*으로 크게 고생한 빌게이츠는 그의 하버드 기숙사 동기였던 '스티브 발머'에게 CEO 자리를 넘겨줬다. 그리고 2014년 2월 스티브 발머가 물러나기 전까지 MS는 거의 잃어버린 15년이었다고 해도 과언이 아니다. 윈도우 비스타** 실패, 휴대용 MP3 플레이어 준Zune 실패, 윈도우 폰 실패, 태블릿 PC 실패, SNS 실패, 그리고 가장 결정적인 실패는 PC에서 모바일로 옮겨가는 패러다임 변화 기류 속에 모바일용 운영체제 개발 선점을 구글과 애플에게 빼앗긴 것이다. 현재 모바일 운영체제는 구글 안드로이드와 애플 IOS가 양분하고 있다.

2013년 스티브 발머는 1년 안에 최고경영자 자리에서 내려오겠다는 은퇴 선언을 하고, 2014년 2월 당시 'Enterprise & Cloud' 부문 총괄 부사장을 맡고 있었던 사티아 나델라에게 MS 최고경영자 자리를 물려주고 은퇴하게 된다. MS 20년 차트를 보면 2000~2014년 2월까지는 잃어버린 15년과도 같다. 2000년 초 기록했던 고점을 다시 갱신하기까지 무려 15년이 걸렸기 때문이다.

2014년 인도에서 대학을 나온 사티아 나델라가 MS CEO를 맡은 이후로 MS 주가는 거침없는 하이킥처럼 고점을 기록하게 된다. 15년 동안 20~40달러 구간 박스권***에서 답답한 횡보를 보였던 주가는 현재 290달러

* 특정 기업의 시장 독점을 규제하거나 금지하는 법.

** 마이크로소프트사에서 2007년 출시한 차세대 운영체제.

*** 주가가 일정한 폭에서만 등락을 거듭하는 것.

대 주가를 달리며 시가총액으로는 2.2조 달러(한화 약 2,400조 원)를 기록 중이다. 정말 놀라운 것은 2014년 이후 매년 신고가 갱신을 하고 있다는 사실이다.

한마디로 왕의 귀환이다. 그런데 이 위대한 왕을 귀환시킨 인물은 1인당 GDP 기준으로 세계 최빈국에 속했던 인도 하이데라바드에서 태어나 인도에서 대학까지 나온 인도인이었다. 1967년 8월생이었던 사티아는 그의 나이 47세에 MS의 CEO가 되어 서서히 침몰하고 있던 MS를 세계 최고의 기업으로 되살려 놓은 것이다.

사티아 나델라는 미국 사회에서는 전형적인 마이너리티(소수자)였다. 미국 학교에서는 아직도 '차별'과 '평등'에 대해 토론하고, 미국 길거리에는 '인권'과 '차별철폐'를 외치는 피켓 시위가 거의 매일 진행되고 있다. 하지만 MS와 같은 위대한 기업들은 우리 사회와 기업, 그리고 다양한 공동체의 효율성을 저해시키는 이런 암적인 '차별이나 특혜'를 이미 극복한 것 같다. 만약 빌게이츠나 MS의 이사회가 최고경영자 자리만큼은 빌게이츠의 '친구나 친인척', 또는 '백인 우월주의'로 고집했다면 어떻게 되었을까? 스티브 잡스가 후계자로 '팀쿡'을 지명하지 않고 만약 '그의 사랑하는 딸'을 지명했다면 지금의 애플은 어떤 기업이 되었을까?

위대한 기업은 '위대한 경영원칙'에서 탄생한다. 한국 기업에서도 과연 인도나 말레이시아 출신의 유능한 기술자를 CEO로, 또는 회장으로 임명할 기업이 있을까? 필자는 그런 변화가 일어나기를 간절히 바란다.

과거 정치인들이 만들어 낸 '지역감정'도 반드시 우리 사회에서 근절시켜야 한다. 요즘은 '지역감정'이 어느 정도 많이 사라지긴 했지만, 반면 '중국 동포(조선족)' '탈북인'들에 대한 차별감정이 우리 사회에 암세포처럼 자라나고 있다. 이런 현상은 어느 나라, 어느 사회에서나 존재하는데 그 근본적 원인은 모두 생존을 위한 배타적 본능 때문이다. 즉, 이것은 원시시대부터 내려온 생존을 위한 '동물적 본능'이지 기업가치를 증대시키거나 우리 삶을 윤택하게 만드는 원칙이 아니다.

우리가 살아가는 자본주의는 유능한 인재들에 의해 좀 더 편하고 풍족하게 살 수 있는 인프라를 구축해 나가는 시스템이다. 주식시장은 이런 자본주의 시스템이 원활하게 작동할 수 있도록 적재적소에 '자본'과 '노동력'을 공급해주는 우리 몸의 '혈관'과 같은 역할을 한다. 혈관에 노폐물이 쌓이면 산소와 영양분이 원활하게 공급되지 못해 우리 몸 곳곳에 병이 생기듯이, 기업이 강해지고 경제가 튼튼해지려면 효율적인 자본 배분과 노동력 공급이 필수조건이다. '차별' '정경유착' '인사청탁' '라인 타는 문화'와 같은 우리 경제의 혈관을 더럽히고 오염시키는 문화와 의식을 철폐시켜야 한다. 미국이 세계 경제의 패권을 차지하고 또 그것을 유지할 수 있는 이유도, 미국 대학이 세계 최고의 교육시스템을 구축하고 또 그것을 유지할 수 있는 이유도, 미국에서 혁신기업이 가장 많이 나오고 또 그런 기업들의 시가총액이 갈수록 천문학적인 숫자로 커지는 이유도 바로 '인재에 대한 폭넓은 수용 문화'가 있었기 때문이다.

우리도 인재 등용에 '차별의 선글라스'를 과감히 벗어 던지자. 그리고 사티아와 같은 능력자들이 기업을 이끌고 우리 사회의 지도자가 될 수 있도록 우리 DNA에 깊게 뿌리 박혀 있는 '동물적 차별 본능'을 극복하자. 그래야 우리나라에서도 위대한 기업이 더 많이 탄생한다. 최근 세계화를 외치며 세계로 뻗어 나가는 우리 기업들에서 이미 그런 열린 문화를 조금씩 볼 수 있어서 한편으로 흐뭇한 마음도 든다.

"

창작자는 세상에 대해 열린 자세를 가져야 한다.

— 방시혁, 하이브 대표이자 BTS(방탄소년단) 제작자

"

7장

허드슨 강의 기적

영화 《설리: 허드슨강의 기적》은 2016년에 개봉했으며, 실화를 바탕으로 톰 행크스가 주연을 맡았다. 2009년 1월 15일, 영하 7도의 날씨에 뉴욕 라과디아공항에는 여느 때와 같이 1549편 여객기가 힘차게 이륙한다. 하지만 이륙한 지 불과 3분 만에 비행기 앞에 나타난 새떼들에 의해 '버드 스트라이크'를 당하며 양쪽 엔진이 모두 고장난다. 양쪽 날개의 엔진이 모두 꺼져버리자 비행기는 추진력을 잃고 빠르게 추락을 하기 시작한다. 사고를 보고 받은 관제탑에서는 회항하라고 명령하지만, 기장은 불가능하

《설리: 허드슨강의 기적》 포스터

다며 허드슨강에 비상착륙 하겠다는 대답을 남기고 수온 2도밖에 안 되는 차가운 허드슨강에 불시착한다. 탑승자 155명. 이 불시착으로 사망한 사람은 0명이었고, 모두 안전하게 구조되었다.

이 영화에서 톰 행크스가 연기를 맡았던 기장의 실제 이름은 체슬리 설렌버거Chesley Sullenberger이다. 그는 예측하지 못한 새떼와의 충돌로 양쪽 엔진이 모두 망가진 상태에서 관제탑의 회항 지시에도 불구하고 겨우 208초라는 짧은 시간 안에 차가운 허드슨강으로 비상착륙 해야겠다는 선택을 해서 탑승자 155명을 전원 구조시켰다. 당시 회항하지 않고 허드슨강에 비상 착륙한 것이 과연 옳았는지 사고조사위원회의 조사가 이루어졌다. 그 과정에서 시뮬레이션 테스트를 했는데 만약 회항했었다면 공항에 도착하기 전에 추락했을 것이라는 끔찍한 결과가 나왔다.

필자는 1994년부터 주식시장에서 일하면서 수많은 위기 상황을 겪었다. 우리나라 국가부도 위기를 겪었던 1998년 외환 위기 때는 유학을 가 있어서 주식시장 폭락의 직격탄을 피했지만, 공부를 마치고 1999년 11월 신한투자신탁 주식팀으로 입사한 이후에는 2000년 '닷컴 버블 붕괴', 2001년 '9·11테러', 2003년 '사스 위기', 2004년 '차이나쇼크', 2008년 '리만 사태', 2011년 '미국 신용등급 강등', 2012년 '남유럽 위기', 2020년 '코로나19 위기' 등 수많은 시장 충격이 있었다. 마치 순항하던 비행기가 새떼와 충돌한 것 같은 아찔한 상황이 참 많았다. 이런 폭락장은 대체로 고점 대비 지수가 -35% 이상 폭락했던 경우인데, 신용이나 스탁론을 이용하며 레버리지를 과도하게 쓰는 투자자들은 이런 시장 충격에 계좌가 깡통이 나버리게 된다. 레버리지를 쓰지 않는 투자자들조차 이런 폭락장이 오면 대중들의 공포감에 휩쓸려 바닥국면에서 말 그대로 투매, 즉 패닉셀링을 하게 된다.

우리 업계에서도 베테랑 펀드매니저들이 이런 공포스러운 국면에서 자산 배분을 잘못하여 수익률을 망치는 경우가 종종 발생한다. 코로나19 위기 때도 마찬가지였다. 코로나19가 터지기 직전까지만 해도 미국이 중국과 교역조건 합의를 하고, 거기다 FED가 세 차례의 금리 인하까지 단행하면서 1년 동안 울퉁불퉁한 활주로에서 고전하던 주식시장은 2019년 9월부터 힘차게 이륙하는 것처럼 보였다. 당시 미국 주식시장도 S&P500이 10월에 역사적 고점을 갱신하면서 2019년 11월부터 2020년 2월 초까지 매달 신고가를 기록하는 파죽지세의 장세를 연출했다. 미국처럼 신고가 영역은 아니었지만, 국내 주식시장도 2019년 9월부터 5달 연속 상승하면서 2018년 1월에 기록한 2,600선 고지를 향해 다시 힘차게 비상하는 듯한 모습을 연출했다. 특히 코스피시장에서 25% 비중을 차지하며 절대적 영향력을 가진 삼성전자는 전세계 최초로 상용화에 성공한 '갤럭시 폴더블폰'의 인기로 2020년 이익 전망치가 우상향 되고 있었다. 마침 미국이 중국의 화웨이를 강력하게 견제해주면서 모바일, 통신장비 부문에서 반사이익을 누리는 행운까지 겹쳤었다. 이런 강한 성장 모멘텀이 생기

출처: 대신 CYBOS

면서 삼성전자는 2020년 1월에 2년 전 역사적 고점을 강하게 돌파하기 시작했고 SK하이닉스, 삼성바이오로직스, LG화학, 카카오, 네이버와 같은 시총 상위 대형 우량주들도 모두 신고가를 경신하는 움직임을 보였다. 주식시장은 마치 '파라다이스'을 향해 떠나는 비행기처럼 이륙하고 있었다.

이렇게 희망찬 1월을 지나며 2,250 선을 탈환했던 주식시장은 코로나19라는 돌발 악재를 만나면서 마치 새떼에 충돌한 1549편 여객기처럼 추락하기 시작했다. 2,250 포인트에서 1,430 포인트까지 추락하는 데 걸린 시간은 두 달이 채 되지 않았다. 1,437 포인트라는 숫자는 2009년 6월에 기록했던 지수였는데, 코로나19 위기로 주식시

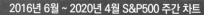

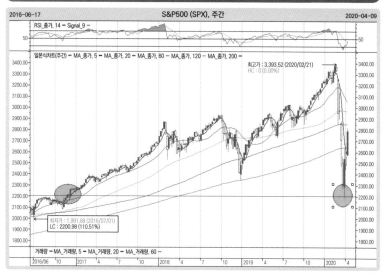

출처: 대신증권 CYBOS

장은 11년 전 수준의 주가로 돌아간 것이었다. 미국 주식시장도 마찬가지였다. 코로나19가 아시아를 강타하고, 유럽을 강타하고, 미국을 강타하면서 2월 중순까지 신고가를 기록하며 거침없는 상승을 달리던 S&P500 지수는 딱 5주 만에 -35% 하락을 기록했다. 2016년 트럼프-힐러리 대선 전에 기록했던 2,200 선까지 급락한 것이다. 전세계 주식시장이 모두 3~10년 전으로 후퇴한 듯 보였다.

아마 작년 3월 주식을 들고 있었던 모든 투자자는 내가 타고 가던 비행기가 추락하는 듯한 공포감을 느꼈으리라 생각된다. 필자 역시 3천억 원이 넘는 고객자금을 책임지고 있는 CIO로서 내가 조종하고 있는 비행기가 추진 동력을 상실하고 추락하는 느낌을 받았다.

강력한 지지선으로 여겨지던 20일, 60일, 200일 이동평균선을 한방에 다 깨뜨리면서 지수는 추락했다. 투자자들의 마지막 심리적 지지선이었던 1,900 선마저 쉽게 함락되자, 주식시장은 속절없이 하락하며 1,430 선까지 폭락했다. 그때 당시 우리 회사 고객을 비롯해 많은 투자자가 필자에게 다음과 같은 문의를 해 왔다. '지금이라도 주식을 줄이는 것이 맞지 않나?' '인버스 또는 곱버스를 사서 헷지를 해야 하지 않나?' '이렇게 실물경기가 망가지면 은행들이 부실화되고, 그러면 금융위기가 다시 재현될 텐데… 리스크관리 차원에서 손절매를 단행하고 코로나19가 진정되고 난 다음 다시 주식을 채우는 것이 낫지 않나?'

출처: 대신증권 CYBOS

필자는 직원들에게 섹터별로 2000년 닷컴 붕괴, 2001년 9·11테러, 2003년 사스 위기, 2008년 금융위기 당시 폭락장에 관한 분석을 지시했다. 30대 펀드매니저들은 위 폭락장을 경험하지 못했기 때문에 이런 패닉 장세를 직접 경험했던 필자가 직접 밤늦게까지 자료를 만들어 발표하고 대응전략을 제시했다. 그리고 당시 우리가 내렸던 결론은 '이 폭락은 1987년 블랙먼데이와 비슷한 투매 현상이며, 공포감은 마치 9·11테러 때나 2003년 사스, 2008년 리먼 사태처럼 투자자를 두렵게 하지만, 과거 폭락장 이후처럼 이번에도 주식시장은 빠르게 회복할 것이다'였다.

이런 결론을 바탕으로 필자는 우리 매니저들에게 앞으로 코로나19 확진자 숫자 추이에 관한 이야기는 더 하지 말고, 2009년 시장을 주도했던 애플, 아마존과 같은 주식처럼 이번 장에서는 어떤 것이 주도주가 될지를 찾는 데 집중하라고 부탁했다.

이렇게 코로나19 충격에 대한 대응전략을 수립하고 있을 때, 10억 원이 넘는 자금을 당시 재직중이던 회사에 위탁하셨던 한 고객이 찾아왔다. 순식간에 불어난 손실을 더는 견디기 힘드니 담당 매니저였던 부사장님께 주식을 다 정리해달라고 한 것이다. 부사장님께서는 흙빛이 된 얼굴로 다가오셔서 회의실에 대기 중인 그 고객에게 조언을 좀 해달라고 요청하셨다. 필자는 주저 없이 회의실로 들어가서 그 고객에게 이렇게 얘기했다.

"고객님. 지금 여기서 주식을 정리하시면 화병 나십니다. 앞으로 2020년 7월까지 주식시장은 2,100 포인트를 회복할 겁니다. 저희가

시장을 다 분석해보고 말씀드리는 것이니, 저를 믿고 7월까지만 기다려주세요."

필자의 얘기를 꼼꼼하게 메모하셨던 그 고객은 필자의 얘기를 한번 믿어 볼테니 7월에 다시 오겠다고 한 뒤 돌아갔다. 그렇게 4개월 뒤 7월이 되었을 때 그 고객의 일임 계좌는 손실을 다 만회했을뿐만 아니라 2020년 2월 코로나19 폭락 직전보다 자산이 더 불어나 있었다. 이후 그 고객에게 2021년 1월 초 수익이 꽤 많이 났으니 일단 투자 이익금 먼저 찾아가시라고 안내했고, 4개월 뒤 5월에는 원금마저 다 찾아가시라고 안내해 드렸다.

지금도 필자의 책상 서랍장에는 2020년 2월부터 3월 말까지 과거 폭락 시장의 케이스를 분석하고 토론했던 우리 운용팀의 자료가 보관되어 있다. 우리 업계에서 폭락장에 대한 분석을 필자만큼 많이 한 사람은 아마 없을 거다. 대부분의 펀드매니저들은 시장 분석보다는 '종목 분석'에 많은 시간을 할애하기 때문이다. 하지만 필자는 시장 분석에 70% 이상 시간을 할애한다. 돈은 시장이 벌게 해 준다고 했다. 그리고 우리나라 주식시장은 변동성이 심하기에 시장 분석에 실패할 경우 타격이 아주 크다. 심한 변동성 탓에 큰 위기가 자주 오고, 또 그만큼 큰 기회도 자주 온다. 그동안 이 바닥에서 승승장구하던 베테랑 매니저나 슈퍼개미들이 한 번의 위기에서 대응에 실패해 추락한 비행기가 되는 경우를 종종 봤다.

필자는 수천 번의 안락한 비행 기록보다 단 한 번이라도 절체절명의 순간에 고객과 승무원들의 생명을 안전하게 구조한 체슬리와 같은 펀드매니저가 되기를 원한다. 비행기 조종사에게 안락한 비행은 '고객에게 제공하는 기본적인 서비스'다. 새떼와의 충돌로 발생하는 추락 위기에서 비행기를 안전하게 불시착시키며 큰 부상 없이 고객의 생명을 구한 것은 체슬리만의 '탁월한 위기관리 능력' 때문이다.

필자는 강세장에서 벤치마크 지수를 웃도는 수익률, 또는 장기적으로 물가와 금리를 웃도는 수익률은 펀드매니저가 고객에게 제공해야 하는 '기본적인 서비스'라고 생각한다. 고객의 소중한 자금을 운용하는 펀드매니저나 금융권 종사자는 '수익률'이라는 '기본 서비스' 외에 반드시 '리스크 관리 능력'을 갖춰야 한다. 워런 버핏이 첫째도, 둘째도 강조한 원칙인 '절대 잃지 마라'는 그만큼 '리스크 관리'가 중요하다는 뜻이다. 10번 이기고 한 번 실패로 다 잃으면 그때까지 쌓아온 수익률은 아무 의미가 없다. 주식투자를 하다 보면 전혀 예상하지 못했던 블랙스완이 가끔 출현한다. 이런 리스크를 아예 피할 수는 없지만, 어떻게 슬기로이 대응해야 하는지는 공부와 훈련을 통해 습득할 수 있다.

"

지난 42년간 수천 번의 비행을 했지만, 세상이 나를 판단하는 것은 그날 단 한 번의, 208초간의 비행이다. 그러니 우리는 잊지 말아야 한다. 언제 어디서든 옳은 일을 해야 한다는 것, 그리고 최선을 다해야 한다는 것을. 우리 삶의 어느 순간이 판단 기준이 될지 결코 알 수 없기 때문이다.

— 체슬리 설렌버거Chesley Sullenberger, 에어버스 A320 기장

"

특별부록

◆ ◆ ◆

박세익의
월간 운용전략
보고서

월간 시장전망 및 운용전략
(2020년 6월~2021년 5월)

여기 첨부한 월간 운용전략 자료는 필자가 인피니티투자자문에 재직 당시 월 말마다 개최한 '월간 운용전략 회의'에서 다음 달 주식시장에 대한 전망과 운용전략을 발표한 자료다. 당시 필자는 주식운용을 총괄하는 CIO로서 '주식시장 전망 및 운용전략 수립'을 담당했고, 다른 매니저 및 직원들은 각자 맡은 섹터에 대한 '섹터 전망 /Top Pick 종목 / 종목별 투자 비중'을 발표했다.

이런 자료들을 가지고 짧게는 1시간 길게는 3시간가량 월간 운용회의를 진행했으며, 아래와 같은 작업을 했다.

1. 주식시장 전망
2. 섹터 전망
3. 지수 Benchmark Index 추종형 모델 포트폴리오 Model Portfolio 구축
4. 절대수익 Absolute Return 모델 포트폴리오 Model Portfolio 구축

필자가 월간 운용전략 자료를 작성하는 포맷Format은 다음과 같다.

주식시장 Review

필자는 바둑기사들처럼 시장을 복기復棋해보는 것을 중요하게 생각 한다. 내가 잘했든 못했든 나의 전략과 투자판단에 대한 복기를 해 보는 습관을 가져야 성공한다. 그래야 장점은 더 강화되고, 단점은 보완이 되면서 실력이 쌓이게 된다.

월간 운용전략 자료 첫 페이지는 한달 전에 필자가 시장을 어떻게 전망했고, 또 실제 시장은 어떻게 전개되었는지에 대한 Review를 여러 가지 차트와 함께 적어 놓았다. 그리고 한달 간 주식시장에서 발생한 크고 작은 이벤트들에 대해 시장은 어떻게 반응을 했는지 간단히 코멘트를 적어 놓았고, 또 각종 기술적 지표가 말해주는 시장의 체력과 에너지는 어떤 상태에 와 있는지를 점검하고 요약을 해 놓았다. 코스닥시장 동향에 대한 점검도 게을리하지 않았는데, 코스닥시장은 기관투자자의 비중이 상대적으로 낮고 개인투자자들의 비중이 높아 '대중들의 투자심리Sentiment'를 파악하는데 유용하기 때문이다.

그리고 항상 원/달러 환율 동향에 대해서도 적어 놓았는데, 필자가 혹시나 인지하지 못하고 있는 시스템 리스크System Risk 가능성에 대한 감시견Watch Dog 역할을 해주기 때문이다. 코로나19 발발 이후 많은 주식 및 경제 전문가들이 '시스템 리스크' 가능성을 경고했기 때문에 필자는 원/달러 환율 동향을 늘 면밀히 관찰해 왔다.

"수급은 모든 재료에 우선한다"라는 말은 수백 번 강조해도 지나치지 않는다. 그래서 '투자자들 매매 동향'을 늘 체크한다. 현재 주식시장을 이끌고 있는 수급의 주체가 누구인지, 또 각각의 주체들은 어떤 로직을 갖고 이런 매매 동향을 나타내고 있는지, 앞으로 시장 흐름에 이 주체들이 어떻게 시장에 영향을 줄 것인지 등에 관한 생각을 하면서 외국인, 기관, 개인투자자들의 '1개월간의 매매동향'과 '연초 이후 매매동향'을 항상 체크해 둔다.

마지막으로 주식시장에 영향을 줄 수 있는 유가와 금리 동향도 가끔씩 언급을 하곤 했는데, 유가나 금리는 경제에 영향을 주는 특정 임계치에 도달하기 전까지는 그 가격 레벨에 대한 분석 보다는 현재 하향 추세인지 상향 추세인지 그 방향성을 점검하고 가끔씩 나의 생각을 짧게 코멘트를 해 두었다.

시장 전망 및 운용 전략

필자는 항상 맞든 틀리든 구체적이고 명확한 시장 전망과 전략을 제시한다. 주식시장에 참여해 있는 수많은 투자자들과 또 한달 동안 숙명의 '쩐의 전쟁'을 해야 하는데, 운용 본부장으로서 우리 펀드매니저들에게 늘 '투자에 대한 올바른 방향을 제시하고 이기는 전략'을 제시해 주고 싶었다.

1~2페이지로 간단명료하게 제시하는 'ㅇ월 시장전망과 운용전략'
에는 다음달 코스피와 코스닥에 대한 개략적인 지수전망과 대응전략
을 적어 놓았다. 주식시장에 영향을 미칠 수 있는 다양한 변수들(금
리, 경기싸이클, 현재 시장을 주도하는 혁신 기업, 수급 동향, 대중들의 투자심
리, 외국인 투자 스탠스, 각종 기술적 지표 등)을 종합적으로 판단해서 지
금 시장이 돈을 벌 수 있는 장인지, 수비를 해야 하는 장인지에 대한
판단을 하고 운용전략을 제시했다.

기업 탐방 중심의 Bottom up Approach(기업분석 중심의 포트폴리오
운용전략)를 중요시 하는 운용사에서는 이런 식의 월간 주식시장 전망
과 운용전략을 짜는 것이 의미 없는 헛된 노력이라고 볼 수도 있다.

시장을 도대체 어떻게 맞추지? 시장을 왜 예측하려 하지?하는 의
문을 가질 수도 있다. 우리가 짧은 시장의 변동성부터 코로나19 위기
와 같은 '블랙스완'을 미리 예측할 수는 없지만, 이런 이벤트가 발생
했을 때는 과거 비슷한 사례 분석을 통해 '어떻게 대응하는 것이 가
장 바람직한 운용전략인가'는 알 수 있다. 국내 및 해외 주식시장의
다양한 역사는 불확실성으로 가득한 주식시장의 미래를 보여 준다.
그리고, 나에게 익숙한 길은 운전하기 편하듯이 주식시장도 반복되
는 패턴을 알면 좀 더 Conviction(확신)을 갖고 투자할 수 있다.

특별 부록에 수록되어 있는 월간 운용전략 자료는 코로나19 위기
이후 급 변동하는 주식시장에서 일년 동안 수천억의 고객 자금을 어

떤 전략으로 운용했는지에 대한 기록이다. 총알이 빗발치는 전쟁터에서 기록한 '야전사령관의 일지'와 같은 느낌으로 봐 주길 바란다.

2020년 6월 운용전략

2020년 5월 시장 Review

Actual 코스피 1,894~2,054 (-2.7% ~ +5.5%)
코스닥 635~730 (-1.5% ~ +13.2%)
5월 전망 코스피 1,850 (5WMA) ~ 2,060 (60WMA)
코스닥 620~690

원/달러 1,239.6원 (+1.7%, 2020. 4월 말: 1,218.2, 3월 말: 1,217.4)
5개월 연속 상승

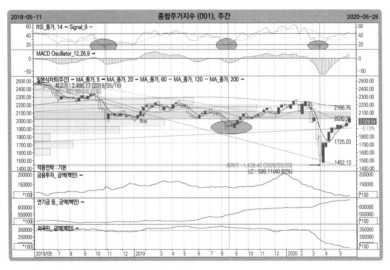

- 911테러 이후의 랠리랑 비슷한 형태의 상승 지속
- MACD 오실레이터 Plus(+) 영역 진입 후 상승 추세 국면으로 진입
- 5주 MA(이동평균): 1,963 / 5월 MA: 1,967 / 5년 MA: 2,152

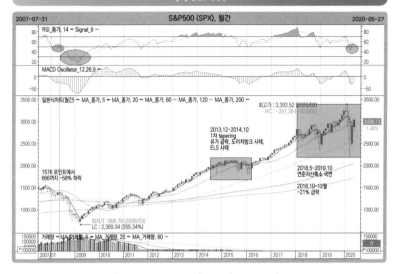

미국 S&P500

- Structural Bear Markets(구조적요인에 의해 발생)인 경우(2001, 2008): RSI 30 까지 추가 하락 예상 (2021.1H 예상)
- 2008년 말 패닉셀링(Panic Selling) 지표와 유사한 수준의 VIX*, High Yield Spread,** Ted Spread*** 발생
  → 이미 최악의 국면 지나고, 2009년과 유사한 형태의 상승 국면 진입한 것으로 사료됨

* 변동성지수(Volatility Index).

** 신용도가 낮은 기업의 채권과 신용도가 높은 기업의 채권간의 수익률 차이를 의미.

*** T(T-Bill, 미국 단기국채)과 ED(Euro Dollar, 유로달러)의 Spread(차액), 쉽게 말해서 미국 단기국채금리와 유로달러금리(리보금리)의 차이.

- 원/달러 환율: 외국인 매수 유입이 본격화되면 2009년 3월 이후처럼 안정화 될 듯

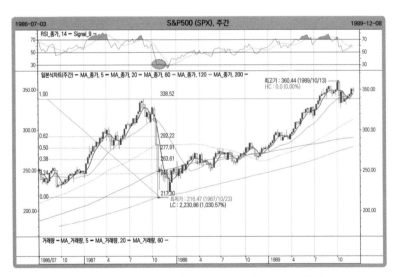

- 1987년 블랙 먼데이(Black Monday)와 매우 흡사한 주가 급락/주가 회복 패턴 진행 중

2020년 투자자별 매매동향

| 매매종합 | 시간대별 | 시장흐름 | 업종별현황 | 일별현황 | **기간별집계** | | 업종수급동향 |

조회기간 지정 2020/01/01 2020/05/28 (단위 억 원 , 계약수)

투자자	주식(장내)			주식(코스닥)			KSP200 선물(계약수)		
	매도	매수	순매수	매도	매수	순매수	매도	매수	순매수
개인	5,041,498	5,321,239	279,741	7,000,358	7,063,449	63,091	8,468,371	8,435,319	-33,052
외국인	2,002,179	1,768,522	-233,657	782,921	760,058	-22,863	26,346,834	26,374,369	27,535
기관계	1,802,645	1,729,064	-73,581	263,336	234,011	-29,325	4,617,164	4,621,505	4,341
금융투자	680,789	567,854	-112,935	106,434	99,051	-7,383	3,204,468	3,246,888	42,420
보험	73,615	72,957	-658	12,672	13,296	624	108,994	101,562	-7,432
투신	144,711	137,397	-7,314	54,305	47,511	-6,794	760,582	731,115	-29,467
은행	8,478	8,551	73	1,920	1,870	-50	34,789	30,950	-3,839
기타금융	5,954	9,146	3,192	4,347	1,689	-2,658	3,718	3,590	-128
연기금	793,599	847,405	53,806	33,865	31,674	-2,191	504,613	507,400	2,787
국가지자체									
기타법인	75,558	102,421	26,863	52,185	41512	-10673	549,997	551,173	1,176

- 개인 코스피/코스닥 양 시장에서 34조 원 가량 순매수
- 금융투자 매도는 ELS 만기 도래 물량 / PI 매도 추정

5월 투자자별 매매동향

| 매매종합 | 시간대별 | 시장흐름 | 업종별현황 | 일별현황 | **기간별집계** | | 업종수급동향 |

조회기간 지정 2020/05/01 2020/05/30 (단위 억 원 , 계약수)

투자자	주식(장내)			주식(코스닥)			KSP200 선물(계약수)		
	매도	매수	순매수	매도	매수	순매수	매도	매수	순매수
개인	1,202,315	1,240,150	37,835	1,721,746	1,734,408	12,662	1,026,309	1,023,648	-2,661
외국인	353,090	314,252	-38,838	157,021	155,258	-1,763	3,976,247	3,975,796	-451
기관계	319,064	317,182	-1,882	53,692	47,007	-6,685	633,911	636,744	2,833
금융투자	97,523	93,317	-4,206	19,089	17,694	-1,395	424,368	428,263	3,895
보험	17,308	15,416	-1,892	3,472	4,010	538	6,756	9,650	2,894
투신	26,199	25,910	-289	12,142	9,909	-2,233	107,096	103,641	-3,455
은행	1,649	1,307	-342	427	390	-37	2,323	2,691	368
기타금융	1,041	2,334	1,293	1,321	353	-968	615	424	-191
연기금	160,631	165,773	5,142	7,606	7,177	-429	92,753	92,075	-678
국가지자체									
기타법인	14,178	17,056	2,878	13,802	9,637	-4,165	75,978	76,257	279

- 전월 대비 외국인 매도 규모 큰 폭 감소

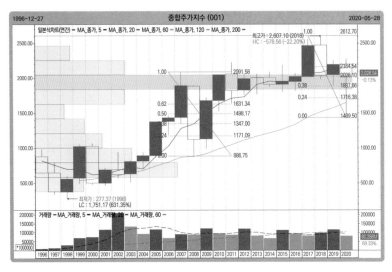

- 유가 바닥 확인 후 주식시장은 늘 랠리가 왔다(최소 2년 이상)
- 코스피란 강아지는 5 YMA 를 중심으로 GDP 와 같이 산책한다. 2021년 한국의 GDP는?
- JPM 한국 전망: 2023년 1인당 $38,000 (x 5200만 명 = $1.97조 x 1200원/1$ = 2,371조 원)
- 현재 코스피 1,353조 원 + 코스닥 235조 원 = 1,588조 원(2023년 코스피 2천조 원 ➡ 2,858 포인트)

6월 시장 전망

코스피 1,950 (5WMA)~2,152 (5YMA)

코스닥 687(5WMA)~750

유력 시나리오 (911테러와 같은 극단의 공포 이후 나타나는 반등 패턴) :

2001년 911테러 이후 6개월간의 강세 랠리와 비슷한 패턴의 주가 상승 예상

(2000년 닷컴 버블 붕괴 후 가파른 주가 하락 후 500~650 포인트 지루한 박스권 기간

조정 보임. 이후 911테러 발생 ➡ 6개월 랠리 시연

– 닷컴 붕괴 후 경기침체(recession) 국면에서 추가테러에 대한 두려움의 벽을 타고 6개월 상승 (5MA 지지)

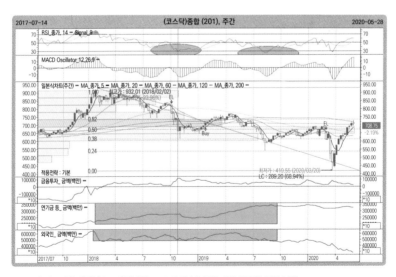

– 코스닥지수 상승패턴이 911테러 이후 코스피 상승추이와 매우 흡사한 모양 보임

2020년 7월 운용전략

2020년 6월 시장 Review

Actual 코스피 2,030~2,217 (+0.1% ~+9.2%)

코스닥 693~767 (-2.9% ~+7.5%)

6월 전망 코스피 1,950 (5WMA)~2,152 (5YMA)

코스닥 687(5WMA)~750

원/달러 1,198.60원 (-3.22%, 2020. 4월 말: 1,218.2, 5월 말: 1,238.5)

→ 6개월 만에 하락 반전

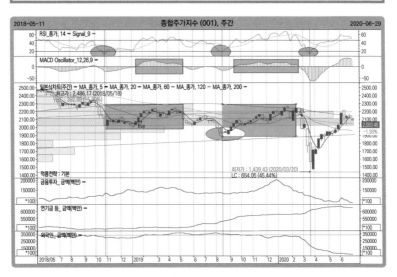

- 911테러 이후의 랠리랑 비슷한 랠리 지속 중 (2001년: 카드소비 / 2020년: 재난지원금)
- MACD 오실레이터 Plus(+) 영역 진입 후 상승 추세 진행 중
- 5주 MA: 1,963 (5월) → 2,136 (6월) / 5월 MA: 1,967 → 1,962 (6월) / 5년 MA: 2,152

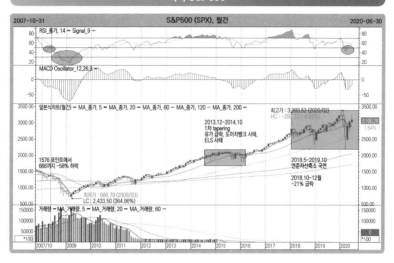

미국 S&P500

- Structural Bear Markets 인 경우(2001, 2008): RSI 30 까지 추가 하락 예상 (2021.1H 예상)
- 2008년 말 패닉셀링 지표와 유사한 수준의 VIX, High Yield Spread, Ted Spread 발생
- 2009년과 유사한 형태의 상승. 그러나 너무 빠른 회복, 버핏지수 149% 까지 상승 후 반락

원/달러 환율 동향

- 원/달러 환율: 1,200선 무너지며 2007~2008년과 다른 흐름

2020년 투자자별 매매동향

[7212] 기간별 투자자 매매현황

| 매매종합 | 시간대별 | 시장흐름 | 업종별현황 | 일별현황 | **기간별집계** | | 업종수급동향 |

조회기간 지정 2020/01/01 2020/06/30 (단위 억 원, 계약수)

투자자	주식(장내)			주식(코스닥)			KSP200 선물(계약수)		
	매도	매수	순매수	매도	매수	순매수	매도	매수	순매수
개인	7,048,303	7,368,079	319,776	9,185,281	9,261,932	76,651	9,986,047	9,959,430	-26,617
외국인	2,461,715	2,214,054	-247,661	994,752	977,836	-16,916	32,882,340	32,939,220	56,880
기관계	2,328,383	2,227,321	-101,062	338,684	296,855	-41,829	5,888,851	5,858,283	-30,568
금융투자	869,952	752,513	-117,439	138,982	126,411	-12,571	3,988,710	4,025,574	36,864
보험	96,389	94,191	-2,198	16,526	16,951	425	166,121	157,172	-8,949
투신	188,062	176,601	-11,461	70,503	60,820	-9,683	1,076,702	1,021,174	-55,528
은행	16,427	10,433	-5,994	2,554	2,302	-252	38,025	34,383	-3,642
기타금융	7,454	10,369	2,915	6,255	2,305	-3,950	4,169	4,163	-6
연기금	1,034,402	1,080,538	46,136	42,364	39,821	-2,543	615,124	615,817	693
국가지자체									
기타법인	97,934	126,060	28,126	70,525	53,500	-17,025	641,533	641,838	305

- 개인 코스피/코스닥 양 시장에서 40조 원 가량 순매수 합계
- 금융투자 매도는 ELS 만기 도래 물량 / PI 매도 추정 + ELS 신규 론칭 부진

6월 투자자별 매매동향

[7212] 기간별 투자자 매매현황

| 매매종합 | 시간대별 | 시장흐름 | 업종별현황 | 일별현황 | **기간별집계** | | 업종수급동향 |

조회기간 지정 2020/06/01 2020/06/30 (단위 억 원, 계약수)

투자자	주식(장내)			주식(코스닥)			KSP200 선물(계약수)		
	매도	매수	순매수	매도	매수	순매수	매도	매수	순매수
개인	1,932,408	1,970,552	38,144	2,112,532	2,127,147	14,615	1,450,528	1,458,134	7,606
외국인	411,209	399,021	-12,188	201,212	205,402	4,190	6,275,253	6,300,587	25,334
기관계	506,316	479,208	-27,108	72,933	60,913	-12,020	1,235,279	1,203,291	-31,988
금융투자	183,099	179,203	-3,896	31,574	26,528	-5,046	758,699	755,055	-3,644
보험	22,273	20,671	-1,602	3,763	3,572	-191	56,742	55,383	-1,359
투신	41,958	37,234	-4,724	15,564	12,786	-2,778	311,131	286,308	-24,823
은행	7,875	1,850	-6,025	618	427	-191	3,195	3,431	236
기타금융	1,476	1,182	-294	1,864	595	-1,269	451	573	122
연기금	230,088	222,651	-7,437	8,302	7,892	-410	105,061	102,541	-2,520
국가지자체									
기타법인	21,848	22,804	956	17,780	11,659	-6,121	87,817	86,865	-952

- 현선물 합쳐서 '순매수' 전환 (+1조 원 순매수)
- 코스피/코스닥에서 전월 대비 외국인 매도 규모 큰 폭 감소 중 (5월: 4조 원 가량 순매도)

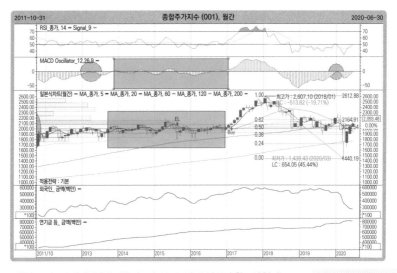

- 월봉 MACD 오실레이터 양전환 시도 中 2012~2016년 주가 횡보 이유는?
- China PPI Deflation*: 2012~2016 동안 '마이너스' 기록
- 코스피 EPS: 2012~2014 상장사 영업이익 감익구간

* 중국 생산자물가지수
디플레이션.

7월 시장 전망

코스피 1,962(5WMA) + 2,165(5YMA, Pivot) + 2,277(52weeks high)

코스닥 687(5WMA) – 702 (5YMA, Pivot) + 770 (52weeks high)

- 양호한 기업실적 /컨센을 상회하는 경기지표 / 낮은 금리 / 풍부한 시장 유
  동성을 바탕으로 지수 하방이 강하게 지지되는 모습
- 2001년 911테러 이후 6개월간의 강세 랠리와 비슷한 패턴으로 상승 진행 중
- 주식시장은 향후 3개월간 '미국 대선 불확실성' 영역으로 진입 ➡ 바이든
  당선 시 미국 기업 EPS $170 ➡ $150 하향 가능
- 따라서, 불확실한 미국 기업의 미래 Cash flow(현금흐름)에 대한 베팅보다는
  상대적으로 미 대선 영향에 둔감한 섹터 및 국가 상대적 강세 현상 예상

➡ 한국 주식은 Pivot 지수를 중심으로 'Trading Buy(단기매수)' 전략 제시

➡ 미국 주식은 S&P500 기준 3100 Pivot 으로 'Trading Sell(매매)' 전략 제시

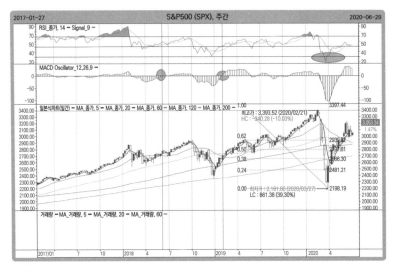

- S&P500 기준으로 버핏인덱스〉140% 구간은 '비중 축소로 대응(Trading Sell)'

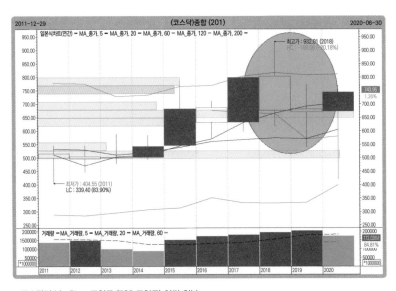

- 코스닥지수는 Pivot 포인트 (703 포인트) 이미 회복
- 볼린저밴드 상단인 811 포인트 이상에서 적극적으로 비중 축소 바람직

2020년 8월 운용전략

2020년 7월 시장 Review

Actual 코스피 2,101~2,281 (-0.33% ~+8.2%)

코스닥 726~818(-1.5% ~+10.9)

7월 전망 코스피 1,962(5WMA) + 2,165(5YMA, Pivot) + 2,277(52weeks high)

코스닥 687(5WMA) - 702 (5YMA, Pivot) + 770 (52weeks high)

원/달러 1,194.40원 (-0.71%, 5월 말: 1,238.5, 6월 말: 1,198.6)

➜ 2개월 연속 하락

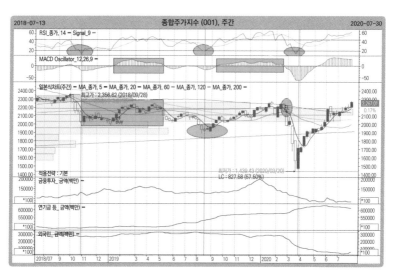

- 911테러 이후의 랠리랑 비슷한 랠리 지속 중 (2001년: 카드소비 / 2020년: 재난지원금)
- MACD 오실레이터 Plus(+) 영역 진입 후 상승 추세 진행 중
- 5WMA: 2,136 (6월) ➜ 2,194 (7월) / 5MMA: 1,962(6월) ➜ 2,021(7월) / 5년 MA: 2,199

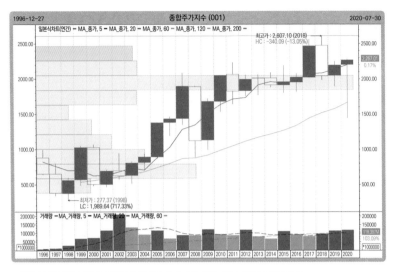

- 20YMA (1,665 포인트) 근처에서 주식을 살 수 있는 것은 12년 만에 온 기회였다
- 5YMA (2,199 포인트) 회복 ➡ GDP & EPS growth(성장)에 의해 5YMA 기울기 결정

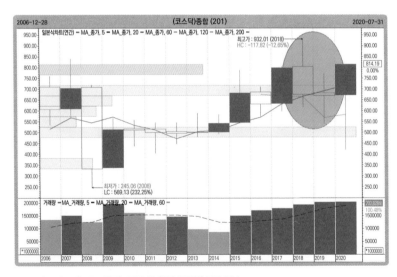

- 코스닥: 5YMA (717 포인트), 20YMA (583 포인트) 모두 회복
- 2015년 이후 코스닥 5YMA 우상향 성장 추세 형성 due to the growth of intangible asset.

미국 S&P500

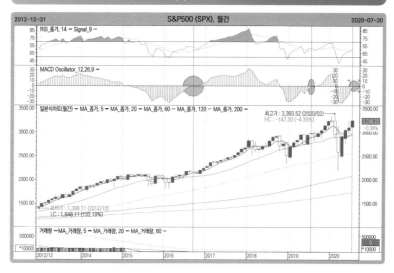

- 2009년과 유사한 형태의 반등 진행 중, even faster(훨씬 더 빨리)
- 코로나 직전 버핏지수 154%. 현재 150%.
- 실적이 동반 안되는 기업까지 확산되기 힘듦. 당분간 디커플링 지속 예상

원/달러 환율 동향

- 원/달러 환율: 위험 임계치인 1,280원 상향 돌파 실패한 후 2009, 2016년과 비슷한 흐름
- MACD 오실레이더 음전환 시 국내 주식시장 2년간 랠리 강화될 전망

[7212] 기간별 투자자 매매현황

| 매매종합 | 시간대별 | 시장흐름 | 업종별현황 | 일별현황 | **기간별집계** | | 업종수급동향 |

조회기간 [지정] 2020/01/01 2020/07/30 (단위 [억 원], 계약수)

투자자	주식(장내)			주식(코스닥)			KSP200 선물(계약수)		
	매도	매수	순매수	매도	매수	순매수	매도	매수	순매수
개인	9,114,607	9,452,056	337,449	11,269,633	11,360,055	90,422	10,977,822	10,950,505	-27,317
외국인	2,819,236	2,582,913	-236,323	1,174,877	1,157,117	-17,760	36,523,880	36,596,061	72,181
기관계	2,746,549	2,618,710	-127,839	410,966	362,019	-48,947	6,440,274	6,394,077	-46,197
금융투자	1,029,865	914,303	-115,562	168,187	153,086	-15,101	4,354,138	4,375,010	20,872
보험	114,472	107,760	-6,712	20,095	20,848	753	172,309	167,727	-4,582
투신	222,345	203,327	-19,018	84,316	74,003	-10,313	1,187,222	1,129,571	-57,651
은행	18,038	11,847	-6,191	3,195	2,664	-531	39,565	35,449	-4,116
기타금융	9,246	11,473	2,227	7,982	2,757	-5,225	4,371	4,445	74
연기금	1,219,813	1,255,103	35,290	52,524	50,245	-2,279	682,669	681,875	-794
국가지자체									
기타법인	118,222	144,449	26,227	87,561	64,781	-22,780	689,453	690,786	1,333

- 개인 코스피/코스닥 양 시장에서 40조 원 가량 순매수
- 금융투자 매도는 ELS 만기 도래 물량 / PI 매도 추정 + ELS 신규 론칭 부진

[7212] 기간별 투자자 매매현황

| 매매종합 | 시간대별 | 시장흐름 | 업종별현황 | 일별현황 | **기간별집계** | | 업종수급동향 |

조회기간 [지정] 2020/07/01 2020/07/31 (단위 [억 원], 계약수)

투자자	주식(장내)			주식(코스닥)			KSP200 선물(계약수)		
	매도	매수	순매수	매도	매수	순매수	매도	매수	순매수
개인	2,109,712	2,127,289	17,577	2,146,088	2,161,519	15,431	1,018,250	1,018,213	-37
외국인	364,988	377,880	12,892	185,676	183,964	-1,712	3,746,832	3,759,982	13,150
기관계	428,800	400,492	-28,308	74,506	66,734	-7,772	565,215	550,886	-14,329
금융투자	165,108	165,483	375	59,973	27,142	-2,831	376,834	361,611	-15,223
보험	18,192	13,723	-4,469	3,649	3,982	333	6,220	10,556	4,336
투신	34,739	27,048	-7,691	14,185	13,464	-721	111,491	109,595	-1,896
은행	1,624	1,425	-199	655	363	-292	1,550	1,086	-464
기타금융	1,804	1,174	-630	1,793	475	-1,318	202	282	80
연기금	189,875	179,152	-10,723	10,447	10,576	129	68,918	67,756	-1,162
국가지자체									
기타법인	20,609	18,820	-1,789	17,465	11,597	-5,868	48,716	49,932	1,216

- 6월 외국인은 현선물 합쳐서 '순매수' 전환 (+1조 원 순매수)
- 7월 외국인 코스피시장에서 1.3조 원 순매수. 선물시장에서 1조 원 순매수
- 코스피시장에서 외국인 매수 2개월 연속 순매수 (vs. 5월: 4조 원 가량 순매도)

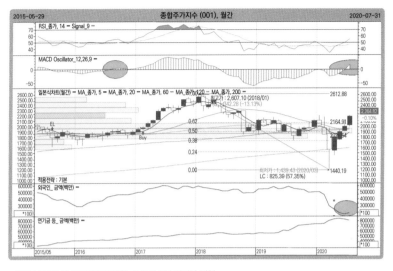

- 월봉 MACD 오실레이터 양전환 ➜ 통상 2년 강세장 진입
- China PPI Deflation: 2012~2016. 최근 China PPI 반등 중
- 코스피 EPS: 2020년 2분기 상장사 순이익 뜻밖의 기록 중

8월시장 전망

코스피 2,020(5WMA) – 2,199(5YMA, Pivot) + 2,390(2018년 매물대)

코스닥 718(5YMA) – 810 (Bollinger Band high) + 932 (historical high)

- 양호한 기업실적 / 컨센을 상회하는 경기지표 / 낮은 금리 / 풍부한 시장 유동성을 바탕으로 상승추세 유지
- 2001년 911테러 이후 6개월간의 강세 랠리와 비슷한 패턴으로 상승 진행 중 (2020년 4월~9월)
- 주식시장은 향후 3개월간 '미국 대선 불확실성' 영역으로 진입 ➜ 바이든 당선 시 미국 기업 EPS $170 ➜ $150 하향 가능
- 따라서, 불확실한 미국 기업의 미래 Cash flow(현금흐름)에 대한 베팅보다는 상대적으로 미 대선 영향에 둔감한 섹터 및 국가 상대적 강세 현상 예상

➜ 한국 주식은 Pivot 지수를 중심으로 'Trading Buy(단기매수)' 전략 유지

➜ 미국 주식은 S&P500 기준 3100 Pivot 이상에서 '단계적 이익 실현' 전략 제시

2020년 9월 운용전략

2020년 8월 시장 Review

Actual 코스피 2,237~2,458 (-0.5% ~+9.3%)

코스닥 781~848(-4.1% ~+5.9)

8월 전망 코스피 2,020(5WMA) - 2,199(5YMA, Pivot) + 2,390(2018년 매물대)

코스닥 718(5YMA) - 810 (Bollinger Band high) + 932 (historical high)

W/$ 1,187.80원 (-0.29%, 5월: 1,238.5, 6월: 1,198.6, 7월:1,191.3)

→ 3개월 연속 하락

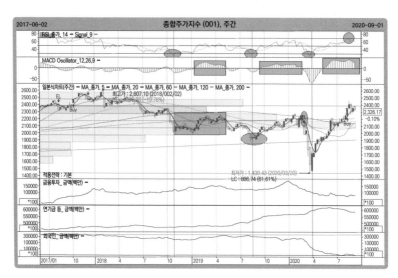

- 911테러 이후의 6개월 랠리랑 비슷한 상승세 진행 중 (5주 MA가 강력한 지지선)
- MACD 오실레이터 (상승 추세 진행 중), RSI (단기 과열 국면 진입)
- 5WMA: 2,194 (7월) → 2,333 (8월) / 5MMA: 2,017(7월) → 2,132(8월)
- 5YMA (2,216 포인트) 회복 후 지지 → GDP & EPS 성장에 의해 5YMA 기울기 결정
- 코스닥: 5YMA (725.7 포인트), 20YMA (583 포인트) 모두 회복

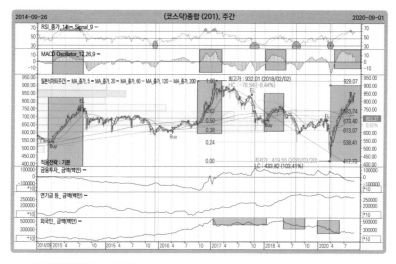

– 코스닥 랠리의 비중 축소 시점은?

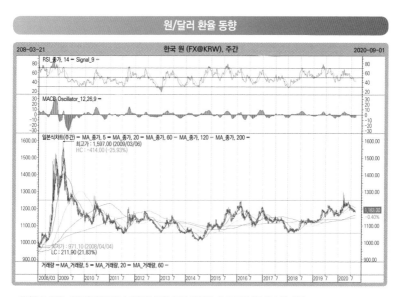

– 원/달러 환율: 위험 임계치인 1,280원 상향 돌파 실패한 후 2010년과 비슷한 흐름
– 2021년 하반기 1,050원까지 하락도 가능

기간별집계 | 증시자금 동향 | 증시자금 비교차트 | KRX 채권지수 | 채권지수

금리종류 ⊙ 국내금리 ○ 해외금리

채권 종류	일자	수익률	대비	국고채권(10년)		○ 6개월 ⊙ 1년
국민주택 1종(5년)	9/01	1.395	0.056	일자	수익률	전일대비
통안증권(91일)	9/01	0.662	0.021	2020-09-01	1.582	0.066
통안증권(1년)	9/01	0.712	0.021	2020-08-31	1.516	0.030
통안증권(2년)	9/01	0.863	0.024	2020-08-28	1.486	0.065
산금채(1년)	9/01	0.853	0.022	2020-08-27	1.421	0.017
한전채(3년)	9/01	1.524	0.024	2020-08-26	1.404	0.017
회사채(AA-,무보증3년)	9/01	2.291	0.027	2020-08-25	1.387	0.009
회사채(BBB, 무보증3년)	9/01	8.639	0.025			
CD(91일)	9/01	0.630	0.000	2020년 8월 3일 1.30%		
CP(91일)	9/01	1.330	-0.030			
국고채권(1년)	9/01	0.746	0.024			
국고채권(3년)	9/01	0.977	0.037			
국고채권(5년)	9/01	1.273	0.063			
국고채권(10년)	9/01	1.582	0.066			
국고채권(20년)	9/01	1.729	0.063			
국고채권(30년)	9/01	1.722	0.059			

- N은행 CIO 코멘트: "1bp 상승 시마다 채권투자에서 160억씩 손실 난다."
- 채권에서 주식으로 Great Rotation*? Yield Gap**은?

* 그레이트 로테이션. 글로벌 투자 자금이 안전 자산인 채권에서 위험 자산인 주식으로 이동하는 현상으로, 주로 경기 회복기에 나타나는 현상. 대전환이라고 한다.

** 일드갭. 주식투자(위험자산)에서 기대되는 수익률과 국채투자(안전자산)에서 기대되는 수익률 차이. 주가가 국채에 비해 낮게 혹은 높게 평가되었는지를 판단하는 데 사용.

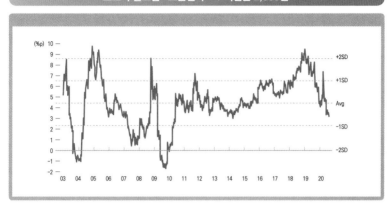

자료: Wisdfn, 한국투자증권 (주: 12M Trailling P/E 기준)

- 한국투자증권 박소연 팀장은 "만약 일드갭이 −1 표준편차 수준까지 내려간다고 가정해도 산술적으로 코스피는 2,800선까지 쉽게 상승하는 것으로 계산된다"고 설명했다.
- 2021년 순이익은 117조 원 수준으로 2% 정도 상향 조정되었다. 자기자본이익률(ROE) 전망치도 7.7%에서 7.9%로 올라갔다.

2020년 투자자별 매매동향(1/1~8/31)

[7212] 기간별 투자자 매매현황

| 매매종합 | 시간대별 | 시장흐름 | 업종별현황 | 일별현황 | **기간별집계** | | 업종수급동향 |

조회기간 │ 지정 │ 2020/01/01 │ 2020/08/31 │ (단위 억 원 , 계약수)

투자자	주식(장내)			주식(코스닥)			KSP200 선물(계약수)		
	매도	매수	순매수	매도	매수	순매수	매도	매수	순매수
개인	11,456,466	11,860,338	403,872	14,002,426	14,110,342	107,916	12,130,880	12,108,775	−22,105
외국인	3,267,302	3,001,963	−265,339	1,416,895	1,399,526	−17,369	41,020,273	41,098,175	77,902
기관계	3,294,959	3,127,649	−167,340	501,748	440,478	−61,270	7,050,500	6,992,948	−57,552
금융투자	1,249,518	1,134,789	−114,729	206,857	191,096	−15,761	4,775,820	4,788,767	12,947
보험	139,312	127,740	−11,572	25,500	25,103	−397	185,338	179,516	−5,822
투신	264,497	231,689	−33,008	102,498	88,975	−13,523	1,292,753	1,233,092	−59,661
은행	19,992	13,545	−6,447	4,073	2,946	−1,127	41,996	37,795	−4,201
기타금융	10,932	12,523	1,591	10,253	3,246	−7,007	5,207	5,305	98
연기금	1,458,278	1,477,806	19,528	63,239	60,039	−3,200	749,386	748,473	−913
국가지자체									
기타법인	143,920	172,101	28,181	107,569	79,409	−28,160	733,434	735,189	1,755

- 개인투자자가 코스피/코스닥 양 시장에서 51조 원 가량 순매수 합계
- (코스피/코스닥 순매수 합계) 외국인 −28조 원 순매도 / 기관 −23조 원 순매도

[7212] 기간별 투자자 매매현황								
매매종합	시간대별	시장흐름	업종별현황	일별현황	**기간별집계**			업종수급동향

조회기간 [지정] [2020/08/01] [2020/08/31] (단위 [억 원], 계약수)

투자자	주식(장내)			주식(코스닥)			KSP200 선물(계약수)		
	매도	매수	순매수	매도	매수	순매수	매도	매수	순매수
개인	2,256,088	2,317,795	61,707	2,617,325	2,632,479	15,154	1,103,762	1,109,279	5,517
외국인	427,702	399,233	-28,469	232,627	233,881	1,254	4,298,784	4,307,087	8,303
기관계	525,946	490,307	-35,639	86,085	75,095	-10,990	581,951	567,730	-14,221
금융투자	209,465	212,956	3,491	37,195	36,978	-217	402,356	389,787	-12,569
보험	24,154	19,423	-4,731	5,103	4,029	-1,074	12,916	11,182	1,734
투신	40,955	27,382	-13,573	17,236	14,303	-2,933	99,924	100,314	390
은행	1,911	1,663	-248	850	276	-574	2,421	2,294	127
기타금융	1,569	965	-631	2,149	457	-1,692	836	860	24
연기금	229,335	213,924	-15,411	10,025	9,178	-847	63,498	63,293	-205
국가지자체									
기타법인	24,465	26,719	2,254	19,253	14,002	-5,251	42,392	42,793	401

- 6~7월 순매수세로 돌아섰던 외국인은 8월 MSCI 리벨런싱 등으로 인해 순매도 전환

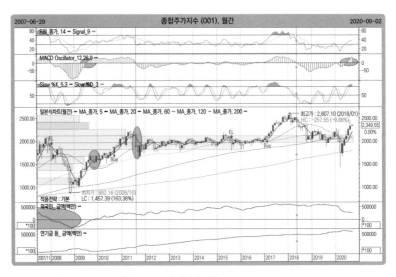

- 월봉 MACD 오실레이터 양전환 ➡ 통상 2년 강세장 진입
- 과거 China PPI Deflation 기간(2012~2016 상반기)에는 경기민감주 성과 부진
- 최근 China PPI, PMI 반등 중 ➡ 내년 2017년 랠리 재현 가능

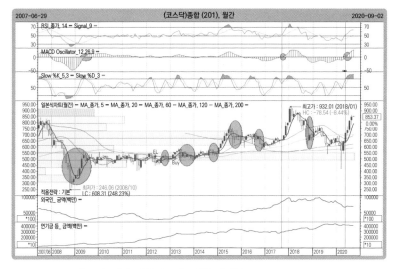

– Stochastic Slow(스토캐스틱 슬로우)* 지표로는 과열 국면 진입

* 말그대로 느리게(Slow) 오실레이터를 이용한다는 것으로 %K의 특정기간의 이동평균을 낸 것을 다시 %K로 삼고 새로 계산한 %K의 특정기간을 다시 이동평균한 %D를 사용한 것.

9월 시장 전망

9월 중순 이후 단기(9월 말~11월 초) 조정 국면 진입 예상

코스피 2,216(5년MA) − 2,214(5개월 MA) + 2,458(8월 고점)

코스닥 793(5MMA) − 853 (Bollinger Band high) + 932 (historical high)

- 양호한 기업실적 / 컨센을 상회하는 경기지표 / 낮은 금리 / 풍부한 시장 유동성을 바탕으로 상승추세는 유지 ➜ Fully Exit 시점은 MACD 오실레이터 음전환 시
- 단, 단기적으로 2009년 4분기와 비슷한 흐름 예상 (10월에는 5MMA 2150선 테스트 가능, 코스닥시장은 800선)
- 주식시장은 향후 3개월간 '미국 대선 불확실성' 영역으로 진입 ➜ 바이든 당선 시 미국 기업 EPS $170 ➜ $150 하향 가능 (당선 가능성은 40% 미만이지만, 시장은 낮은 확률의 위험도 반영)

➜ 한국 주식은 9월~11월 초까지 Pivot 지수를 중심으로 'Trading Sell' 전략으로 변경 (절대수익 추구형 고객은 주식 편입비 30~80% 수준으로 비중 축소 권고)

2020년 10월 운용전략

2020년 9월 시장 Review

[Actual] 코스피 2,267~2,450 (-2.5% ~+5.3%)

코스닥 799~905(-5.7% ~+6.8)

W/$ 1,169.5(-1.5%, 6월: 1,198.6, 7월:1,191.3, 8월: 1,187.80원)

4개월 연속 하락

[9월 전망] 코스피 2,216(5년MA) - 2,214(5개월MA) + 2,458(8월 고점)

코스닥 793(5MMA) - 853 (Bollinger Band high) + 932 (historical high)

9월 중순 이후 단기(9월 말~11월 초) 조정 국면 진입 예상

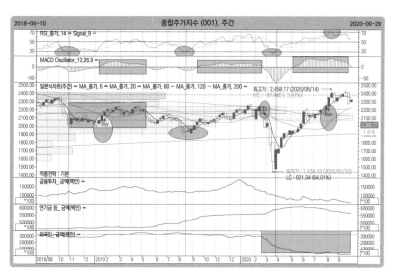

- 2009년 3~9월까지의 6개월 랠리랑 비슷한 상승세 보임
- 주봉상 MACD 오실레이터 마이너스 전환 후에는 단기 변동성 국면 진입 예상
- 20WMA(2,256 포인트), 200WMA(2,217 포인트) 부근이 강력한 지지선으로 작용
- 연초 이후 개인이 58조 원 순매수하며 '매물 소화' 중
- 코스닥: 10월 초 MACD 오실레이터 마이너스 전환 예상 ➡ '비중 축소 관점 유지'

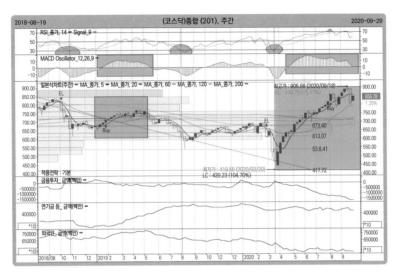

- 코스닥시장은 '대주주과세 요건' 영향권 진입으로 인해 10월까지 약세 전망

원/달러 환율 동향

- 원/달러 환율: 위험 임계치인 1,280원 상향 돌파 실패한 후 2010년과 비슷한 흐름 지속
- 하락 추세 지속되며 2021년 하반기까지 1,050원까지 하락 가능

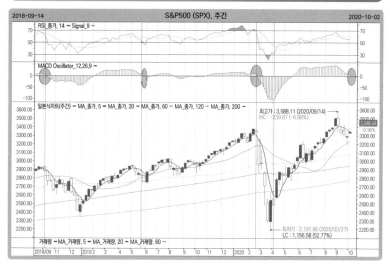

미국시장 동향

	S&P500 (SPX), 주간	
2018-09-14		2020-10-02

- S&P500 지수는 단기 조정권 진입 (11월 3일 대선 불확실성 + 버핏인덱스 170%)

채권 금리

기간별집계	증시자금 동향	증시자금 비교차트	KRX 채권지수	채권지수

금리종류 ⊙ 국내금리 ○ 해외금리

채권 종류	일자	수익률	대비
국민주택 1종(5년)	9/29	1.260	-0.004
통안증권(91일)	9/29	0.614	0.001
통안증권(1년)	9/29	0.674	0.003
통안증권(2년)	9/29	0.802	0.003
산금채(1년)	9/29	0.815	0.002
한전채(3년)	9/29	1.428	0.002
회사채(AA-,무보증3년)	9/29	2.193	0.001
회사채(BBB, 무보증3년)	9/29	8.548	0.000
CD(91일)	9/29	0.630	0.000
CP(91일)	9/29	1.110	0.000
국고채권(1년)	9/29	0.668	0.000
국고채권(3년)	9/29	0.846	0.003
국고채권(5년)	9/29	1.107	-0.010
국고채권(10년)	9/29	1.430	0.004
국고채권(20년)	9/29	1.564	0.002
국고채권(30년)	9/29	1.577	0.002

국고채권(3년)	○ 6개월 ⊙ 1년	
일자	수익률	전일대비
2020-09-29	0.846	0.003
2020-09-28	0.846	-0.012
2020-09-25	0.855	-0.002
2020-09-24	0.857	-0.026
2020-09-23	0.883	-0.014
2020-09-22	0.897	-0.007

2019년 9월 16일 1.34%

- N은행 CIO 코멘트: "1bp 상승 시마다 채권투자에서 160억씩 손실 난다."
- 채권에서 주식으로 Great Rotation? Yield Gap 은?

2020년 투자자별 매매동향(1/1~9/30)

조회기간 지정 2020/01/01 2020/09/30 (단위 억 원 , 계약수)

투자자	주식(장내)			주식(코스닥)			KSP200 선물(계약수)		
	매도	매수	순매수	매도	매수	순매수	매도	매수	순매수
개인	13,553,411	14,006,947	453,536	16,669,645	16,804,129	134,484	13,265,306	13,238,667	-26639
외국인	3,674,051	3,399,934	-274,117	1,644,670	1,624,296	-20,374	45,604,043	45,689,663	85620
기관계	3,742,883	3,534,202	-208,681	579,126	500,594	-78,532	8,044,623	7,983,971	-60652
금융투자	1,436,003	1,308,116	-127,887	236,003	216,853	-19,150	5,417,012	5,424,259	7247
보험	155,090	142,007	-13,083	29,319	28,314	-1,005	227,554	221,306	6248
투신	299,809	258,233	-41,576	120,368	102,478	-17,890	1,535,846	1,480,843	-55003
은행	21,953	14,796	-7,157	4,807	3,206	-1,601	44,832	40,419	-4413
기타금융	11,879	13,651	-1,772	11,482	3,536	-7,946	6,995	7,104	-109
연기금	1,648,879	1,655,253	6,374	72,154	69,032	-3,122	812,384	810,040	-2344
국가지자체									
기타법인	168,452	196,938	28,486	127,625	93,273	-34,352	784,005	785,676	1671

- 개인 코스피/코스닥 양 시장에서 58조 원 넘게 순매수
- (코스피/코스닥 순매수 합계) 외국인 -29.4조 원 순매도 / 기관 -28.6조 원 순매도

9월 투자자별 매매동향

조회기간 지정 2020/09/01 2020/10/01 (단위 억 원 , 계약수)

투자자	주식(장내)			주식(코스닥)			KSP200 선물(계약수)		
	매도	매수	순매수	매도	매수	순매수	매도	매수	순매수
개인	2,096,945	2,146,608	49,663	2,667,219	2,693,787	26,568	1,134,426	1,129,892	-4,534
외국인	406,748	397,970	-8,778	227,775	224,769	-3,006	4,583,770	4,591,488	7,718
기관계	447,924	406,582	-41,342	77,377	60,116	-17,261	994,123	991,023	-3,100
금융투자	186,484	173,326	-13,158	29,146	25,756	-3,390	641,192	635,492	-5,700
보험	15,777	14,267	-1,510	3,819	3,210	-609	42,216	41,790	-426
투신	35,111	26,544	-8,567	17,869	13,503	-4,366	243,093	247,751	4,658
은행	1,960	1,250	-710	734	260	-474	2,836	2,624	-212
기타금융	947	1,127	-180	1,228	289	-939	1,788	1,799	-11
연기금	190,600	177,447	-13,153	8,914	8,993	79	62,998	61,567	-1,431
국가지자체									
기타법인	24,532	24,836	304	20,056	13,864	-6,192	50,571	50,487	-84

- 6~7월 순매수세로 돌아섰던 외국인은 8, 9월 2개월 연속 순매도

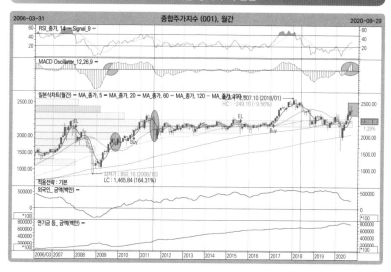

- 월봉 MACD 오실레이터 양전환 ➡ 통상 2년 강세장 진입 (2020.3~2022.1 예상)
- 과거 China PPI Deflation 기간(2012~2016 상반기)에는 경기 민감주 성과 부진
- 최근 China PPI, PMI 반등 중 ➡ 내년까지 2017년과 비슷한 랠리 가능

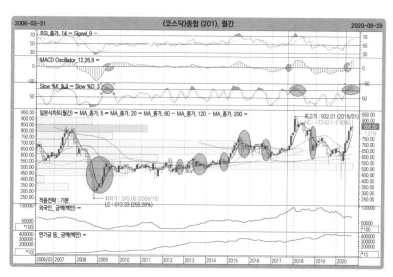

- Stochastic Slow 지표로는 과열 국면 진입 ➡ 10~11월 변동성 예상

10월시장 전망

미대선(11/3일) 전까지 짧은 변동성과 함께 쉬어가는 박스권 장세 예상

코스피 2,218(5년MA) – 2,273(5개월MA) + 2,458(8월 고점)

코스닥 805(20MMA) – 865 (20DMA) + 932 (historical high)

- 9월 주식시장은 외국인과 기관의 지속적인 매물 부담, 추석연휴에 대한 불확실성, 그리고, 3억으로 강화되는 대주주 과세요건 영향으로 장중 한때 고점 대비 –10% 전후의 가격 조정을 시현
- 하지만, 양호한 기업실적 / 컨센을 상회하는 경기지표 / 낮은 금리 / 풍부한 시장 유동성을 바탕으로 반발 매수세가 유입되며 보합권으로 마감
- 한종목 당 3억으로 강화되는 대주주과세 요건으로 인해 10월은 개인 매수세가 다소 둔화되며 10월에는 5MMA 2,273선 테스트 가능, 코스닥시장은 800선 하향 돌파도 가능
- 10월 주식시장은 '미국 대선 불확실성' 으로 인해 박스권 등락 예상   바이든 당선 시 미국 기업 EPS $170 ➔ $150 하향 가능 (바이든 당선 가능성은 40% 미만이지만, 시장은 낮은 확률의 위험도 반영)

➔ 9월에는 반등 시 매도를 통해 현금을 어느 정도 확보하는 전략이었다면, 10월은 시장 변동성을 이용하여 내년 상반기를 주도할 주도주를 'BUY on Dips(조정 시 매수)' 전략으로 대응(주식 편입비는 70~99% 수준으로 10월 말까지 비중 확대 전략)

2020년 11월 운용전략

2020년 10월 시장 Review

Actual 코스피 2,266~2,418 (-2.6% ~+3.9%)

코스닥 766~878(-9.5% ~+3.5)

W/$ 1,135.1(-2.9%, 7월:1,191.3, 8월:1,187.80원, 9월: 1,169.5)

→ 5개월 연속 하락

10월 전망 코스피 2,218(5년MA) – 2,273(5개월MA) + 2,458(8월 고점)

코스닥 805(20MMA) – 865 (20DMA) + 932 (historical high)

미대선 전까지 짧은 변동성과 함께 쉬어가는 박스권 장세 예상

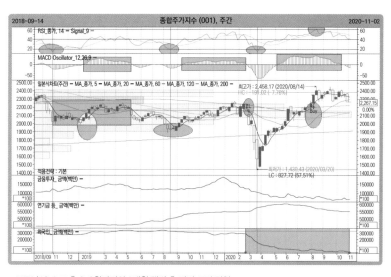

- 코로나19 쇼크 후 3~9월까지의 6개월 랠리 후 단기 조정 진입
- 10월 후반 하락은 주봉상 MACD 오실레이터 음전환 후 나타나는 전형적인 조정 패턴
- 20WMA(2,256 포인트), 200WMA(2,217 포인트) 부근이 강력한 지지선으로 작용 예상
- 외인/기관의 지속적인 매도에도 불구하고 개인이 62조 원 순매수하며 '매물 소화' 중
- 9~10월 코스닥시장은 대주주과세 요건 강화에 대한 수급불안 요인으로 인해 '비중 축소 관점 유지'였으나, 11월부터는 내년 상반기 주도할 코스닥/코스피 중소형주를 '분할매수 관점'으로 전환

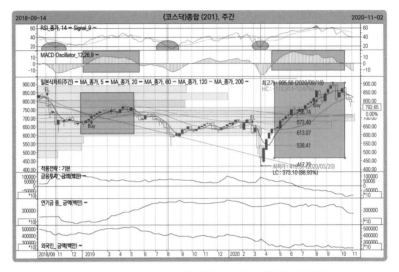

- 소형주/코스닥 모두 주봉상 MACD 오실레이터 음전환 후 나타나는 전형적인 조정 패턴

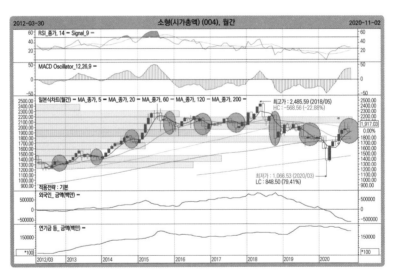

- 대주주과세 요건에 따라 매년 4분기에는 중소형주 약세현상이 나타남

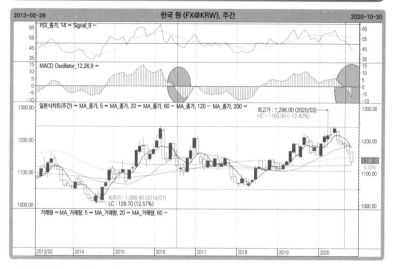

- 원/달러 환율: 코로나19 재확산 우려 속에도 불구하고 환율은 지속 하락
- 미대선 결과에 따라 단기 반등 예상되나, 내년까지 1,050원까지 하락 추세 유지될 듯

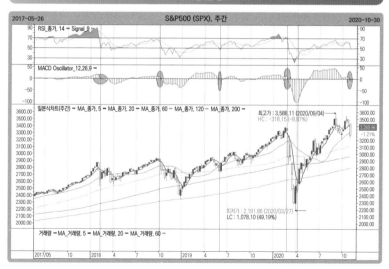

- S&P500 지수는 기술적 조정 국면 진입 (11월 3일 대선 불확실성 + 버핏인덱스 170%)

채권 금리

기간별집계 | 증시자금 동향 | 증시자금 비교차트 | KRX 채권지수 | 채권지수

금리종류 ⦿ 국내금리 ○ 해외금리

채권 종류	일자	수익률	대비	국고채권(10년)	⦿ 6개월 ○ 1년	
국민주택 1종(5년)	10/30	1.371	0.015	일자	수익률	전일대비
통안증권(91일)	10/30	0.637	0.001	2020-10-30	1.546	0.019
통안증권(1년)	10/30	0.703	0.001	2020-10-29	1.527	0.040
통안증권(2년)	10/30	0.847	-0.001	2020-10-28	1.487	-0.016
산금채(1년)	10/30	0.852	0.003	2020-10-27	1.503	0.021
한전채(3년)	10/30	1.501	0.007	2020-10-26	1.482	-0.013
회사채(AA-,무보증3년)	10/30	2.247	0.007	2020-10-23	1.495	-0.012
회사채(BBB, 무보증3년)	10/30	8.617	0.007	2020년 7월 6일 1.41%		
CD(91일)	10/30	0.630	0.000			
CP(91일)	10/30	1.110	0.000			
국고채권(1년)	10/30	0.680	0.002			
국고채권(3년)	10/30	0.935	0.008			
국고채권(5년)	10/30	1.235	0.017			
국고채권(10년)	10/30	1.546	0.019			
국고채권(20년)	10/30	1.645	0.007			
국고채권(30년)	10/30	1.651	-0.001			

- 미대선 불확실성, 코로나19 2차 확산 우려를 반영하며 채권 금리는 횡보 양상
- 11월 3일 대선 후 채권 금리는 다시 우상향 추세 진입 예상 (21년 기대 인플레이션 반영)

2020년 투자자별 매매동향(1/1~10/30)

[7212] 기간별 투자자 매매현황
매매종합 | 시간대별 | 시장흐름 | 업종별현황 | 일별현황 | **기간별집계** | 업종수급동향

조회기간 지정 2020/01/01 2020/10/30 (단위 억 원 , 계약수)

투자자	주식(장내)			주식(코스닥)			KSP200 선물(계약수)		
	매도	매수	순매수	매도	매수	순매수	매도	매수	순매수
개인	14,872,045	15,338,279	466,234	18,386,931	18,540,801	153,870	14,191,912	14,171,342	-20,570
외국인	4,018,185	3,740,133	-278,052	1,793,183	1,771,841	-21,342	49,207,909	49,297,016	89,107
기관계	4,113,852	3,898,152	-215,700	632,581	538,989	-93,592	8,457,295	8,386,818	-70,477
금융투자	1,585,199	1,456,718	-128,481	256,278	235,600	-20,678	5,687,771	5,692,844	5,073
보험	171,461	158,971	-12,490	32,894	29,896	-2,998	235,525	231,511	-4,014
투신	326,377	285,551	-40,826	131,549	110,973	-20,576	1,626,090	1,563,289	-62,801
은행	22,957	15,781	-7,176	5,269	3,363	-1,906	47,779	42,947	-4,832
기타금융	12,961	14,718	1,757	12,914	3,816	-9,098	7,635	7,450	-185
연기금	1,810,047	1,811,075	1,028	79,570	73,538	-6,032	852,495	848,777	-3,718
국가지자체									
기타법인	192,701	219,328	26,627	139,938	102,232	-37,706	830,202	832,142	1,940

- 개인투자자들이 연초 이후 코스피/코스닥 양 시장에서 62조 원 가량 순매수
- (코스피/코스닥 순매수 합계) 외국인 -29.9조 원 순매도 / 기관 -31조 원 순매도

[7212] 기간별 투자자 매매현황

매매종합	시간대별	시장흐름	업종별현황	일별현황	**기간별집계**	업종수급동향

조회기간 지정 2020/10/01 ~ 2020/10/31 (단위 억 원, 계약수)

투자자	주식(장내)			주식(코스닥)			KSP200 선물(계약수)		
	매도	매수	순매수	매도	매수	순매수	매도	매수	순매수
개인	1,318,634	1,331,332	12,698	1,717,285	1,736,672	19,387	926,606	932,675	6,069
외국인	344,134	340,198	-3,936	148,512	147,545	-967	3,603,866	3,607,353	3,487
기관계	370,968	363,950	-7,018	53,455	38,394	-15,061	412,672	402,847	-9,825
금융투자	149,196	148,602	-594	20,274	18,747	-1,527	270,759	268,585	-2,174
보험	16,371	16,963	592	3,575	1,581	-1,994	7,971	10,205	2,234
투신	26,568	27,317	-749	11,181	8,494	-2,687	90,244	82,446	-7,798
은행	1,003	985	-18	462	156	-306	2,947	2,528	-419
기타금융	1,081	1,067	-14	1,432	279	-1,153	640	346	-294
연기금	161,167	155,821	-5,346	7,416	4,505	-2,911	40,111	38,737	-1,374
국가지자체									
기타법인	24,248	22,390	-1,858	12,312	8,958	-3,354	46,197	46,466	269

- 6~7월 순매수세로 돌아섰던 외국인은 8, 9, 10월 3개월 연속 순매도
- 10월 외인 순매도는 중국 앤트그룹 IPO 참여를 위한 현금 확보/미대선 불확실성이 원인

국내 주식시장 장기 추세 점검

- 월봉 MACD 오실레이터 양전환 ➔ 통상 2년 강세장 진입 (2020.3~2022.1 예상)
- 2009년 10~11월 '횡보조정 양상'과 매우 흡사한 조정 장세 진행 중
- 2009~2011년과 같은 이익성장(OP 60조 원 ➔ 120조 원)이 전고점 돌파를 위한 필요충분조건

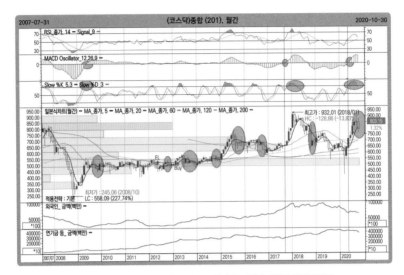

- Stochastic Slow 지표로는 과열 국면 진입 ➡ 10~11월 가격 조정 후 2월까지 반등 예상

11월 주식시장 전망 및 전략

미대선 결과 발표 후 글로벌 주식시장은 점차 안정화 예상 (전약 후강)

코스피 2,205(5년MA) ~ 2,255(5개월MA) ~ 2,458(8월 고점)

코스닥 766(10월 저점) – 878 (10월 고점) ➡ 좁은 박스권 등락 예상

- 10월 주식시장은 시총 400조가 넘는 엔트그룹 상장으로 인한 수급 불균형, 미 대선 불확실성, 대주주과세요건, 코로나19 2차 확산에 우려감 등의 영향으로 가격 조정 시현
- 하지만, 국내외 대표기업들의 양호한 3분기 기업실적과 풍부한 시장 유동성을 바탕으로 꾸준히 개인투자자들의 매수세가 유입되면서 외인/기관의 매물을 소화하는 모습
- 한 종목 당 3억으로 강화되는 대주주과세 요건이 작년과 동일한 10억으로 확정된다면, 코스닥 및 코스피 중소형주 수급이 다소 개선될 전망
- 10월 미국 주식시장은 바이든 당선을 선반영하며 하락 조정을 보였으나, 트럼프가 재선에 성공할 경우 S&P500 지수는 3,400선까지 빠르게 복원 예상 (바이든 당선 시 법인세 인상으로 인해 미국 기업 EPS $170 ➡ $150 하향 가능)

➡ 11월에는 월초 시장 변동성을 이용하여 내년 상반기를 주도할 주도주를 'BUY on Dips' 전략으로 대응 (대주주과세 요건에 영향을 덜 받는 중대형주 우선 편입)

➡ 11월 중으로 주식편입비 90~99%까지 확대 계획

2020년 12월 운용전략

2020년 11월 시장 Review

Actual 코스피 2,267~2,648 (0% ~+16.8%, +14.3%)

코스닥 789~891(-0.4% ~+12.5, +11.8%)

W/$ 1,106.5(-2.5%, 3월:1,296.0원, 5월: 1,244.3, 11월: 1,169.5)

→ 6개월 연속 하락

11월 전망 미대선 결과 발표 후 글로벌 주식시장은 점차 안정화 예상 (전약 후강)

→ 11월에는 월초 시장 변동성을 이용하여 내년 상반기를 주도할 주도주를 'BUY on Dips' 전략으로 대응 (대주주과세 요건에 영향을 덜 받는 중대형주 우선 편입)

→ 11월 중으로 주식편입비 90~99%까지 확대 계획

10월 전망 미대선 전까지 짧은 변동성과 함께 쉬어가는박스권 장세 예상

9월 전망 9월 중순 이후 단기(9월 말~11월 초) 조정 국면 진입 예상

- 11월 국내 주식시장은 코로나19 2차 확산에도 불구하고 (1) 미대선에 대한 불확실성 해소, (2) 2021년 기업이익 턴어라운드에 대한 기대감, (3)시총 400조가 넘는 엔트그룹 상장 연기 (4) 대주주 과세 요건 완화 (5) 외국인의 귀환을 바탕으로 강한 상승세로 마감
- 외국인은 10월까지 28조 원을 매도했으나, 11월에 5조 원 이상 순매수로 급전환함
- 11월 30일 외국인 2.4조 원 매도는 MSCI 리밸런싱 영향

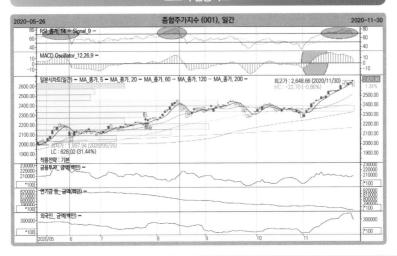

- 기술적 지표(RSI, 투자심리, 풋콜레이쇼* 등)
  에서는 단기 과열 신호 발생
- 중기 추세 지표는 여전히 강세 유지 중

* Put-Call ratio. 풋옵션의 거래대금을 콜옵션의 거래대
금으로 나눈 것으로 주가의 고점과 저점을 판단하는 기술
적 지표 중 하나다.

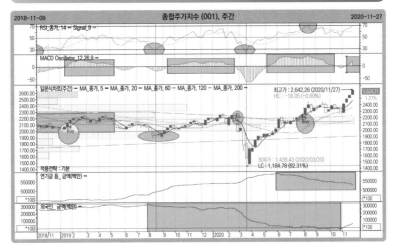

- 10월 후반 하락은 주봉상 MACD 오실레이터 음전환 후 나타나는 전형적인 조정 패턴
- 20WMA(2,256 포인트), 200WMA(2,217 포인트)부근이 강력한 지지선으로 작용
- 10월까지 외인/기관의 지속적인 매도에도 불구하고 개인이 60조 원 매수하며 '매물 소화'

[7212] 기간별 투자자 매매현황

매매종합 | 시간대별 | 시장흐름 | 업종별현황 | 일별현황 | **기간별집계**　　　　　업종수급동향

조회기간 지정 2020/01/01 ～ 2020/11/30 (단위 억 원 , 계약수)

투자자	주식(장내)			주식(코스닥)			KSP200 선물(계약수)		
	매도	매수	순매수	매도	매수	순매수	매도	매수	순매수
개인	17,037,122	17,475,521	438,399	20,703,822	20,863,995	160,173	15,344,533	15,322,832	-21,701
외국인	4,504,242	4,276,128	-228,114	1,975,733	1,962,861	-12,872	53,656,538	53,790,255	133,717
기관계	4,631,802	4,396,300	-235,502	696,047	594,989	-101,058	9,000,593	8,886,645	-113,948
금융투자	1749,596	1,635,290	-114,306	283,079	262,653	-20,426	6,036,749	605,592	-31,157
보험	194,073	175,101	-18,972	35,603	32,338	-3,265	249,143	242,736	-6,407
투신	370,745	317,125	-53,620	145,262	122,651	-22,611	1,746,626	1,679,967	-66,659
은행	24,208	17,058	-7,150	5,733	3,532	-2,201	50,182	44,751	-5,431
기타금융	14,557	16,096	1,539	14,606	4,155	-10,451	8,054	7,961	-93
연기금	2,074,056	2,064,032	-10,024	87,875	81,015	-6,860	909,839	905,368	-4,201
국가지자체									
기타법인	220,599	245,252	24,653	157,213	112,122	-45,091	882,759	884,759	1,932

코스닥 일봉차트

- 8월 이후 소형주/코스닥시장은 대주주과세 회피성 매도물량 증가로 박스권 조정 중

코스피 소형주 월봉차트

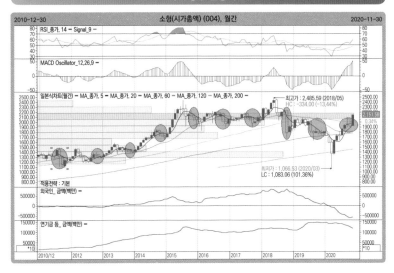

- 대주주 과세요건 종목당 10억 원 유지 확정
- CFD 계좌 활성화로 인해 개인매도 ➡ 외인매수 형태로 매도물량 축소

원/달러 환율 동향

- 원/달러 환율: 코로나19 재확산 속에도 불구하고 환율은 지속 하락
- 2021년까지 1,050원까지 하락 추세 유지될 듯
- 경제 위기 발생 ➡ 달러 부족 현상 ➡ 환율 급등 ➡ FED 작동 ➡ 금리인하, 양적완화, 통화스왑 등 ➡ 달러 공급 ➡ 환율 하락

- 3월 S&P500 지수 과매도 신호 발생(RSI 21 기록) 후 6부 능선 회복 ➡ RSI 70 이상은 경제영역

채권 금리

| 기간별집계 | 증시자금 동향 | 증시자금 비교차트 | KRX 채권지수 | 채권지수 |

금리종류 ⦿ 국내금리 ○ 해외금리

채권 종류	일자	수익률	대비
국민주택 1종(5년)	11/30	1.456	0.013
통안증권(91일)	11/30	0.655	0.005
통안증권(1년)	11/30	0.727	0.005
통안증권(2년)	11/30	0.890	0.004
산금채(1년)	11/30	0.879	0.005
한전채(3년)	11/30	1.542	0.004
회사채(AA-,무보증3년)	11/30	2.235	0.003
회사채(BBB, 무보증3년)	11/30	8.639	0.002
CD(91일)	11/30	0.660	0.000
CP(91일)	11/30	1.090	0.000
국고채권(1년)	11/30	0.716	0.004
국고채권(3년)	11/30	0.983	0.004
국고채권(5년)	11/30	1.337	0.013
국고채권(10년)	11/30	1.659	0.018
국고채권(20년)	11/30	1.734	0.015
국고채권(30년)	11/30	1.731	0.013

국고채권(3년)		○ 6개월 ⦿ 1년
일자	수익률	전일대비
2020-11-30	0.983	0.004
2020-11-27	0.979	-0.002
2020-11-26	0.981	0.010
2020-11-25	0.971	0.008
2020-11-24	0.963	0.008
2020-11-23	0.955	-0.008

2020년 6월 23일 0.82%

- 코로나19 2차 확산 우려에도 불구하고 국내 채권 금리는 반등
- 채권투자가 위험해지고 있다. (21년 경기회복 + 인플레이션 반영) ➡ Great Rotation (채권매도 → 주식 매수)

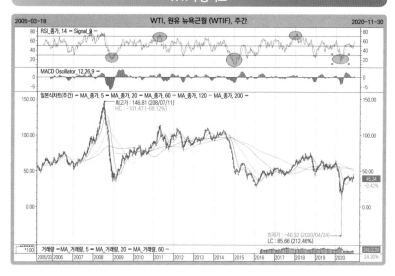

- 과매도 신호 이후 반등 중 ➡ 2009~2011년과 비슷한 상승흐름 예상
- 투자는 가격의 변곡점을 맞추는 것이 아니라, 상승 흐름(추세)을 타는 것

국내 주식시장 장기 추세 점검

- 월봉 MACD 오실레이터 양전환 ➡ 통상 2년 강세장 진입 (2020.3~2022.1 예상)
- 2009~2011년과 같은 이익성장(OP 60조 원 ➡ 120조 원)이 전고점 돌파를 위한 필요충분조건

12월 주식시장 전망 및 전략

EM 비중 확대 속에 외인 및 배당투자 꾸준히 유입되며 완만한 상승 예상

코스피 2,418(60일MA) – 2,530(20일MA) + ? (All time high 신고가 예상)

코스닥 845(20일MA) – 869(5일MA) + ? (신고가)

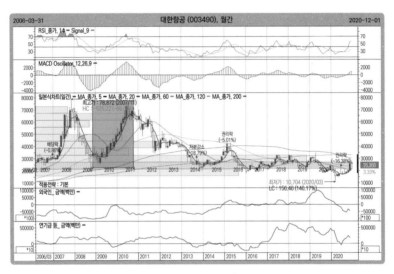

- 특징주 : 대한항공 52주 신고가 기록 (주도주 변화 가능성 체크)

2021년 1월 운용전략

2020년 12월 시장 Review

[Actual] 코스피 2,611~2,878 (0% ~+11.0%, +10.9%)

코스닥 883~971(-0.3% ~+9.8%, +9.3%)

W/$ 1,086.30원 마감 (-1.8%, 3월:1,296.0원, 11월: 1,106.5원)

→ 7개월 연속 하락

[12월 전망] EM비중 확대 속에 외인 및 배당투자 꾸준히 유입되며 완만한 상승 예상

[11월 전망] 미대선 결과 발표 후 글로벌 주식시장은 점차 안정화 예상 (전약 후강)

[10월 전망] 미대선 전까지 짧은 변동성과 함께 쉬어가는 박스권 장세 예상

[9월 전망] 9월 중순 이후 단기(9월 말~11월 초) 조정 국면 진입 예상

- 11월 30일 MSCI 리밸런싱 영향으로 다소 험악한 분위기로 마감했던 코스피는 개인들의 매수세가 지속적으로 유입되면서 12월에도 +10.9% 상승 마감 (배당락 1.6% 감안 시 +12.5% 상승 수준)
- 사회적 봉쇄 조치 연장과 코로나19 변종 바이러스 출현, 코로나19 확산 심화 속에서도 경제 충격을 완화하기 위한 미국 연준 등 선진국 중앙은행들의 유동성 공급 확대 정책과 코로나19 백신 사용 승인 소식 등이 전해지면서 희망에 찬 투자자들의 심리가 유지됨
- 특히 한국과 브라질, 인도 증시가 강세를 보인 반면, 중국, 홍콩, 그리스 시장은 약세 마감

코스피 일봉차트

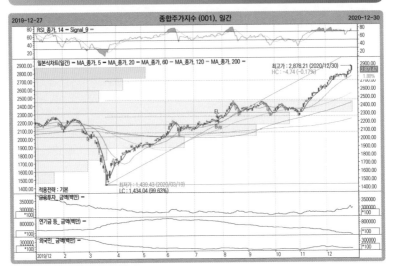

- 11월 말 발생한 단기 과열 신호(RSI)에도 불구하고 코스피 지수는 강세 지속
- 인버스 투자자들이 간과하고 있는 것, 삼성전자

삼성전자 일봉차트

- 10월 말 56,600원 기록한 이후 두 달 동안 43% 상승
- 최근 1달 동안 개인/금융투자/기타법인이 3조 원 가량 순매수 (외인 1.8조 원 매도)
- 2020년 4Q 실적 발표에 대한 기대보다 2021~2022년 고성장 기대감으로 강세

2020년 12월 투자자별 매매동향

| 매매종합 | 시간대별 | 시장흐름 | 업종별현황 | 일별현황 | **기간별집계** | | | **업종수급동향** |

조회기간 지정 2020/12/01 ~ 2020/12/30 (단위 억 원, 계약수)

투자자	주식(장내)			주식(코스닥)			KSP200 선물(계약수)		
	매도	매수	순매수	매도	매수	순매수	매도	매수	순매수
개인	2,749,966	2,781,559	31,593	3,014,314	3,018,551	4,237	1,365,355	1,370,062	4,707
외국인	562,319	547,275	-15,044	265,903	276,671	10,768	5,789,196	5,774,133	-15,063
기관계	646,557	628,645	-17,912	92,186	88,131	-4,055	858,743	867,557	8,814
금융투자	209,287	243,862	34,575	40,511	44,650	4,139	547,256	540,859	-6,397
보험	28,573	18,922	-9,651	2,922	3,369	447	39,404	37,943	-1,461
투신	57,320	41,695	-15,625	19,044	17,495	-11,549	200,578	218,399	17,821
은행	2,530	1,617	-913	1,028	258	-770	3,098	2,949	-149
기타금융	2,579	1,906	-673	2,418	344	-2,074	585	737	152
연기금	321,216	302,103	-19,113	9,997	11,095	1,098	67,822	66,670	-1,152
국가지자체									
기타법인	34,959	36,461	1,502	28,617	17,985	-10,632	266,547	268,089	1,542

– (코스피/코스닥 순매수 합계) 12월 외국인 코스피 –1.5조 원 매도 / 코스닥 1조 원 큰 폭 순매수

2020년 투자자별 매매동향

| 매매종합 | 시간대별 | 시장흐름 | 업종별현황 | 일별현황 | **기간별집계** | | | **업종수급동향** |

조회기간 지정 2020/01/01 ~ 2020/12/31 (단위 억 원, 계약수)

투자자	주식(장내)			주식(코스닥)			KSP200 선물(계약수)		
	매도	매수	순매수	매도	매수	순매수	매도	매수	순매수
개인	19,661,345	20,136,252	474,907	23,570,935	23,734,111	163,176	16,640,871	16,624,067	-16,804
외국인	5,044,261	4,798,609	-245,652	2,228,259	2,226,783	-1,476	59,184,569	59,306,910	122,341
기관계	5,248,593	4,993,220	-255,373	784,018	679,265	-104,753	9,836,237	9,728,243	-107,994
금융투자	1,948,719	1,863,623	-85,096	321,844	305,847	-15,997	6,569,120	6,533,255	-35,865
보험	221,322	193,297	-28,025	38,409	35,502	-2,907	287,860	279,811	-8,049
투신	425,761	357,428	-68,333	163,459	139,210	-24,249	1,943,212	1,889,694	-53,518
은행	26,561	18,603	-7,958	6,739	3,786	-2,953	53,225	47,636	-5,589
기타금융	17,035	17,913	878	16,888	4,480	-12,408	8,619	8,678	59
연기금	2,380,997	2,352,862	-28,135	97,521	91,464	-6,057	974,201	969,169	-5,032
국가지자체									
기타법인	254,437	280,092	25,655	184,685	129,220	-55,465	1,136,828	1,139,285	2,457

– (코스피/코스닥 순매수 합계) 2020년 1년 동안 개인 +63조 원 / 외국인 –25조 원 / 기관 –36조 원 기록

코스닥 일봉차트

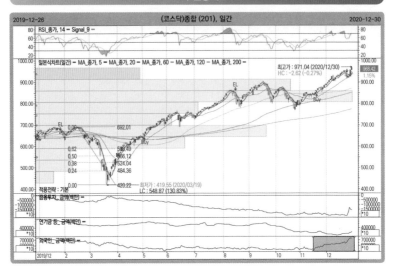

- 8~10월은 대주주과세 회피성 매도물량 증가로 박스권 조정 기록
- 코스닥시장 11월 3일 양도세 대주주기준이 '현행 10억 원'으로 확정되면서 상승세로 전환됨

코스피 소형주 일봉차트

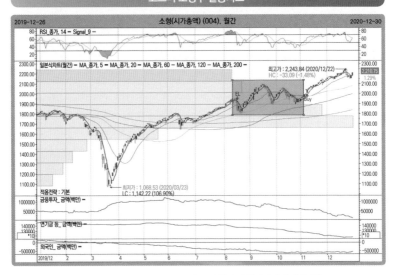

- 코스피 소형주도 11월 3일 대주주 과세요건 종목당 10억 원 유지 확정되면서 재차 상승

- 코로나19 재확산 속에도 불구하고 환율은 지속 하락. 1,050원 전후까지 하락 추세
- 경제 위기 발생 ➡ 달러 부족 현상 ➡ 환율 급등 ➡ FED 작동 ➡ 금리인하, 양적완화, 통화스왑 등 ➡ 달러 공급 ➡ 위험자산 매수 ➡ 달러가치 하락

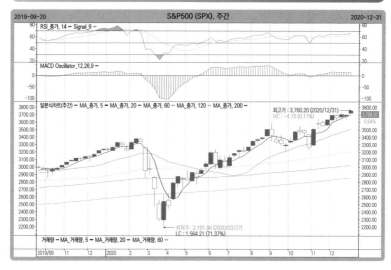

- 3월 S&P500 과매도 신호 발생(RSI 21) 후 7부 능선 회복 ➡ 70 이상 경계영역

채권 금리

기간별집계 | 증시자금 동향 | 증시자금 비교차트 | KRX 채권지수 | 채권지수

금리종류 ⊙ 국내금리 ○ 해외금리

채권 종류	일자	수익률	대비
국민주택 1종(5년)	12/30	1.482	0.009
통안증권(91일)	12/30	0.668	0.003
통안증권(1년)	12/30	0.747	0.003
통안증권(2년)	12/30	0.914	0.001
산금채(1년)	12/30	0.895	0.004
한전채(3년)	12/30	1.527	0.004
회사채(AA-,무보증3년)	12/30	2.208	0.006
회사채(BBB, 무보증3년)	12/30	8.615	0.005
CD(91일)	12/30	0.660	0.000
CP(91일)	12/30	1.090	0.000
국고채권(1년)	12/30	0.741	0.005
국고채권(3년)	12/30	0.978	0.005
국고채권(5년)	12/30	1.335	0.008
국고채권(10년)	12/30	1.713	0.015
국고채권(20년)	12/30	1.825	0.015
국고채권(30년)	12/30	1.823	0.015

국고채권(3년)		○ 6개월 ⊙ 1년
일자	수익률	전일대비
2020-12-30	0.978	0.005
2020-12-29	0.973	0.015
2020-12-28	0.958	0.008
2020-12-24	0.950	0.018
2020-12-23	0.932	-0.013
2020-12-22	0.945	-0.014

2020년 12월 24일 0.95%

- 코로나19 2차 확산에도 불구하고 국내 채권 금리 상승은 지속될 전망
- 2021년 경기가 2019년보다 훨씬 양호할 것으로 예상되므로 국고채 3년 금리는 1.6% 이상까지 상승할 것으로 예상됨

WTI 주봉차트

2005-03-18   WTI, 원유 뉴욕근월 (WTIF), 월간   2020-12-31

- 과매도 신호 이후 반등 ➡ 2009~2011년, 2016~2018년과 비슷한 반등 흐름
- 2021~2022년 유가는 $70 수준까지도 상승 가능

국내 주식시장 장기 추세 점검

- MACD 오실레이터는 1999년 닷컴버블 수준까지 상승 ➡ 변동성 구간 진입
- 1월 말~3월 초까지 변동성 확대 구간

1월 주식시장 전망 및 전략

전망 1월 중순 이후 변동성 구간으로 진입 예상

전략 2,850 이상에서 편입비 단계적으로 축소

코스피 2,610~3,030 (월초 All time high 기록 후 변동성 확대 예상)

코스닥 884(5MA)~980

➡ 1월 둘째주부터 편입비 단계적으로 축소

➡ 1월 5일 조지아주 상원의원 투표가 트리거가 될 수도 있음 (민주당 2석 가져

　갈 경우 주식시장 단기 충격 후 반등 예상되나, 반등 시 축소 바람직)

➡ 2~5월까지 '중소형주 개별 종목장' 진행될 가능성도 보임

➡ 편입비 축소 후 조정 시 '중소형주 비중 확대' 전략

2021년 2월 운용전략

2021년 1월 시장 Review

> `Actual` 코스피 2,869~3,266 (0% ~+13.6%, +3.6%)
> 코스닥 928~1,007(-5.1% ~+4%, -4.1%)
> W/$ 1,118.8원 마감(+2.9%, 3월:1,296.0원, 1월: 1,086.3원)
> → 7개월 연속 하락 후 반등
>
> `1월 전망` 월초 All time high 기록 후 변동성 확대 예상
> 1월 둘째주부터 편입비 단계적으로 축소 / 2~5월까지 '중소형주 개
> 별 종목장' 진행될 가능성도 보임 / 편입비 축소 후 조정 시 '중소형
> 주 비중 확대' 전략
> `12월 전망` EM비중 확대 속에 외인 및 배당투자 꾸준히 유입되며 완만한 상승
> 예상
> `11월 전망` 미대선 결과 발표 후 글로벌 주식시장은 점차 안정화 예상 (전약 후강)
> `10월 전망` 미대선 전까지 짧은 변동성과 함께 쉬어가는박스권 장세 예상
> `9월 전망` 9월 중순 이후 단기(9월 말~11월 초) 조정 국면 진입 예상

코스피 일봉차트

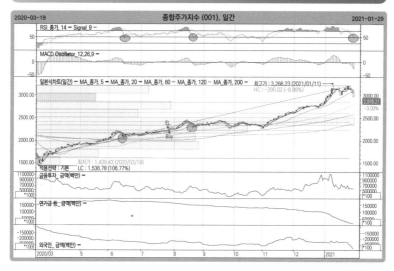

- 2020년 7월, 8월에 있었던 "월초 랠리 ➡ 과열 신호(RSI) ➡ 월말 조정 패턴과 흡사

삼성전자 월봉차트

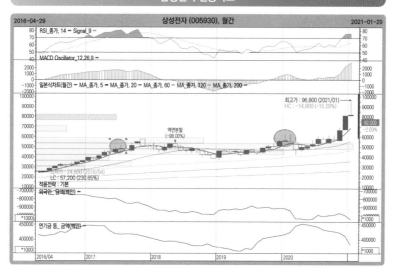

- 2017년 7월, 2020년 1월과 흡사한 '비석형 월봉'으로 마감

[7212] 기간별 투자자 매매현황

| 매매종합 | 시간대별 | 시장흐름 | 업종별현황 | 일별현황 | **기간별집계** | | 업종수급동향 |

조회기간 지정 2020/01/01 ~ 2020/10/31 (단위 억 원 , 계약수)

투자자	주식(장내)			주식(코스닥)			KSP200 선물(계약수)		
	매도	매수	순매수	매도	매수	순매수	매도	매수	순매수
개인	3,348,185	3,571,569	223,384	2,715,437	2,750,602	35,165	1,721,727	1,717,360	-4,367
외국인	797,154	744,158	-52,996	280,373	274,165	-6,208	5,363,433	5,344,837	-18,596
기관계	1,096,570	922,744	-173,826	99,582	77,412	-22,170	613,045	638,167	25,122
금융투자	383,690	356,962	-26,728	45,721	39,020	-6,701	362,685	378,094	15,409
보험	43,249	22,014	-21,235	4,485	3,101	-1,384	11,105	14,852	3,747
투신	75,145	47,905	-27,240	20,707	15,827	-4,880	135,464	136,953	1,489
은행	2,965	1,774	-1,191	385	248	-137	3,759	3,576	-183
기타금융	4,152	1,769	-2,383	1,880	521	-1,359	3,165	3,119	-46
연기금	549,460	468,814	-80,646	12,282	8,870	-3,412	96,867	101,573	4,706
국가지자체									
기타법인	44,774	47,370	2,596	21,940	15,123	-6,817	329,675	327,516	-2,159

- (코스피/코스닥 순매수 합계) 1월 외국인 코스피 -5.3조 원 매도 / 코스닥 0.6조 원 순매도 / 선물 -2조 원 매도 (2020. 12월 외국인 코스피 -1.5조 원 매도 / 코스닥 1조 원 큰 폭 순매수)
- (코스피/코스닥 순매수 합계) 2020년 1년 동안 개인 +63조 원 / 외국인 -25조 원 / 기관 -36조 원 기록

코스닥 일봉차트

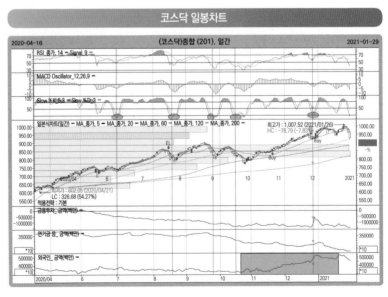

- 외국인 매수 둔화되면서 기술적 조정 진입
- 스토캐스틱 20 이하에서는 매수 구간 진입 (단기)

코스피 소형주 일봉챠트

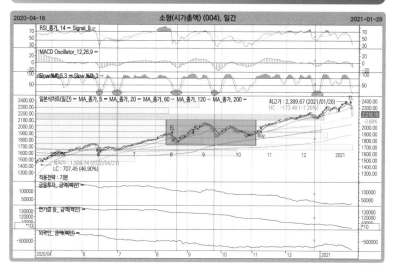

- 연기금/외국인 순매도 지속 / 단기 매수 구간 진입

원/달러 환율 동향

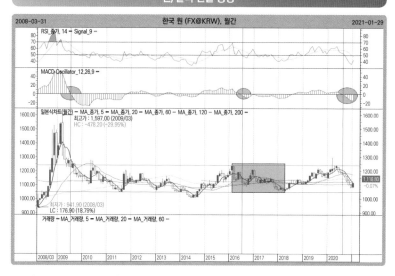

- 7개월 연속 하락 후 첫 반등 (기술적 반등 수준) / 1,180원 돌파 시 주식 위험관리 필요
- 경제 위기 발생 ➡ 달러 부족 현상 ➡ 환율 급등 ➡ FED 작동 ➡ 금리인하, 양적완화, 통화스왑 등 ➡ 달러 공급 ➡ 위험자산 매수 ➡ 달러가치 하락

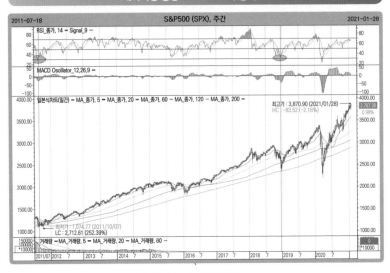

– 과거 랠리 때와는 달리 S&P500 과열 신호(RSI 70 이상) 미발생

채권 금리 – 10년 국고채

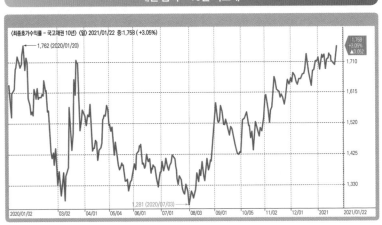

– 국내 장기 채권 금리는 지속적으로 상승
– 2021년 경기가 2019년보다 훨씬 양호할 것으로 예상되므로 금리 상승세 지속 예상

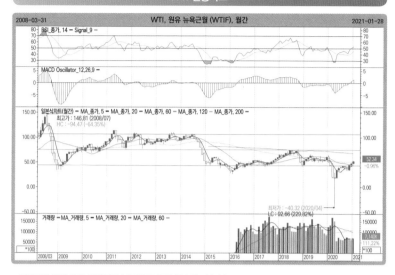

- 주식시장 단기 조정 양상에도 불구하고 유가 상승세 지속 중
- 2009~2011년, 2016~2018년과 비슷한 반등 흐름 지속 중
- 2021~2022년 유가는 $70 수준까지도 상승 가능

국내 주식시장 장기 추세 점검

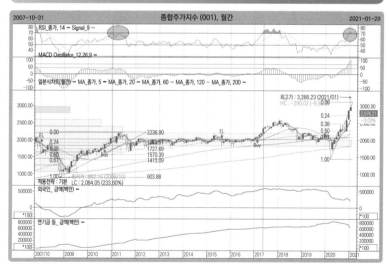

- MACD 오실레이터 / RSI 지표 과열 신호 후 변동성 확대
- 2009~2011년 상승 패턴을 11개월 만에 완성 ➡ 가격 조정 or 기간 조정 구간 진입

2월 주식시장 전망 및 전략

코스피 주요 지지선: 2,804 (60일 MA) / 2,743 (5개월 MA)

코스닥 897 (5개월 MA)~1,007

전망 3월 실적장세 앞두고 숨고르기 장세 예상

전략 2,850~3,000 구간에서 편입비 단계적으로 확대

➡ 코스피 3,000 이하에서 90% 전후 / 2,900 이하에서 99% 까지 확대 전략

➡ 설 전후 변동성 가장 클 것으로 예상

➡ 고성장주, 실적 턴어라운드 주식 중심으로 고점 대비 -15 ~ -30% 수준에서 바겐 헌팅 전략

➡ 2021년 1분기 실적이 발표되는 4월 ~ 5월 실적 서프라이즈 예상 종목 중심으로 비중 확대

➡ 실적 모멘텀이 있는 중형주 비중 30 ~ 50%까지 확대 계획

2021년 3월 운용전략

2021년 2월 시장 Review

Actual 코스피 2,947~3,180 (-0.98% ~+6.9%, +1.2%)

코스닥 904~987(-2.6% ~+6.4%, -1.6%)

W/$ 1,123.5원 마감(+0.4%, 20.3월:1,296.0원)

→ 1월 초 1080.30 기록 후 소폭 반등

2월 전망 3월 실적장세 앞두고 숨고르기 장세 예상

2,850~3,000 구간에서 편입비 단계적으로 확대

1월 전망 월초 All time high 기록 후 변동성 확대 예상

1월 둘째주부터 편입비 단계적으로 축소 / 2~5월까지 '중소형주 개별 종목장' 진행될 가능성도 보임 / 편입비 축소 후 조정 시 '중소형주 비중 확대' 전략

12월 전망 EM비중 확대 속에 외인 및 배당투자 꾸준히 유입되며 완만한 상승 예상

11월 전망 미대선 결과 발표 후 글로벌 주식시장은 점차 안정화 예상 (전약 후강)

10월 전망 미대선 전까지 짧은 변동성과 함께 쉬어가는 박스권 장세 예상

9월 전망 9월 중순 이후 단기(9월 말~11월 초) 조정 국면 진입 예상

코스피 일봉차트

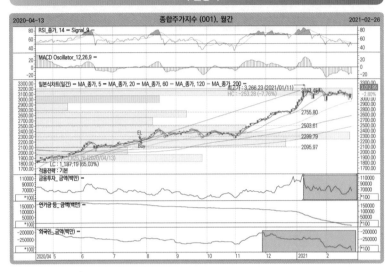

- 2020년 8~10월 있었던 월초 랠리 ➡ 과열 신호(RSI) ➡ 기간조정 진입 패턴과 흡사

삼성전자

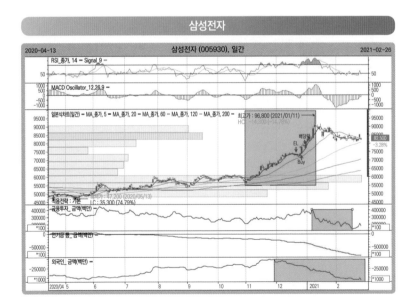

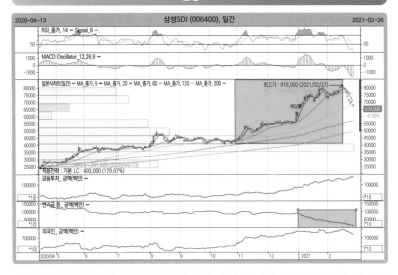

삼성SDI

- 2020년 10월 말~2021.1월 고점까지 삼성전자 +71%, 하이닉스 +75%, LG화학 72%, NAVER 46%, SDI 86% 상승

2021년 2월 투자자별 매매동향

[7212] 기간별 투자자 매매현황

매매종합 | 시간대별 | 시장흐름 | 업종별현황 | 일별현황 | **기간별집계**　　　　**업종수급동향**

조회기간　지정　2021/01/31　2021/02/25　(단위 억 원, 계약수)

투자자	주식(장내)			주식(코스닥)			KSP200 선물(계약수)		
	매도	매수	순매수	매도	매수	순매수	매도	매수	순매수
개인	2,145,397	2,229,811	84,414	2,094,104	2,105,464	11,360	1,287,743	1,289,768	2,025
외국인	599,868	579,302	-20,566	214,825	214,568	-257	3,558,155	3,535,715	-22,440
기관계	646,394	592,887	-53,507	58,469	51,918	-6,551	523,312	542,838	19,526
금융투자	231,477	230,503	-974	22,842	23,372	530	337,499	350,977	13,478
보험	18,997	14,936	-4,061	2,458	1,909	-549	7,531	6,976	555
투신	39,795	38,147	-1,648	14,422	13,879	-543	121,136	126,846	5,710
은행	2,027	1,481	-546	257	126	-131	3,479	3,379	-100
기타금융	1,667	1,168	-499	1,104	237	-867	4,740	4,748	8
연기금	332,242	289,045	-43,197	8,393	5,811	-2,582	48,927	49,912	985
국가지자체									
기타법인	36,133	25,317	-10,816	15,001	10,522	-4,479	148,029	148,918	889

- 1월에 이어 개인 매수 ↔ 외국인 / 기관 매도 지속 / 규모는 감소
  (연초 이후 2개월간 개인 누적 매수 규모는 36조 원)

2021년 1월 투자자별 매매동향

[7212] 기간별 투자자 매매현황

| 매매종합 | 시간대별 | 시장흐름 | 업종별현황 | 일별현황 | **기간별집계** | | **업종수급동향** |

조회기간 [지정] [2021/01/01] [2021/10/31] (단위 [억 원], 계약수)

투자자	주식(장내)			주식(코스닥)			KSP200 선물(계약수)		
	매도	매수	순매수	매도	매수	순매수	매도	매수	순매수
개인	3,348,185	3,571,569	223,384	2,715,437	2,750,602	35,165	1,721,727	1,717,360	-4,367
외국인	797,154	744,158	-52,996	280,373	274,165	-6,208	5,363,433	5,344,837	-18,596
기관계	1,096,570	922,744	-173,826	99,582	77,412	-22,170	613,045	638,167	25,122
금융투자	383,690	356,962	-26,728	45,721	39,020	-6,701	362,685	378,094	15,409
보험	43,249	22,014	-21,235	4,485	3,101	-1,384	11,105	14,852	3,747
투신	75,145	47,905	-27,240	20,707	15,827	-4,880	135,464	136,953	1,489
은행	2,965	1,774	-1,191	385	248	-137	3,759	3,576	-183
기타금융	4,152	1,769	-2,383	1,880	521	-1,359	3,165	3,119	-46
연기금	549,460	468,814	-80,646	12,282	8,870	-3,412	96,867	101,573	4,706
국가지자체									
기타법인	44,774	47,370	2,596	21,940	15,123	-6,817	329,675	327,516	-2,159

- 2020년 1년 동안 개인 +63조 원 / 외국인 -25조 원 / 기관 -36조 원 기록

코스닥 일봉차트

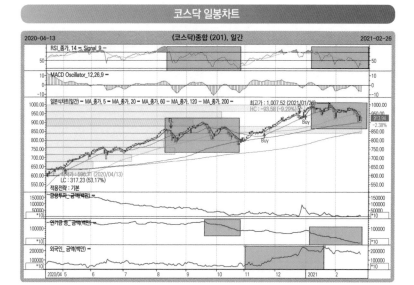

- 코스닥지수 역시 2020.8~10월 조정 패턴과 유사

304

코스피 소형주 일봉차트

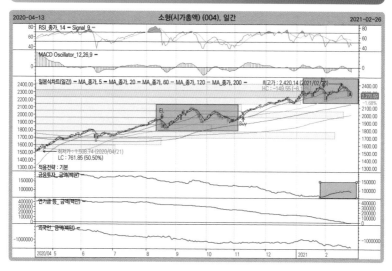

- 코스피 소형주 차트는 상대적으로 강세 (저점과 고점이 높아지는 조정)

원/달러 환율 동향

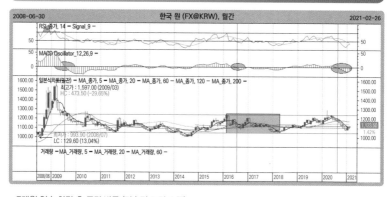

- 7개월 연속 하락 후 두달 반등 (기술적 조정 수준)
- 외환시장에서는 시스템 리스크 조짐 없음

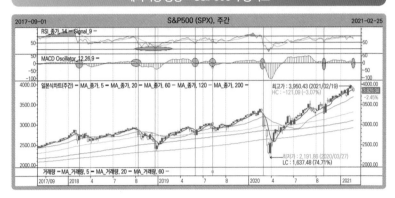

- S&P500 주봉상 MACD 오실레이터에서 '단기 위험' 신호 발생
- 강세장에서는 '매수 기회', 약세장에서는 '탈출 신호'

- 최근 미국 10년 채권 금리가 1.5 돌파
- 2020년 8월 설정한 연준의 평균물가목표제(2%)를 감안하면 금리 상승세는 지속 예상

- 주식시장은 변동성이 커지면서 박스권 조정 양상을 보이고 있으나, 유가 상승세는 지속
- 2009~2011년, 2016~2018년과 비슷한 반등 흐름 지속 중
- 2021~2022년 유가는 $70~90 수준까지도 상승 가능

국내 주식시장 장기 추세 점검

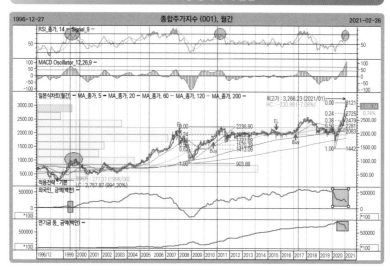

- 2021년 1월부터 RSI 지표 과열 국면 진입 ➡ 변동성 구간 진입
- 가격 조정 or 기간 조정 구간 진입 ➡ 트레이딩(Trading) 구간 Not trend following : 추세추종전략 아님

3월 주식시장 전망 및 전략

코스피 주요 지지선: 2,972 (60일 MA) / 2,896 (5개월 MA) / 2,820 (20주 MA)

전망 3월 초까지 숨고르기 장세 예상

전략 월초 박스권 트레이딩, 월후반: 주요 지지선에서 편입비 단계적으로 확대

→ 코스피 3,000 이하에서 90% 전후 / 2,900 이하에서 99% 까지 확대 전략 (2월과 동일한 전략)

→ 한국 / 미국시장 모두 MACD 오실레이터 경계 구간 진입 (월초: 반등 시 매도 관점 유지)

→ 고성장주, 실적 턴어라운드 주식 중심으로 고점 대비 -15 ~ -30% 수준에서 바겐 헌팅 전략

→ 2021년 1분기 실적이 발표되는 4월 ~ 5월 실적 서프라이즈 예상 종목 중심으로 비중 확대

→ 실적 모멘텀이 있는 중형주 비중 30 ~ 50%까지 확대 계획

2021년 4월 운용전략

2021년 3월 시장 Review

Actual 코스피 2,929~3,096 (-2.8% ~ +2.8%, +1.6%)

코스닥 877~962(-3.9% ~ +5.3%, +4.6%)

W/$ 1,131.8원 마감(+0.7%, 20.2월:1,123.5원)

→ 1월 초 1,080.30 기록 후 소폭 반등

3월 전망 3월 초까지 숨고르기 장세 예상

월초 박스권 트레이딩, 월후반: 주요 지지선에서 편입비 단계적으로 확대

2월 전망 3월 실적장세 앞두고 숨고르기 장세 예상

2,850~3,000 구간에서 편입비 단계적으로 확대

1월 전망 월초 All time high 기록 후 변동성 확대 예상

1월 둘째주부터 편입비 단계적으로 축소 / 2~5월까지 '중소형주 개별 종목장' 진행될 가능성도 보임 / 편입비 축소 후 조정 시 '중소형주 비중 확대' 전략

12월 전망 EM비중 확대 속에 외인 및 배당투자 꾸준히 유입되며 완만한 상승 예상

11월 전망 미대선 결과 발표 후 글로벌 주식시장은 점차 안정화 예상 (전약 후강)

10월 전망 미대선 전까지 짧은 변동성과 함께 쉬어가는 박스권 장세 예상

9월 전망 9월 중순 이후 단기(9월 말~11월 초) 조정 국면 진입 예상

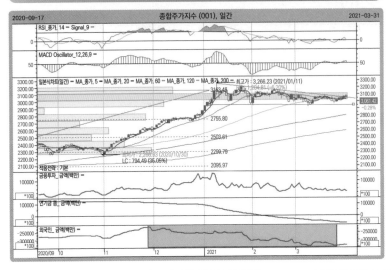

- 1월 11일 코스피 3,266 포인트 기록 후 11주 동안 디센딩 트라이앵글
  (Descending Triangle)* 패턴 조정

* 디센딩 트라이앵글.
  하강하는 삼각형.

삼성전자

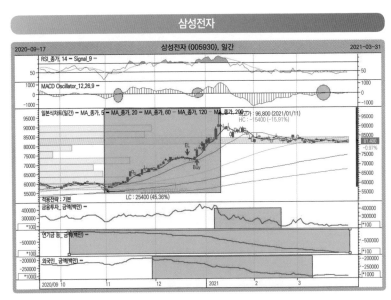

- 2020년 10월 말~2021.1월 고점까지 삼성전자 +71% 상승 기록 후 고점 대비 -16% 조정

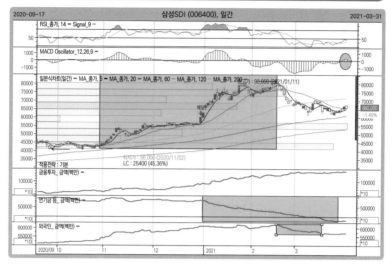

삼성SDI

2020-09-17 · 삼성SDI (006400), 일간 · 2021-03-31

- 2020년 10월 말~2021.1월 고점까지 SDI 86% 상승 후 고점 대비 -19% 조정

2021년 3월 투자자별 매매동향

[7212] 기간별 투자자 매매현황

매매종합 | 시간대별 | 시장흐름 | 업종별현황 | 일별현황 | **기간별집계** · **업종수급동향**

조회기간 지정 2021/02/28 2021/03/31 (단위 억 원, 계약수)

투자자	주식(장내)			주식(코스닥)			KSP200 선물(계약수)		
	매도	매수	순매수	매도	매수	순매수	매도	매수	순매수
개인	2,039,050	2,108,452	69,402	2,133,866	2,140,377	6,511	1,241,222	1,243,910	2,688
외국인	640,735	628,329	-12,406	223,481	220,849	-2,632	4,178,142	4,165,221	-12,921
기관계	613,376	557,456	-55,920	53,311	52,654	-657	854,099	861,440	7,341
금융투자	193,744	185,187	-8,557	18,017	17,448	-569	523,923	536,203	12,280
보험	19,627	17,576	-2,051	2,680	2,943	263	37,674	36,767	-907
투신	42,318	37,118	-5,200	13,946	15,102	1,156	225,020	224,404	-616
은행	6,490	1,397	-5,093	215	168	-47	5,477	5,138	-339
기타금융	1,437	1,098	-339	790	246	-544	3,982	3,807	-175
연기금	330,363	296,975	-33,388	7,585	8,439	854	58,023	55,121	-2,902
국가지자체									
기타법인	30,790	29,467	-1,323	14,222	11,028	-3,194	115,960	118,852	2,892

- 1, 2월에 이어 3월에도 개인만 매수 ↔ 외국인/기관 매도 지속

[7212] 기간별 투자자 매매현황

| 매매종합 | 시간대별 | 시장흐름 | 업종별현황 | 일별현황 | **기간별집계** | 업종수급동향 |

조회기간 [지정] [2020/12/31] [2021/03/31] (단위 억 원, 계약수)

투자자	주식(장내)			주식(코스닥)			KSP200 선물(계약수)		
	매도	매수	순매수	매도	매수	순매수	매도	매수	순매수
개인	7,533,998	7,911,165	377,167	6,944,611	6,997,654	53,043	4,250,692	4,251,038	346
외국인	2,040,433	1,954,469	-85,964	718,779	709,804	-8,975	13,099,730	13,045,773	-53,957
기관계	2,356,341	2,073,092	-283,249	211,740	182,238	-29,502	1,990,456	2,042,445	51,989
금융투자	808,913	772,656	-36,257	86,795	80,062	-6,733	1,224,107	1,265,274	41,167
보험	81,874	54,527	-27,347	9,623	7,956	-1,667	56,310	58,595	2,285
투신	157,260	123,173	-34,087	49,077	44,810	-4,267	481,620	488,203	6,583
은행	11,484	4,654	-6,830	858	543	-315	12,715	12,093	-622
기타금융	7,257	4,036	-3,221	3,817	1,006	-2,811	11,887	11,674	-213
연기금	1,212,066	1,054,836	-157,230	28,261	23,121	-5,140	203,817	206,606	2,789
국가지자체									
기타법인	111,704	102,183	-9,521	51,176	36,676	-14,500	593,664	595,286	1,622

- (코스피/코스닥 순매수 합계) 2020년 1년 동안 개인 +63조 원 / 외국인 -25조 원 / 기관 -36조 원 기록
- (코스피/코스닥 순매수 합계) 2021년 3개월 동안 개인 +43조 원 / 외국인 -9.5조 원 / 기관 -31.3조 원 기록

코스닥 일봉차트

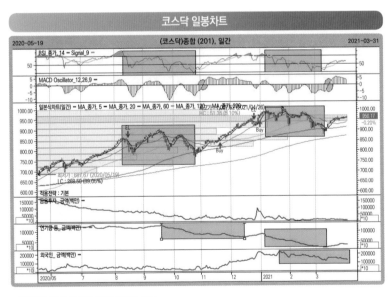

- 2020.8~10월 조정 후 반등 패턴과 유사

코스피 소형주 일봉차트

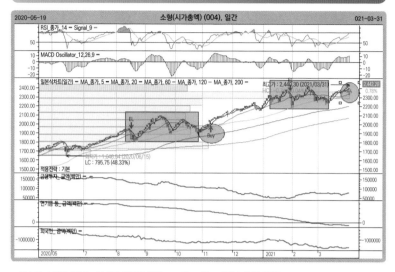

- 코스피 소형주 차트는 역사적 신고가 기록 ➜ +Buy Signal(매수신호) 발생

원/달러 환율 동향

- 7개월 연속 하락 후 세달 연속 반등 (기술적으로 무의미)
- 외환시장에서는 시스템 리스크 조짐 없음

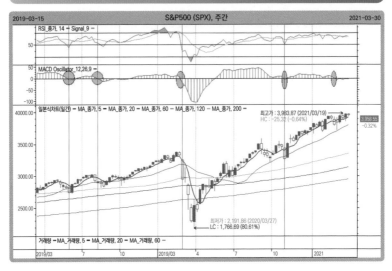

- S&P500 주봉상 MACD 오실레이터에서 '단기 조정' 신호 발생에도 견고한 움직임
- 강세장에서는 '매수 기회', 약세장에서는 '탈출 신호'

국내 주식시장 장기 추세 점검

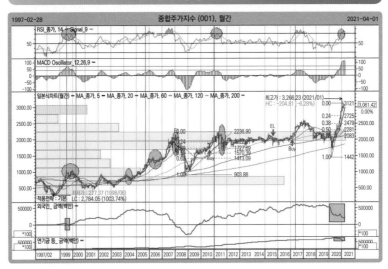

- 2021년 1월부터 RSI 지표 과열 국면 진입 ➡ 변동성 구간 진입
- MACD 오실레이터 하락 전환
- 기간 조정 구간 진입 ➡ 트레이딩 구간 (Not trend following) ➡ 4,5월 반등 시 비중 축소

4월 주식시장 전망 및 전략

전망 삼성전자 실적 발표 전후로 기술적 반등 예상 (코스피 2,950~3,350)

전략 2021년 실적 모멘텀 강한 기업 중심으로 포트폴리오 구성

코스피 주요 지지선: 3,069 (60일 MA) / 2,997 (5개월 MA) / 2,953 (20주 MA)

→ 한국/미국시장 모두 실적 모멘텀 구간 진입 (조정 시마다 적극 매수)

→ 실적 모멘텀이 있는 중소형주 적극적으로 편입

→ 포트폴리오 바벨전략 유지:

고점 대비 −15~−35% 조정 받은 성장주 + 2021~2022년 턴어라운드 예상되는 Contact 주

→ 단, 'Sell in May 전략(5월에 팔고 떠나라)' 유지

2021년 5월 운용전략

2021년 4월 시장 Review

Actual 코스피 3,069~3,223 (+0.3% ~+5.3%, +2.8%)

코스닥 955~1,032(-0.1% ~+8%, +2.9%)

W/$ 1,112.3원 마감(-2.7%, 20.3월: 1,131.8원)

→ 3개월 연속 반등 후 하락 반전

4월 전망 삼성전자 실적 발표 전후로 기술적 반등 예상 (코스피 2,950~3,350)

2021년 실적 모멘텀 강한 기업 중심으로 포트폴리오 구성

3월 전망 3월 초까지 숨고르기 장세 예상

월초 박스권 트레이딩, 월후반: 주요 지지선에서 편입비 단계적으로 확대

2월 전망 3월 실적장세 앞두고 숨고르기 장세 예상

2,850~3,000 구간에서 편입비 단계적으로 확대

1월 전망 월초 All time high 기록 후 변동성 확대 예상

1월 둘째주부터 편입비 단계적으로 축소 / 2 ~ 5월까지 '중소형주 개별 종목장' 진행될 가능성도 보임 / 편입비 축소 후 조정 시 '중소형주 비중 확대' 전략

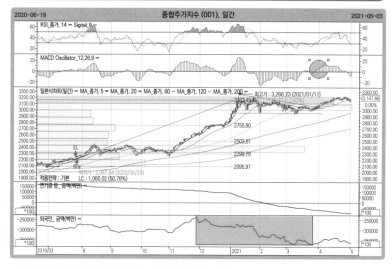

- 11주 동안 디센딩 트라이앵글 패턴 조정 마무리 후 상승 반전
  (상승 반전의 모멘텀은 바로 양호한 기업실적과 외국인 순매수 전환)

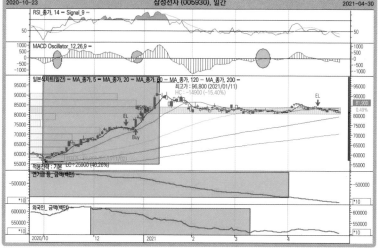

- 작년 말 삼성전자 +71% 상승 기록 후 고점 대비 -16% 가격 조정 보이며 횡보 중

현대모비스

- 2020년 10월 말~2021.1월 고점까지 81% 상승 후 고점 대비 -34% 조정

2021년 4월 투자자별 매매동향

[7212] 기간별 투자자 매매현황

| 매매종합 | 시간대별 | 시장흐름 | 업종별현황 | 일별현황 | **기간별집계** | | 업종수급동향 |

조회기간 지정 2021/04/01 2021/05/01 (단위 억 원 , 계약수)

투자자	주식(장내)			주식(코스닥)			KSP200 선물(계약수)		
	매도	매수	순매수	매도	매수	순매수	매도	매수	순매수
개인	2,324,420	2,382,775	58,355	2,439,514	2,451,476	11,962	942,125	939,310	-2,815
외국인	531,804	535,520	3,716	211,542	208,656	-2,886	3,123,318	3,120,947	-2,371
기관계	568,408	509,936	-58,472	63,840	60,147	-3,693	350,371	356,338	5,967
금융투자	153,103	137,990	-15,113	21,423	19,102	-2,321	220,081	229,583	9,502
보험	21,072	18,317	-2,755	2,988	3,481	493	4,096	5,261	1,165
투신	49,660	41,897	-7,763	15,900	15,354	-546	87,441	81,870	-5,571
은행	2,870	1,385	-1,485	373	281	-92	3,351	3,530	179
기타금융	1,736	1,534	-202	1,438	364	-1,074	2,680	2,683	3
연기금	314,678	285,468	-29,210	9,530	11,876	2,346	32,722	33,411	689
국가지자체									
기타법인	31,350	27,610	-3,740	18,607	13,277	-5,330	51,239	50,458	-781

- 코스피시장에서 외국인 순매수 전환

2021년 연초 이후 투자자별 매매동향

[7212] 기간별 투자자 매매현황

매매종합 | 시간대별 | 시장흐름 | 업종별현황 | 일별현황 | **기간별집계** | 업종수급동향

조회기간 지정 2021/01/01 2021/05/01 (단위 억 원, 계약수)

투자자	주식(장내)			주식(코스닥)			KSP200 선물(계약수)		
	매도	매수	순매수	매도	매수	순매수	매도	매수	순매수
개인	9,858,419	10,293,941	435,522	9,384,126	9,449,131	65,005	5,192,817	5,190,348	-2,469
외국인	2,572,239	2,489,990	-82,249	930,322	918,460	-11,862	16,223,048	16,166,720	-56,328
기관계	2,924,750	2,583,029	-341,721	275,581	242,385	-33,196	2,340,827	2,398,783	57,956
금융투자	9,962,017	910,647	-51,370	108,219	99,166	-9,053	1,444,188	1,494,857	50,669
보험	102,947	72,844	-30,103	12,612	11,438	-1,174	60,406	63,856	3,450
투신	206,921	165,070	-41,851	64,978	60,164	-4,814	569,061	570,073	1,012
은행	14,355	6,039	-8,316	1,233	825	-408	16,066	15,623	-443
기타금융	8,994	5,571	-3,423	5,256	1,370	-3,886	14,567	14,357	-210
연기금	1,526,745	1,340,305	-186,440	37,792	34,999	-2,793	236,539	240,017	3,478
국가지자체									
기타법인	143,055	129,794	-13,261	69,784	49,954	-19,830	644,903	645,744	841

- (코스피/코스닥 순매수 합계) 2020년 1년 동안 개인 +63조 원 / 외국인 -25조 원 / 기관 -36조 원 기록
- (코스피/코스닥 순매수 합계) 2021년 4개월 동안 개인 +50조 원 / 외국인 -9.4조 원 / 기관 -37.5조 원 기록

코스닥 일봉차트

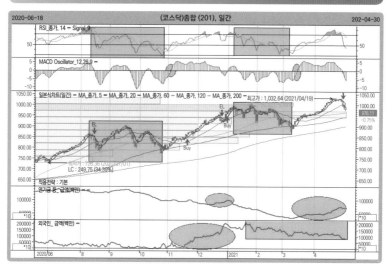

- 연기금 매수세에 힘입어 3월 둘째 주 이후 +15% 상승 기록
- 5월 3일 공매도 재개 앞두고 월말 하락 반전

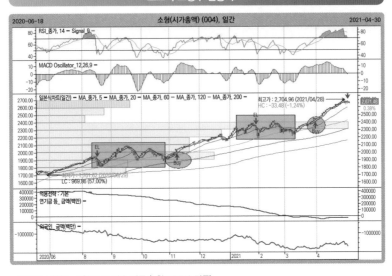

- 코스피 소형주는 4월 +9% 상승 기록 (3월 +7.5% 기록)
- 4월 29일 Sell Signal 발생 (최근 1년 동안 2020. 8월, 2021.1월 Sell 시그널 발생 후 세 번째)

원/달러 환율 동향

- 7개월 연속 하락 ➡ 세달 연속 반등 (기술적으로 무의미) ➡ 4월 하락 반전
- FED 테이퍼링 시작 전까지는 완만한 하향 추세 지속될 전망

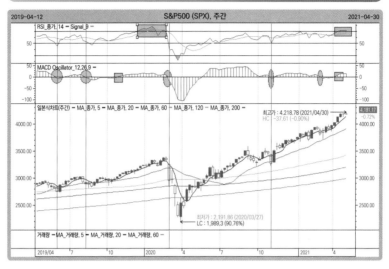

- S&P500 강세장 패턴 유지. 단, 주봉상 RSI 지표는 단기 과열권 진입

- 2021년 1월부터 RSI 지표 과열 국면 진입 ➡ 2006년 초 / 2017년 말 흐름과 유사
- 2021년 트레이딩 구간 진입 ➡ 역추세(Contrarian) 매매전략(Buy on dips, Sell on rally)

5월 주식시장 전망 및 전략

- **전망** 코스피 3,050~3,350 / 기업들의 강한 실적모멘텀을 바탕으로 5월 중순까지 반등장 예상되나, 실적 시즌이 끝나는 5월 말부터 상승세 둔화 예상
  코스닥 1,020 ~ 920 / 코스닥시장은 공매도 재개로 상대적 약세 전망
- **전략** 낙폭과대 대형 우량주 Trading Buy + 단기 급등 중소형주 Take Profit

코스피 주요 지지선: 3,098 (60일 MA) / 3,073 (5개월 MA) / 3,074 (20주 MA)

→ 한국 / 미국 모두 실적 시즌 진행 중 (4월은 조정 시 매수 전략이었지만, 5월은 반등 시 매도 전략)
→ 4월: 중소형주 적극적으로 편입
  5월: 급등한 중소형주 적극적 이익실현
→ 충분히 조정 받은 대형 우량주 매수 관심 / 공매도 예상되는 고밸류에이션 종목은 편입 자제
  고점 대비 -15 ~ -35% 조정 받은 대형주 편입 + 2021~2022년 턴어라운드 예상되는 Contact 주
→ 'Sell in May 전략' 유지하며 5월 18일 전까지 편입비 적극적으로 축소

투자의 본질

박세익이 말하는
현명한 투자자
행복한 투자자